MINERVA福祉ブックス
2

人口減少時代の地域福祉

グローバリズムとローカリズム

野口定久
[著]

SOCIAL WELFARE

ミネルヴァ書房

はじめに

　本書は，2008年3月に出版した『地域福祉論——政策・実践・技術の体系』（ミネルヴァ書房）の続編である。前書刊行の半年後（2008年9月）にリーマン・ショックが起こった。それ以後のグローバルな社会経済情勢の激変は，金融市場経済の不安定化，経済成長の低下，東日本大震災の津波・原発事故，感染症の拡散やテロの脅威，地球温暖化や大気汚染など環境問題，貧困・格差問題の拡大などに可視化できる。一方，私たちの身の回りで生じている日常生活の変化は，家族や企業，地域社会に支えられてきた，これまでの生活の一応の「安定」の大変換を迫っている。家族や企業から切り離された人たちを受け入れるだけのゆとりがない地域住民の意識の中には，閉塞感が蔓延している。家族が孤立し，家族構成員が個人化し，子育て中の若年夫婦世帯や障害者・高齢者の要介護者を抱えた家族の間で，孤立や孤独が意識され，社会関係あるいは人間関係の「不安定」，「生き辛さ」への解決の対策が否応なしにローカリズム（地域コミュニティや家族関係の再形成）を求める声となって現れてきているのではなかろうか。

　本書は，3部全15章で編成されている。その内容は，「第Ⅰ部　地域福祉とは何か」で，超高齢・少子・人口減少社会の到来を背景に，地域福祉を取り巻く状況の変化を概観し，新たな地域福祉の対象と課題，地方分権の動向を踏まえ，地域福祉を支える理論課題（第1章から第5章）を提示した。「第Ⅱ部　地域福祉の計画と実践」では，地域福祉計画を通して政策と実践の関係，地域福祉のサービス供給の推進組織と主体形成（第6章から第11章）に焦点をあてた。「第Ⅲ部　これからの地域福祉」では，地域包括ケアシステムと生活困窮者自立支援事業，子どもの貧困対策とコミュニティソーシャルワークを含む地域福祉の見取り図（第12章から第14章と終章）を示した。

　本書編集には，地域福祉の「かたち」を意識した。それは，次の3つの考え方に依拠している。第1は，本書のタイトルに掲げた「人口減少時代」における地域福祉のかたちである。自治体の人口の将来展望を示す「地方人口ビジョ

ン」(2017年3月までに作成)では、2060年時点までに40都道府県が人口減少の見通しを示している。実は、総務省統計局が人口減少社会「元年」(人口が継続して減少する社会の始まりの年)と発表したのが、2008年である。

　第2は、副題に示した「グローバリズムとローカリズム」の中の地域福祉のかたちである。新自由主義的なグローバリズムと地域住民の日常生活環境におけるローカリズムの相克の関係を地域福祉の立場から「接合」していくというチャレンジングな構想を描いた。

　第3は、実践科学としての地域福祉のかたちである。地域福祉は、すぐれて実践科学であり、かつ推進方法や技術を駆使した応用科学でもある。そして今日では政策科学への期待も大きい。そこには、社会の不条理の中で、生老病死や社会関係などの苦悩を抱える人間の生き様を見据え、社会制度的矛盾に陥っている、あるいはその恐れのある人々の生活課題を解決し、また制度の狭間の実態を把握し、ニーズに即した制度や福祉サービスを開発するソーシャルアクションを実践する地域福祉のかたちを示した。

　これからの地域福祉は、グローバル化とローカル化のなかでの少子高齢社会、貧困、地域格差の拡大、介護問題や子育て支援、ホームレス等の社会的排除や虐待・暴力という新たなリスク(社会問題)との闘いであるといってもよいであろう。これからの地域福祉の実践研究に求められているのは、コミュニティや家族、中間組織・施設と自治体の施策や公共サービスなど、「何人をも排除」しない地域社会におけるセーフティネットの構築、解決・支援プログラムの開発、そしてそれらを担っていく地域福祉人材の養成と確かな技術の体系そのものなのである。

　本書刊行にあたっては、ミネルヴァ書房の北坂恭子さんに大変お世話になった。筆者の文章表現の固さを、編集者として、学生や専門職、住民の目線で校閲していただいた。とても読みやすくなったと思う。お陰をもって本書の性格は、研究者のための学術書として、自治体や社会福祉協議会、社会福祉施設、NPO・ボランティア活動の実用書として、学生の教科書として幅広い層に活用していただける書に仕上がった。本書が、これからの地域福祉のかたちと実践の一助になることを切に願って、筆を置く。

　　2016年1月10日

　　　　　　　　貧困・格差の是正と世界平和を求めて　　野口定久

目　次

はじめに

第Ⅰ部　地域福祉とは何か

第1章　地域福祉を取り巻く状況の変化 …………………………… 3
1　超高齢・少子・人口減少社会の到来　3
2　グローバル化とローカル化の中で　7
3　地域福祉の政策環境の変化　12

第2章　地域福祉の対象と課題 …………………………………… 23
1　現代における地域社会と生活の変容　23
2　現代社会の生活問題　27
3　人口移動と地域生活問題　34

第3章　地方分権と地域福祉 ……………………………………… 43
1　地方の分権と再生の論理　43
2　福祉サービス供給の視点からみた分権化の必要性　50
3　地方分権と地域福祉の課題　56

第4章　コミュニティ・モデルから福祉コミュニティ・モデルへ
　　　　　……………………………………………………………… 65
1　現代日本の地域コミュニティ　65
2　コミュニティの分析枠組み　70
3　福祉コミュニティのまちづくりへ　82

第5章　地域福祉を支える理論……………………………93
　1　戦後福祉政策の概観　93
　2　実践科学としての地域福祉　100
　3　これからの地域福祉研究の潮流と課題　107

第Ⅱ部　地域福祉の計画と実践

第6章　経済・社会計画から地域福祉計画へ……………………119
　1　戦後日本における経済・社会計画の動向　119
　2　そして，社会福祉計画の時代へ　123
　3　地域福祉の政策と計画　129

第7章　地域福祉計画を支える理論…………………………139
　1　地域福祉計画策定の論理　139
　2　地域福祉計画への応用理論　146
　3　地域福祉計画の協働と自治　151

第8章　地域福祉計画の策定と推進………………………157
　1　地域福祉計画の枠組み　157
　2　地域福祉計画策定の要件　163
　3　地域福祉計画策定の視点　165

第9章　福祉施設と地域福祉…………………………173
　1　社会福祉施設の運営形態の変遷　173
　2　社会福祉施設と地域福祉の新たな関係　179
　3　社会福祉施設・法人の経営戦略の転換　185

目次

第10章　地域福祉のサービス供給の推進組織と方法 …………… 193
　　1　地域福祉の公共性　193
　　2　地域福祉のサービス供給の推進方法　200
　　3　地域福祉サービス供給の推進組織と方法　203

第11章　地域福祉の主体形成とコミュニティワーク実践 ………… 213
　　1　住民運動とコミュニティ・アプローチ　213
　　2　福祉サービス供給の主体形成　218
　　3　地域福祉実践の主体形成　223

第Ⅲ部　これからの地域福祉

第12章　地域包括ケアシステムと地域福祉 ……………………… 233
　　1　介護保険制度の問題点　233
　　2　地域包括ケアの政策目標と対応　237
　　3　地域包括ケアのしくみづくり　241

第13章　コミュニティワークの新たな展開 ……………………… 249
　　1　地域福祉援助法の新展開　249
　　2　コミュニティワークの援助モデル　254
　　3　コミュニティワークの援助過程とその技法　260

第14章　コミュニティワークからコミュニティソーシャルワークへ
　　…………………………………………………………………… 271
　　1　新しい福祉対象とコミュニティソーシャルワーク　271
　　2　対人援助サービスとソーシャルワークの結びつき　275
　　3　コミュニティソーシャルワークの設計と展開　279

v

終　章　地域福祉の見取り図……………………………………… 295
　　　1　地域福祉を読み解く　295
　　　2　地域福祉を構想する　300
　　　3　地域福祉を実践する　306

図表一覧　313
さくいん　315

第Ⅰ部

地域福祉とは何か

第1章

地域福祉を取り巻く状況の変化

1 超高齢・少子・人口減少社会の到来

少子高齢社会の進展

　所得の向上や医療技術の発達などにより，日本の平均寿命は世界最高水準となった。高齢者数は増加の一途を辿っており，それも他の先進諸国が比較的ゆっくりと高齢化を迎えたのに比べると高齢化のスピードが早いのが特徴的である。厚生労働省の「2013年簡易生命表」によれば，平均寿命は女性が86.6歳（世界1位），男性が80.2%（世界4位）と男女ともに世界水準で長寿化が進行している。とくに，第2次世界大戦直後に大量出生した団塊世代（1947～49年生まれ）が高齢者の仲間入りをする2015年からは，過疎地よりも首都圏・近畿圏・中部圏および郊外部における高齢者比率の急上昇が見込まれている（平成17年度「経済社会の変化に対応した大都市圏郊外部の整備方策等検討調査」国土交通省都市・地域整備局）。こうした高齢化の急速な進展は，年金，医療や介護にかかる負担も重くなるという将来像である。また，要介護高齢者の社会的ケア体制の確立が焦眉の課題として政策的にも，実践的にも重要視されてきている。

　一方で，晩婚化や女子就業率上昇で子どもの数は減少している。合計特殊出生率（1人の女性が生涯に産む子ども数の推計値）は1970年の2.13から1998年の1.38，2005年には1.26へと激減した。2006年には1.32に回復したが，依然として人口減少の歯止めがかからない。厚生労働省の人口動態統計（2006年11月30日発表）によると，沖縄県が1.72と最も高いのに対し，最低の東京都は1.00で，南関東や近畿など大都市圏で低い。また都市部ほど急低下している。興味深いのは，男女の労働時間との関係である。分析結果では，男性の長時間労働が多い南関東など都市部で出生率の低下が目立ち，他方，女性の就労が進んだ地域

ほど出生率が高い傾向がみられる。年齢別でみると，25～39歳の男性就業者のうち，労働時間が週60時間以上の人の割合は出生率が高めの山陰地方や東北地方で低く，東京や大阪など都市部で高い結果が示されている。また，30～34歳の女性の労働力率が高い山形県などで出生率が比較的高いのに対し，女性の就労が遅れている県では出生率が低いことがわかった。出生率が高い地域では女性の正規雇用の割合が多く，長時間労働率も低い。このような結果から，労働時間との関係で出生率を高めるには，夫の帰宅時間を早め，家事に参加する時間を増やし，妻が正規雇用に就くという労働雇用政策の方向が見えてくる。

　目を世界に転じてみる。**図表1-1**は，先進諸国の少子化の傾向を「家族主義モデル／脱家族主義モデル」と「公的支援政策大／小」との座標軸で示した枠組みである。日本の少子化回復のベクトルは3つの方向が考えられる。第1は家族主義モデルの中で，公的支援策を拡充していくという（Ⅰのドイツ型）[1]か，第2は個人主義を進めながら新自由主義的な公的支援縮小政策をとるという（Ⅱのアメリカ型）か，第3は脱家族主義モデルを進めながら公的支援拡充策（Ⅲのスウェーデン型）[2]を選択するかである。結論から言うと，日本はこのいずれの型を取っても少子化の回復は望めないであろう。

　上村泰裕は，脱家族主義モデルへの転換には平等家族の伝統も公的育児支援の伝統もないわが国では極めて困難な選択であると論じながら，政策手段を特定し集中的に実行するという提案をしている。西欧諸国が伝統的な家族政策として取り組んできた制度ではあるが，①育児休業制度，②保育サービス，③児童手当の諸制度を着実に実行することである，と結論づけている[3]。

　そこで筆者は，フランスの2.01に注目したいと考える（**図表1-1**中Ⅳ）。フランスの少子化回復への対策は，国家と企業と市民社会の総合政策の結果である。フランスの合計特殊出生率の傾向は，他の先進国と同様に，1970年代以降低下し，一時は1.65（1983年）を記録したが，それ以降持ち直し，現在では1.90まで回復させている。フランスでは，国の政策として子どもを産みやすい環境づくりに政策の重心を置いている。具体的には，育児休業制度や育児手当の充実，2人以上の子どもを持つよう促進する「家族手当」や税制上の優遇策，子ども3人以上を持つ家族へのさまざまな特典サービス，また新生児中の婚外子の割合が約45％（2002年度）と高い数値を現している。また，これらの仕事と育児の両立支援策もさることながら，「女性社員はキャリアロスを恐れず出

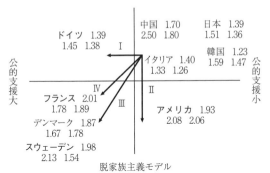

図表 1-1　先進諸国の少子化対応モデル

注：各国の合計特殊出生率は，下段が1990年，2000年，上段が2010年の数字である。Demographic Yearbook による。中国は，United Nations Statistics Division を基に作成。
出所：鈴木えりこ（2000）『超少子化——危機に立つ日本社会』集英社新書，215頁の図に筆者加筆。

産，育児に挑める」という就労環境と，「フランスはほぼ40年間かけ，男女が平等な社会形成に尽力してきた」と，首相府戦略分析センターの社会問題担当局長は強調する（『日本経済新聞』2006年12月13日）。とはいえ，フランスにしても，1.65からの回復に約40年を要しているわけであるので，日本の少子化脱却への政策転換は，非常な困難を伴うと思われる。

人口減少社会の到来

　日本では世界に例をみない速さで高齢化が進み，少子化傾向の定着と合わせて，人口減少による経済活動や社会保障・社会福祉への影響も見られるようになってきた。総務省による全国自治体の住民基本台帳に基づく人口調査の結果では，総人口が2006年度にピークをむかえ，07年度から減少に転じると推計している。特徴は，男性人口が初めて減少し，比較的堅調であった都市部でも人口増加にブレーキがかかり，関西圏で初のマイナスに転じたことである。このように人口減少社会の到来が秒読みの段階に入り，社会保障制度などの見直しが急務となってきている。すでに1998年をピークに15歳以上の労働力人口は減少している。これに団塊の世代の大量退職が2007年から始まり，労働力人口はこの先も減り続けるという労働力人口減少社会が基調となる。この現象は年金

や医療など社会保障費用や社会福祉費用等の財政支出の増大をうながし，投資余力の減退を招いている。また，本格的な少子高齢社会を控え，人口構造の転換期を迎えた2005（平成17）年の国勢調査では，人口減少社会への不安を明確に示している。さらにライフスタイルの面においても個人化が進んでおり，コミュニティのあり方や家庭の扶養能力の低下が指摘されている。前述のアンケート調査によれば，このような人口減とどう向き合っていくかという問いには，約7割の人が「家族・子ども向け政府支出の増大」をあげ，「国土開発」から「人口減少をくいとめるための環境整備」への財政支出の構造転換を求めている。このようなことからも，目前に迫っている「超高齢少子化人口減少社会」を支える地域コミュニティや家族関係の再形成，財政健全化のための構造転換等社会システムや経済システムの再構築が避けて通れない焦眉の問題となってきている。

人口減少社会のリスク——人口オーナス

　3世紀にわたるデータを用いて不平等の構造を解き明かした『21世紀の資本論』（山形浩生他訳，みすず書房，2014）の著者トマ・ピケティ（Piketty, T.）は，「人口が減る社会は，時代を経るにつれ大きな不平等を生むリスクを抱えている」（『週刊東洋経済』2014年7月26日：32）と指摘している。日本では，1947～49年に年間約270万人が出生し，団塊の世代を形成した。その次世代である第2次ベビーブーム（1971～74年）では，年間200万人以上の団塊ジュニア世代が生産年齢人口に加わったのが1980年代から1995年で，この時期がまさに日本経済の黄金期であった。つまり，「人口ボーナス」現象の恩恵であった。この大型世代は，大量生産・大量消費型の高度成長をけん引し，社会活性化の原動力となった。しかし，やがて膨張した生産年齢層が老年人口になっていき，さらに少子化が進行し，今度は人口に占める働く人（生産年齢人口）の割合が下がってくる。これが「人口オーナス（負荷）」である。人口減少が経済社会にもたらす影響に注視する必要がある。つまり，人口減少社会は人口に占める働く人の割合の低下を意味し，それは，1人当たり所得の減少，人手不足，社会保障費負担の高まりをもたらすことになる。

　日本社会では，とくに2000年以降，失業や雇用，年金や医療の制度疲労や企業・地域・家族の社会保障機能の縮小によって社会的リスクが拡大し，その縮

減を図るべき社会保障制度や企業・地域・家族といった中間集団が機能不全ないし崩壊の危機に瀕している（ベック他，2011：82-85）。その結果，個人や家族が孤立する現象が目立っている。これら社会的リスクの克服には，従来型の福祉国家にのみ頼る方法でなく，「公共圏」の拡大やコミュニティや家族の「親密圏」の強化による福祉社会の再編が必要である。加えて2011（平成23）年3月，未曾有の大震災と原発事故が日本社会を襲った。まさに，日本は，「課題先進国」であり，これらの問題の解決を迫られているフロンティアであるとも言える。

図表1-2は，1956年から2011年までの経済成長率の推移と人口構造の変化を表したものである。時期区分は，1973年のオイルショックまでをⅠ期，1992年のバブル崩壊までをⅡ期，2008年のリーマン・ショックまでをⅢ期，リーマン・ショック以降をⅣ期とした。これらの時期の平均経済成長率をみると，Ⅰ期が9.1％，Ⅱ期が4.2％，Ⅲ期・Ⅳ期の2011年までが0.9％となっている。この図表から，①経済成長率の低下とともに，高齢化率は上昇していく，②経済成長率の低下とともに，合計特殊出生率も低下していく，③少子高齢化が経済成長を圧迫し，日本の「人口オーナス」期は「失われた20年」と一致していることが見て取れる。

同様に近年の東アジア域内で共有する課題は，グローバル競争の中で拡大する所得格差や地域間格差の問題である。日本や韓国，そして中国や台湾，香港・シンガポールにおいても社会政策の課題の中で最も重要な問題が賃金労働者の貧困率，自営業者の貧困率の上昇，低所得の女性世帯主世帯，共働き世帯，老人単身世帯，老老介護世帯など，いわばセーフティネットが保護すべき対象やその範囲が急速に拡大している（野口，2008）。

2　グローバル化とローカル化の中で

グローバリゼーションとローカリゼーション

　現代の地域社会における生活は，グローバル化（globalization）とローカル化（localization）の中で展開されている。今日のグローバル化は，①世界の市場を高速に流通する資本や金融の量的規模の拡大，②開発途上国から先進国への労働力の移動，③情報の瞬時の移動，④生活資源の流動化等が特徴的である。グ

第Ⅰ部　地域福祉とは何か

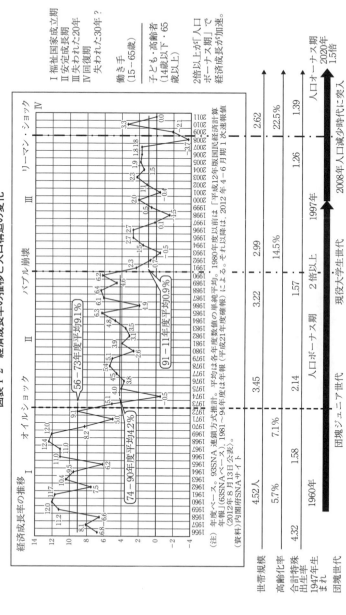

図表1-2　経済成長率の推移と人口構造の変化

ローバリゼーションには，情報の瞬時の伝達によって世界中との経済・社会・文化の結びつきの強化が促進されるというメリットがある。しかし他方で，新自由主義経済の流通によって，それぞれの地域や国の農業や工業が脅かされ，多国籍企業への利潤集中が発生し，貧富の拡大やそれに伴う宗教対立が世界規模ですすむ，といったデメリットも現れている。このようなグローバリゼーションから生じた社会問題への反発から，「反グローバリゼーション運動」が発生している地域や国も少なくない。

　そのことは，日常生活の場である地域社会（地場産業の海外移転による地方経済の衰退，外国籍住民の増加による地域住民とのトラブル等）に影響を及ぼしている。そして日常生活の場の地域社会で，その問題解決が迫られているのである。すなわち，ローカル化とは，日常生活から遠く離れたところで生成した諸問題がその解決の場として身近な地域社会の中で求められていることを意味している。たとえば，紛争地域の難民問題，途上国の貧困，地球温暖化や感染症等の環境問題，エネルギーや食の安全問題等々である。これらのリスクはグローバルな地域で生じている問題ではあるが，まさに日常の暮らしと密接に関係している問題でもある。

経済のグローバル化と生活のローカル化

　このようにグローバル化とは，資本や商品が国境を越えて動き回るようになるにすぎないのであって，実際に地域社会に居住している住民の実体生活がグローバル化するわけではない。ただし，消費者としての住民生活は，否応なしにグローバル化の影響のもとに置かれることはいうまでもない。すなわち，経済のグローバル化は，一方で日常生活の場である地域社会に影響を及ぼしており，ローカル化は日常生活から遠く離れたところで生成した諸問題が身近な地域社会の中で解決を求められていることを意味している。たとえば，円安による資源価格の高騰，地場産業や企業の海外移転，途上国の貧困と環境破壊の問題，食の安全問題，最近では新型インフルエンザや口蹄疫，エボラ熱の感染拡大等々である。これらの問題は遠く離れたところで生じている問題ではあるが，まさに地域や家族の日常生活と結びついている問題でもある。グローバル化の進展は，地域社会からの労働力や資本の流動化を促進するが，他面では人間の生活がますます地域社会に根づくことを意味しているといえよう。

現代社会では人口移動が激しく，加えて都市部の高齢者世帯では，これまでの高消費や住宅ローンの拡大による家計が膨張した生活状態が広がっているので，近隣や親族等の地縁・血縁のネットワークや人間関係が弱まったとも考えられている。しかしこのようなマイホーム主義の大量消費を前程とした生活は，かえって地域住民にとって地縁・血縁のネットワークの持つ意味をますます重要にしているともいえる。現実的には，子育ての支援，困ったときの援助や緊急時の通報，ゴミの分別処理，公園の管理，地域の共同作業，認知症高齢者の地域での見守り，町内会やPTAの役員など，日常生活の各面にわたって近隣や地区住民相互の関係は，その必要性を増してきている。さらに，グローバル化による定住型の外国人家族の増加による地域人間関係の摩擦や排除，地域の中に建てられる障害者施設と周辺住民とのコンフリクト（葛藤），バブル崩壊（1992年）以降の低経済成長による失業やリストラと非正規労働者等の雇用問題，家庭や地域社会の中で生じている社会的排除や孤立，ホームレスや孤独死等新たな福祉問題が生じている。

グローバル化とローカル化が地域社会に及ぼす影響

① 地球環境問題の広がり

地球の温暖化や砂漠化，オゾン層の破壊，ダイオキシン等，地球環境の問題がクローズアップされ，世界各地で地域社会開発の中心的課題となっている。すなわち環境問題は人類共通の課題であり，新世紀に向けて水，空気，緑といった地球固有の資源や多様な生命を育む生態系の保全，自然界の相利共生の思想がますます重要になってくる。それと同時に，今までのエネルギー大量消費・大量生産型の社会経済システムからの転換が求められている。

② 高度情報通信社会の到来

インターネット，マルチメディア，CATV等々のIT革命（情報通信技術のイノベーション）の進展はめざましく，それによって世界経済から個人の日常生活に至るまで，あらゆる活動に大きな変革がもたらされようとしている。情報は単に時間や距離間を狭めるだけでなく，国と国との関係，都市社会と過疎社会との垣根までも乗り越えて，自由で，今までにない新しい関係や活動を創り出している。とくに高度情報通信の技術革新は，高齢者や障害者等いわゆる「情報弱者」と呼ばれる人たちの社会的自立や社会参加を促進させるうえでも

重要なコミュニケーション手段となりうる。高度情報通信社会の創造を抜きにバリアフリー社会を語ることはできない。

③ 生活・文化重視型社会への移行

われわれの生活が,「物の豊かさ」から「心の豊かさ」へとシフトする中で,自由時間の増大にともなう余暇や仕事の時間配分にも大きな変化が見られる。しかし,先進国で日本の長時間労働は際立っている。近年,残業削減に取り組む企業が増えているが,それほど成果はあがっていない。そこで,さらに一歩を踏み出す企業も登場してきた。今後は,高度情報通信機器を駆使し,増大する自由時間を,個々人や家族の生活や文化面に即した市民活動やボランティア活動等の社会的貢献活動への参加意欲を高めるなど,ライフスタイルの多様化への移行が期待される。

④ 安全で成熟した市民社会への模索

生活の質や豊かさを求めるなかには,快適性や安全性の向上も含まれる。しかし,大震災や洪水・土砂崩れ・雪崩等の災害や原発事故,そして社会的インフラの老朽化等,多発する児童虐待等々,今,日本の地域社会はいたるところで閉塞感と不安感が漂っている。日本の地域社会の「安全性」に対する過信を反省しなければならないのではないだろうか。国の防災や危機管理への積極的な取り組みはもちろんのこと,これからの地域づくりの中にも,安全で安心できる生活基盤の確立が重視されてくることになろう。

⑤ 特色ある地域資源を活用した新産業の創出

貿易均衡や規制緩和など日本経済に対する世界の論調の厳しさが増してきている。企業活動は,新たな市場と経済の比較優位を求めて一層グローバル化が進行しており,従来のように公共事業による地域外からの企業誘致や工場立地を推進することによって地域の自立的発展を図ることは容易なことではない。このため,これまで地域に蓄積されてきた技術,人材,文化,伝統,自然,産業集積等の特色ある地域資源を内発的に活用・開発して,地域の内から新たな産業(ベンチャー企業)や社会的企業(地域課題の解決に向けた事業)を創出するという動きが活発化してきている。

図表 1-3　経済成長社会から福祉環境社会への移行

```
                      経済成長（至上）社会
                              │
         伝統的保守      │      伝統的社民
         市場主義  ←――――┼――――→ ケインズ主義
                        │
                        │                措置
                        │                冷戦構造
 小さな政府 ←―――――――――┼―――――――――→ 大きな政府　1990年代
                        │
                        │
         新自由主義      │      社会的セイフティネット
         自己責任  ――――→│←――――　公共責任
                        │                脱冷戦構造
                        ↓                契約
                      相互責任
                   新たな公共と協働
                        │
                        ↓
                   福祉環境（重心）社会
```

出所：広井良典（2001）『定常型社会――新しい「豊かさ」の構想』岩波新書，15頁の図を参考に，筆者作成。

3　地域福祉の政策環境の変化

1990年代を画期として

　戦後の国民生活の変化と社会福祉政策の関係を広井良典は，2つの対立軸――富の「分配」と「成長／拡大」の分析法を用いて説明している。（広井，2000：15）すなわち，「大きな政府」対「小さな政府」と，「成長（拡大）志向」対「環境（定常）志向」に対応する政策として，前者には社会福祉・社会保障の政策，後者には環境の政策を設定している。この図を応用して，筆者が加工したのが**図表1-3**である。

　広井は，ヨーロッパ的な文脈では，戦後から経済成長志向という共通の土俵に立ちつつ，市場への経済の供給面を重視する新古典派の市場主義か，有効需要の原理を重視するケインズ主義か，の政策対立の構図が続いてきたが，現在では，その対立は解消に向かい，新たな対立軸である縦の軸に沿って成長（拡大）志向から環境（定常）志向へとその重心を移動させている，と分析している。では，わが国はどうか。この点についても，「経済成長という一元的な価

値の中ですべてが展開してきたため、つまり"パイを拡大することを通じて皆がそれなりに豊かになる"という構図の中で動いてきたため、たとえば富の分配をどうするかといった論議を正面から取り上げる必要がなかった」という広井の分析は示唆的でもある。

　これまで日本では、このような対立軸そのものが、きわめて不鮮明なものとしてしか認識されてこなかった。ただし、わが国では、1979年に閣議決定された「新経済社会7ヵ年計画」のなかで「日本型福祉社会論」が提起された。これを上記の図の文脈でみると、経済成長（至上）社会のなかで、わが国がケインズ主義型の福祉国家から世界的な流れの市場主義に移行するときに生起した考え方であるといえる。しかしこのような動向も、1990年を画期に一変する。すなわち、経済成長至上主義を基調とする日本経済は、冷戦構造のなかで達成しえたものであった。この右肩上がりの経済成長に陰りが見え始める契機は、1985年の「プラザ合意」であったといわれる。さらに、歴史的な転換点は、1989～91年の冷戦体制の崩壊であった。すなわち、1990年を境に経済社会の基調は、「脱冷戦構造」に移行したといえる。

　このような経済社会政策の環境変化の中で、わが国の社会福祉基礎構造改革が進行していくことになる。わが国の福祉レジームのベクトルは、上記の図で示したように、中央集権的な経済成長至上型の福祉国家レジームから地方分権による福祉環境型の福祉社会レジームへ方向転換していくことになろう。そのためには、分権型福祉社会を地域福祉の考え方がリードしていく必要がある。

地域福祉の2つの定義

　1980年代半ばから始まるわが国の社会福祉基礎構造改革の潮流は、地域福祉を中心に進展している。こうした社会福祉の転換期に台頭した地域福祉を2つの側面から定義づけることができる。

　第1の定義（構造）は、住民の社会的ニーズを充足し、地域生活に関わる諸課題を解決するために、生活に最も身近な小地域および市町村レベルにおいて住民の参加と公民協働による公共目的を設定し、住民の生活問題の解決を図りつつ、福祉コミュニティを形成していくための政策及び実践の組織的営為をさす。

　第2の定義（機能）は、人権尊重とノーマライゼーション（社会的常態）お

よびソーシャル・インクルージョン（社会的包摂）の理念に基づき，地域コミュニティを基盤に一人ひとりの生命と生活を総合的に守り支えるしくみを，当事者や住民の主体的な参加によって専門職間の連携を通じて創っていく機能的行為をさす。

さて，ここで本書の全体の見取り図を描写する意味でも，地域福祉の3つの場面を設定する必要がある。地域福祉を論じる場合の3つのレベルを区別しておきたい。

地域福祉の新たな展開を論じる際に，大きく言って，①哲学・思想レベル，②政策・実践レベル，③方法・技術レベルの3つの場面があるように思われる。

①は，地域福祉のもっとも根底にある理念にかかわる問いに応えるものである。たとえば，過疎地域の集落に，なぜ高齢者は住み続けることを望むのか，なぜ施設入所者はグループホームや民家で自立した生活を送りたいのか，なぜ要介護高齢者は家族と一緒に在宅で暮らしたいのか，それは人間にとって地域社会や家族がどういう意味をもつものなのかといった，基本的な問いに応えるものである。ノーマライゼーション（normalization）やソーシャル・インクルージョン（social inclusion）という概念が含まれる。②は，個々の住民や市民が抱えるニーズや必要から出発し，それらに基づいて政策や実践を組み立てるという手法が現代では求められている。現代の福祉問題の深刻化をくいとめるために，いまや弱体化している家族機能，希薄化している近隣や親族網等を問題解決の供給資源として再形成していく必要がある。

地方自治体は，家族や地域社会といったインフォーマルなサポートネットワークの基盤強化策を地域福祉政策として積極的に推進する必要がある。さらに，一人ひとりの要介護高齢者や障害者の在宅ケアを可能にする条件づくりとして，介護保険サービスや地域保健医療福祉サービス等のフォーマル・サービスとインフォーマル・サポートを計画的に統合していくための地域包括ケアシステムづくりに及ぶものである。政策（policy），プロジェクト（project），実践（practice）等が含まれる。③はまさに個々人の生命・生活・人生にかかわる場面での地域福祉援助や支援のあり方であり，同時に地域福祉計画や他の個別計画，社会福祉調査，地域組織化等の技術を必要とするコミュニティワーク（community work），そして，一人ひとりの個別事例を解決するためのコミュニティソーシャルワーク（Community Social Work）の技術論としての側面をもっている。

第1章　地域福祉を取り巻く状況の変化

図表1-4　地域福祉の構成要件

	バブル崩壊まで (1992年)	リーマン・ショックまで (2008年)	リーマン・ショック以降
理念	ノーマライゼーション	ソーシャル・インクルージョン	社会的包摂
対象	貧困・心身の障害・不安	社会的排除・孤立	量的拡大・多様化・複雑化
供給	在宅福祉サービス	福祉サービス多元化	地域包括ケアシステム
方法	地域組織化	コミュニティワーク	コミュニティソーシャルワーク
参加	住民参加型福祉	住民の主体性	専門職とボランティア・住民の協働
展開	外発的発展論	内発的発展論	創造的開発型実践論
政策	政策形成型福祉	政策実践型福祉	政策実現型福祉
経営	行政による社会福祉	新しい公共と協働	ローカルガバナンス
運営	社協による地域福祉	地域福祉の推進主体化	社会福祉法人や社会的企業との協働
財源	補助金，委託金	税金，自主財源	事業収益，市民財団，寄付，税金

出所：筆者作成。

地域福祉の構成要件——思考レベル

わが国は，2007年から団塊（1947～49年生まれの第1次ベビーブーム）世代が停年期を迎え，2025年ごろには，この世代が膨大な後期高齢層を形成し，要介護高齢者520万人の出現が予測されている。

また，さらなる少子化によって生産年齢人口が減少し，生活や家族，コミュニティの弱体化が表面化している。そうした社会的環境状況の中で求められるのが，①「人・まち・文化」のコミュニティ資源の見直し，②総合的に地域で解決していくしくみづくり，③介護や子育ての共同実践の組織化，といった地域福祉の新たな展開課題である。また，こうした新たな課題に対応する政策形成と実践を推進する理論的枠組の再構築が求められる。このような地域社会や住民の暮らしの変容によって，かつての地域福祉は，その基本的な枠組みを変えつつある。これまでとこれからの地域福祉の成立要件の変化を示したものが**図表1-4**である。

以降，この**図表1-4**を基に解説していく。まず，横軸には，時間軸として「バブル崩壊まで（1992年）」と「リーマン・ショックまで（2008年）」，「リーマン・ショック以降」の3つの時期に大きく区分した。そして縦軸には構成要素を置いた。地域福祉という成立要件は，さまざまな要素から構成されている。まず，基礎的要素（理念，対象，供給），次に政策的・実践的要素（方法，参加，展開，政策），そして経営的要素（経営，運営，財源）などのさまざまな要素が集約されている。たとえば，基礎的要素の理念では，「バブル崩壊まで」の時

期は1980年の国際障害者で日本に紹介された「ノーマリゼーション」が主張された。しかし，日本の福祉現場では実体的にはあまり根づかなかった。その後，「リーマン・ショックまで」の間に主張されたのが「ソーシャルインクルージョン」の理念であった。この理念も，実体から離れすぎたといえよう。ソーシャル・エクスクルージョンの実体の方が先行した。そして，「リーマン・ショック以降」の近年では，「社会的包摂」という社会的排除のない社会をめざす政策を意味する概念が多用されるに至っている。しかし，地域福祉によってノーマリゼーション理念が必要不可欠の理念であることには相違ないことを断っておかねばならない。

哲学・思想レベル

これまでの社会福祉の理念は，ノーマライゼーションの思想で説明がなされていた。現在でも，社会福祉を主導する基本的原理としてノーマライゼーションが追求されている。その考え方が，第2次世界大戦中にナチスの強制収容所に送られた迫害の経験を持つデンマークのバンク-ミケルセン（Bank-Mikkelsen, N.E.）によって，1971（昭和46）年の国際連合第26回総会で採択された「知的障害者権利宣言」のなかで提唱され（花村，1994：9），さらに1980（昭和56）年の国際障害者年の行動計画に引き継がれてきた。その趣旨について，「障害があるからといって，社会から阻害され差別される理由はないのです。たとえ身体的あるいは知的な障害があっても，彼は一個の人格を持ち，障害がない人と人間として何ら変わらないのです。障害がある者が，社会で日々を過ごす一人の人間としての〈生活状態〉が，障害のない人びととの〈生活状態〉と同じであることは，彼の権利なのです」と述べ，続けて「ですから可能な限り同じ条件のもとで置かれるべきです。そのような状況を実現するための生活条件の蓋然が必要です」とも述べている（花村，1994：113）。

しかし，日本ではノーマリゼーションの思想が実体として福祉現場や地域社会に根づいてこなかった。もちろん異論もあろうと思うが，筆者はその理由をこう考える。欧米では，この「自立」「独立」という"independence"はキリスト教プロテスタントの宗教思想である。自立の定義は，他への従属から離れて独り立ちすること。他からの支配や助力を受けずに，存在することを意味する。しかし，日本の場合は，戦前，戦後において生活習慣や宗教観でも「自

立」「独立」は重視してこなかった。ノーマリゼーションの思想を基礎とする市民社会では、高齢者であれ、障害者であれ、子どもであれ、すべての人びとは皆、法の下に平等（日本国憲法第14条１項）であり、人権を持つ者として同等に扱われなければならない権利を有する。

ノーマライゼーションの思想を含みつつ、これからは、ソーシャル・インクルージョンという考え方が主流となりつつある。これと類似の言葉が日本にも存在する。「何人をも排除せず」という概念である。この概念は、社会学者の鶴見和子が南方熊楠の曼荼羅図の中に発見した「萃点の思想」にヒントを得たものである。原典では「何ものも排除せず」と表現されている。『鶴見和子曼荼羅Ⅴ　水の巻』では、史的唯物論の描く未来社会は到達点であるとし、これまでの支配階級を排除して被支配階級が中心に置かれる社会、そして近代化論の描く未来社会は収斂概念で、前近代社会の構造および思考様式が排除されてはじめて近代社会になる、という考え方を示している。これに対して南方曼荼羅の中心は「萃点の思想」であるという。すなわち、すべての異質なものの出会いの場が「萃点」であり、何ごとも排除せずに配置を変えることによって社会変動をもたらす。配置を変えることによってそれぞれの個は、全体のなかに異なる意味を与えられることになる、と説く。21世紀の学問は、20世紀までの矛盾対立するものを、同じシステムの中に統一的に把握することのできる概念を必要としている（鶴見，2002：190）。

現在都市と地方を問わず、一人暮らし高齢者や老夫婦だけの世帯が急増している。住民同士の結びつきが希薄になり、若者が減っていく中で災害に対し身を守る能力の低下した高齢者や、もともと災害に対抗する能力の低い子どもなどの社会的弱者の安全確保が防災対策の重要な課題となっている。社会的弱者（バルネラビリティ＝弱い立場の人たち）とは、弱かったり小さかったりするために、傷つきやすく、損害をこうむりやすく、攻撃を受けやすい人々の総称である。社会的弱者がその地域に住み続けるには、住居と街を含めた公共空間の整備が必要である。社会的弱者を含めた地域住民の安定した生活基盤の公共空間には、居住福祉「資源」（駅舎、商店街、市、郵便局、公衆トイレ等）と居住福祉「空間」（住民が集まれる住まいや街の空間づくり、よろず相談所、世代間の交流施設、高齢者・障害者・子どもの交流空間等）の再形成が求められる。これらの資源や空間は、近代化や工業化の過程で失われてきたものである。

政策・実践レベル

　現代の福祉問題の深刻化をくいとめるために，いまや弱体化している家族機能，希薄化している近隣や親族網等を，問題解決の供給資源として再形成していく必要がある。地方自治体は，家族や地域社会といったインフォーマルなサポートネットワークの基盤強化策を積極的に推進する必要がある。さらに，一人ひとりの要介護・要支援高齢者や障害者の在宅ケアを可能にする条件づくりとして，介護保険サービスや地域保健医療福祉サービス等のフォーマル・サービスと制度外サービスや住民の地域福祉活動等のインフォーマル・サポートを地域包括ケアシステムとして計画的に地域コミュニティに確立していくことが求められている。

　そのためには，新しい公共としての地域福祉のローカル・ガバナンスが必要である。いままでに，多くの地域福祉の運営では，住民参加の意義や手法が述べられているが，地域福祉を推進していく主体間（住民，当事者，NPO，社協，施設等の事業者，企業，行政等）の協働の必要性やその方法論を論じたものは少ない。地域福祉の運営において住民参加が必要条件とするならば，協働が十分条件であるということができよう。地域福祉における協働とは，その推進主体間のパートナーシップと言い換えることもできる。すなわち，政府部門が統治する社会サービス等の資源供給システムから市民セクターを中核とする多元的な資源供給システムへの移行の中で必要とされる資源供給主体間の主体的協力関係を意味する。これからの地域福祉には，政府セクターと市民セクターによる資源供給主体に加え，住民による地縁・血縁ネットワークの主体的参加システムの再構築が必要とされる。地域福祉の運営において，3つのセクター間の主体的協働関係に基づく，推進主体間のパートナーシップが形成されることを期待する。

　地域福祉の財源は，公的財源と民間財源に大きく分かれる。公的財源の予算科目は，一般会計予算，社会保障費，在宅福祉事業補助金が記されるが，主な地域福祉財源は，在宅福祉事業補助金が占めている。その多くは租税で賄われている。民間サイドでは，共同募金や福祉基金がすぐ念頭にうかぶが，必ずしも寄付行為が習慣になっていない日本の現状を鑑みると，NPOの育成や設立によるコミュニティ・ビジネス，地域通貨（エコマネー）コミュニティ・ファンド[4]を通じた地域福祉活動と地域経済を結びつけた財源調達活動も注目される。

民間財源の新たな動きとしては，介護や障害者福祉，子育て，教育などの担い手として活発化している NPO 活動に対して融資を行う NPO バンクの設立が注目されている。NPO バンクは，行政からの出資や補助金を原資として行政が NPO に地域活性化のための事業を委託し，その活動資金を住民からの出資金が支えるというしくみである。

方法・技術レベル

これからの地域福祉の展開方法として必要なのは，内発的発展である。内発的発展という考え方は，鶴見和子が提唱した近代化論に対抗しうる地域社会の論理である。西欧は長期間かけて近代化を実現したが，前近代にとどまっている非西欧の後発諸国・旧植民地諸国も別のコースを辿りつつ同じく近代化を達成する議論で，アメリカの社会科学者を中心に展開されたのが近代化論である。これに対し，内発的発展論は，イギリスやアメリカと同様に近代化することをよしとするのではなく，それぞれの地域がそれぞれの自然生態系とそれぞれの文化にしたがって，住民の創意工夫によって発展の道筋をつくり出すことを提唱する社会理論である。

今回の地域福祉計画の策定については，国が一定のガイドラインを提示したが，計画の内容やプロセスに関しては，地域の独自性に基づいて行政・社会福祉協議会・NPO・住民等の参加と協働と分担が求められているところに特徴がみられる。

地域福祉の援助技術としては，地域組織化を含みながらコミュニティワークを発展させ，一人ひとりの個別のニーズに対応し，地域ケアシステムを構築していくためのコミュニティ・ソーシャルワークの技術開発が求められている。冒頭で述べた地域福祉の定義との関係で言えば，第 1 の定義（構造：ポスト工業化社会における福祉国家の再編と福祉社会の開発をめざして，住民・市民が共有する社会的ニーズを充足し，地域コミュニティを基盤とした生活の質に関わる諸課題を解決するために，生活に最も身近な市町村及び広域圏レベルにおいて住民・市民の参加と協働による公共目的を設定し，問題の解決を図っていくための政策及び実践の組織的営為）には，地域組織化を含むコミュニティワークが有効である。いわば，地域組織化活動や地域福祉計画策定の技術に適している。

また，第 2 の定義（機能：人権尊重とノーマライゼーション及びソーシャル・イ

ンクルージョンの理念に基づき，地域コミュニティを基盤に一人ひとりの生涯にわたる生命と生活を総合的に守り支えるしくみを，当事者・利用者及び住民・市民の主体的な参加によって公共民セクター間及び専門職間との協働の実践を通じてつくっていく集合的営為）には，コミュニティ・ソーシャルワークが有効であるといえる。これは，地域包括ケアに適している技術である。

注

(1) 家族主義モデル：エスピン-アンデルセン（Esping-Andersen, G.）の福祉国家レジーム分類によると家族主義モデルは，主として「コーポラティズム的レジーム」の特徴として示されている。「社会保険制度は，通常，未就労の主婦を給付対象に含めず，母性を支援する家族手当を給付した。デイケアや同様の家族サービスが結果的にあまり発達しなかったのは，家族制度を維持するという意図が働いた」からであると示している（エスピン-アンデルセン，G.／岡沢憲芙・宮本太郎監訳（2001）『福祉資本主義の三つの世界』ミネルヴァ書房）。その結果，公的支援の少ない在宅介護や育児・子育ては，家族福祉への過重負担を強いることになる。

(2) 脱家族主義モデル：エスピン-アンデルセンの福祉国家レジーム分類によると脱家族主義モデルは，主として「社会民主主義的レジーム」の特徴として表現されている。「保守主義タイプと異なって，家族のキャパシティが底をついた場合に国が支援の手をさしのべるのではなく，家族（family hood）維持のコストを社会化」し，「国は家族構成員のニーズを充足するための給付・サービスの提供，女性の雇用進出を促進・支援するという重い社会サービス負担を負う」としている（エスピン-アンデルセン，G.／岡沢憲芙・宮本太郎監訳（2001）『福祉資本主義の三つの世界』ミネルヴァ書房）。家族介護や子育てのコストを社会化するために，その必要な費用を税負担に頼る傾向となる。

(3) 上村泰裕（2000）「家族政策の大転換は可能か？」電通総研レポート，非公刊，鈴木りえこ（2000）『超少子化——危機に立つ日本社会』集英社新書より引用。

(4) コミュニティ・ファンド：近年，民間財源の新たな動きとしては，介護や障害者福祉，子育て，教育などの担い手として活発化しているNPO活動に対して融資を行うNPOバンク（あるいは市民コミュニティ財団）の設立が注目されている。NPOバンクは，行政からの出資や補助金を原資として行政がNPOに地域活性化のための事業を委託し，その活動資金を住民からの出資金が支えるというしくみである。

引用・参考文献

鶴見和子(2002)『四十億年の私の「生命」』藤原書店。
野口定久(2008)『地域福祉論——政策・実践・技術の体系』ミネルヴァ書房。
花村春樹訳・著(1994)『「ノーマリゼーションの父」N. E. バンク=ミケルセン——その生涯と思想』ミネルヴァ書房。
広井良典(2000)「社会保障政策と環境政策の統合」『特集 社会政策研究のフロンティア』東信堂。
ベック,U.・鈴木宗徳・伊藤美土里編(2011)『リスク化する日本社会——ウルリッヒ・ベックとの対話』岩波書店。

第2章

地域福祉の対象と課題

1 現代における地域社会と生活の変容

苦悩する地域社会

　いま，日本の地域社会がいたるところで苦悩している。そしてコミュニティという言葉が何かしら新しい可能性を拓くものとして，ある種の期待を込められて登場してきている。ここでは地域社会は，コミュニティと訳されている。では，地域社会とコミュニティの本質的な相違点はどこにあるのだろうか。これをわが国の，とくに戦後における地域社会（都市社会と農村社会）の変化の中にみていくことにしよう。まず，『新社会学辞典』（有斐閣，1993）によれば，地域社会を，「何らかの地域的な広がりにおいて形成される生活の共同を意味するが，その広がりが多様であること，また生活の共同の内実が多様であること」と，やや曖昧な概念であると説明している（蓮見，1993：987）。地域社会がこのように曖昧なものとなってきたのは，近代産業社会においてであり，「地域」ということばの中に，中央集権的行政機構の末端を担わせられる町内会等の既存住民組織の意味あいが色濃く残されてきたことにもよる。

　地域社会の原型は，「自給自足的な局地的小宇宙としての村落共同体や都市共同体が社会の基本形態をなしていた前資本制社会」（蓮見，1993：987）の中にみることができる。この時代における人々の生活のあり様から考えて，基本的な地域社会をとりだすことは困難なことではない。そして，何よりも村落共同体の局地的な封鎖性を打破して成立した資本制社会においては，全国的な規模で商品や資本流通が拡大することによって，農村における前近代的な階層が分化・分解し，その膨大な農村流出人口をもって広範な労働市場が展開していくことになる。さらに，その動きは，企業活動の広がりに対応して，人々の生

活空間も拡散し，社会諸階層の生活形態の相違に応じて，それぞれに主要な地域社会が分化するといった事態が生じる。こうした傾向は，資本主義の発展，さらに成熟につれて一層激しいものとなり，地域社会は今日のようにきわめて多義的なものとなったのである。

新しい対象としての福祉問題

社会福祉の領域では，パラダイムの転換を迫っている現実の課題がたくさんある。たとえば，①家族だけでは高齢者介護が大変なので，できるだけ介護保険制度の在宅福祉サービスや施設サービスを利用しながら在宅で要介護者の面倒をみていくにはどうすればよいのか。②登校拒否児やいじめ，虐待が学校や家庭で発生したら，どう対処すればよいのか。③少子高齢社会のなかで決め手を欠く自治体の財政危機を克服し，福祉政策や制度，実践の開発に有効な手立てはないものか。④日本の地域社会のなかで人権侵害事件が絶えない外国人労働者の基本的人権と生活保障に対応する社会福祉援助プログラムをどうすすめていけばよいのか。⑤また大災害に遭遇した人たちに対する生活基盤の整備，NGOやボランティア活動をどのように組織化すればよいのか等々である。

このところの危惧すべきさまざまな福祉問題，たとえば中高年の自殺の増加，地方の疲弊・衰退，集落消滅の危機，自然災害による人災の多発，家庭崩壊，陰惨な子ども社会，凶悪犯罪の増加などは，1990年代のバブル崩壊から日本経済が長期不況のトンネルの中に入り込んだ頃から目立ってきた。あわせて，世界的なグローバリゼーションの波の中で，地域経済の衰退化に拍車がかかる。

1960年代以降，日本の津々浦々まで大量生産大量消費社会を実現させ，個々人の欲望を極限化するような社会をつくり出してしまったことが，家族や地域コミュニティにどのような影響を及ぼしたか，そして，そのような状況から，はたして家族や地域コミュニティは再生できるのであろうか。以降現代の地域コミュニティが抱える福祉問題の性格の位置を確認しておく。

第1に，家族が大きく変化した。単身家族や高齢者世帯の増加，共働き世帯の一般化は，介護ニーズの深刻化（老人虐待），子育て・保育ニーズの多様化をもたらした。第2に，児童の問題が顕在化した。触法少年事件，児童虐待などが多発している。子どもの自己実現やアイデンティティ形成に，家庭，学校，地域が立ちすくんでいる状況がみられる。教育，福祉，保健・医療等あらゆる

社会のセクターで真剣に取り組むべき重要課題である。第3に，差別・排除や異文化の問題がある。もうひとつの国際化（滞日外国人の居住権），障害者問題，ホームレスの問題は，貧困や人権の問題と同時に，差別や排除（social exclusion）の問題として，また異質文化の交流（social inclusion）という排除論と統合論の交錯の課題を地域住民に問い掛けている。第4に，災害被災者問題を国際的な環境問題と中山間地域等の自然破壊の問題として捉えることである。自然環境問題としてのダイオキシン，CO_2問題，そしてアジア，アフリカ，ラテン・アメリカ諸国の貧困問題に，先進諸国間のグローバリゼーションはその責任をどう意識化するか，同時に災害被災者の自立支援方法の開発というように，一国内の課題としてはとらえられず，グローバリズムとローカリズムの間で密接に関係しあっているのである。

　これら新しい福祉問題群の政策と実践を課題化したのが**図表 2-1**である。今日，地域社会が抱える福祉問題の事象は，従来からの不安定な生活や介護問題，子育ての悩みといった福祉問題に加えて，新たにホームレス問題，外国人の生活問題や地域の人間関係，閉じこもりや引きこもり，DVや虐待等々である。これらの諸問題は従来の福祉問題と複雑にからまって多問題化しているのと同時に，個別の問題であることが特徴である。

　そうなると，これからの地域福祉援助は，こういった個々の問題を解決するとともに，これらの問題の中から地域社会で共通する政策課題と地域住民が支えあう実践的課題に分ける必要がでてくる。前者は，主として地方政府の政策や施策（プログラム）としての対応が求められる。たとえば，従来は自治体が政策対象として排除していた問題を政策として包摂することであり，また窓口が対象別であったものをまとめる，いわばワンストップ・サービスが求められる。また行政サービスの効率化とともに，市場のサービスがない，あるいは撤退したような地理的不利な居住地への行政サービスのアクセス保障，すなわち公平化も併せて求められる。

　後者の実践的課題としては，ホームレスなどの社会的排除や障害者の地域コンフリクトの克服，外国人の生活様式を理解する異文化交流，交通弱者や災害弱者など社会的弱者への支援プログラム，マイノリティや当事者の市民権の獲得への取り組みである。それらの問題を解決する理論には，政策面ではローカル・ガバナンス論に基づく地方政府のセーフティネットの整備，そして実践面

第Ⅰ部　地域福祉とは何か

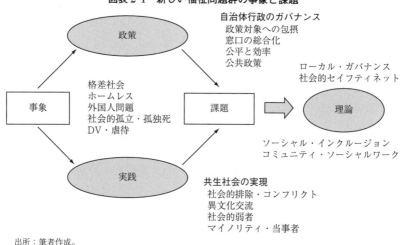

図表2-1　新しい福祉問題群の事象と課題

出所：筆者作成。

ではソーシャル・インクルージョン論に基づく小地域福祉活動の組織化を融合したがコミュニティ・ソーシャルワークが有効であろう。

問題の生成と解決の「場」としての地域コミュニティ

　このような個人や家族，地域社会をつらぬく近代合理主義的生活習慣の偏重の過程で，私たちは，日本の伝統文化や価値観を否定しつつ，私的個人主義へと埋没し，かつ社会的個人としての非自立性など，現代コミュニティを担っていく主体を喪失していったといえよう。私たちは市場で換えることのできない価値を，生活や地域コミュニティの中でもう一度見つけ出していく努力がもとめられているのではなかろうか。

　日本の地域コミュニティを例にとると，1990年代以降の新たな生活上のリスクの特徴は，それ以前の「貧困や生活の不安定化」や「心身のストレス」として表出した問題群に，ホームレスの増加，精神障害者等の生活問題，滞日外国人家族の地域摩擦，高齢者の孤独死や自殺，青少年を巻き込んだ犯罪の増加といった新たな福祉問題群が加わったことである。それらの問題群は，個々の問題と連鎖複合化し，都市部から都市部の近郊へ，そして地方都市へ，中山間地域へと日本の地域社会の至るところに拡大していっているのである。そうした状況のもとで，これらの公共的諸問題（現代社会の福祉問題の多くが含まれる）

の自主的な解決の場としての地域コミュニティが新たな意味を持つようになった。安全な地域コミュニティや安心して住み続けることのできる居住環境の整備といった公共政策に属するプログラムを行政・企業・NPO・住民等の参加によって協働して解決するローカル・ガバナンスを実現することが求められている。

そうした状況のもとで、先に見た公共的諸問題の解決の場としてのローカリティ[(2)]が新たな意味を持つようになった。グローバル化による定住型の外国人家族の増加による地域人間関係の摩擦、地域の中に建てられる障害者施設と周辺住民とのコンフリクト（葛藤）、近年の経済不況による失業やリストラと雇用問題など、新たな福祉課題に伝統的な地域社会や近隣住民がどのように理解し、承認、和解していくか、という21世紀型の地域コミュニティへの政策的戦略が求められている。

2　現代社会の生活問題

生活の「社会化」と新たな「貧困化」

たしかに、われわれの周囲を見渡せば、冷蔵庫・クーラー・洗濯機・自動車等と生活水準の向上を表示する物質文化を見出すことは容易である。岩田正美によれば、これらの現象は、「新しい生活様式の出現とその固定化」として、「それらの住宅にセットされた一連の家電・耐久財商品、それらの内側に取り囲まれた種々の大企業商品財、あるいは外側に配置された公共施設・サービス、種々の専門商店、スーパーマーケット、消費者信用を供与する金融機関の窓口等々は、結局それらを不可欠とする生活の様式をも創造して」しまい、しかも「これらの生活様式の創造の主たる担い手が大企業商品であり、公共財・サービスがそれらを補完したために、この生活様式はひとつの社会的標準として固定化する傾向をもった」（岩田，1987：14）という解釈がなされている。たしかに、家電や耐久財をもつことは、生活水準の向上というよりは生活様式の劇的な変化とよんだ方がふさわしい。これらは技術革新によってもたらされ、企業による宣伝によってつくり出されたものであるが、それらの所持が国民福祉の総量を示す指標とみなすことはできない。

つまり、それが結局は「家計の中の"社会的固定的支出"として、消費支出

として，その部分を膨張させるが，同時にその利用のために必要な費用といわれる非消費として分類される支出部分をふくらませ」，その結果，「家計における総支出を膨張させ，いわゆるお金のかかる暮らし」を促進させたのである。このように一般世帯にみられる「社会的標準的生活様式」の創造が，全国を共通して貫かれている現代の消費構造である。そして看過してはならないことは，この生活様式の普遍化により，実は「貧困」が目にみえにくいようなしくみが構築されたことである。また，この「社会的標準的生活様式」から外れた人々を，今日的な意味での「貧困層」として顕在化させている事実である（江口・松崎，1987：186）。

このような生活様式の変化に伴う貧困化ともいえる実態は，他面において「コミュニティの解体」をすすめた。旧来型の地域社会は生産と労働の組織を媒介として成立していたものであるが，現代社会では消費の共同性（社会的共同消費手段）として成立せざるをえない。ところで，その消費の共同化の重要な契機である社会的共通資本[3]（住民生活に必要な道路，下水道，広場や遊び場，レクリエーション施設，医療機関，学校，保育所や社会福祉施設，福祉サービス等）が近年の自治体の構造改革によって，その整備状況に格差が生じてきている。したがって，このような公共生活にかかわるような公共的行政サービスが大幅に削減されたり，本来は行政サービスとして供給されるべき公共財，たとえば福祉サービスや公共交通等の民営化・委託化に見られるように，公的に用意されるべきものが，自前で充足せざるをえない構造になっていて，結局のところ，そのことが人々の消費行動を地域社会全体の共同化へと連鎖させず，個々の世帯がバラバラに自己完結し，地域社会解体の基本的な要因のひとつとなっているのである。

このように貧困化現象をたどってみると，「社会的標準的生活様式」の一般化と社会保障・社会福祉等の公共事業の貧しさや低水準が，国民生活の貧困化に拍車をかけ，生活の個別化を促進し，ひいては地域社会を解体させていく重大な原因となっている。社会変動と生活様式の変化が単なる経済的欲求を越えた多様性をもっていることは重視しなければならないが，地域福祉の課題は，住民の世帯内の生活構造と地域の共同消費財の総体を担っていくという視点を見失ってはならず，生活課題の拡がりを総合的に地域で解決していこうとする住民の行動を，その組織化を通じて援助していくことにほかならない。

福祉ニーズ出現の社会的要因

　先に述べた生活の再生産，消費生活の具体的な単位は家族であり，それらが地域社会を形成している。これを社会階層的にみると，家族（世帯）は，通常生計中心者の社会階層的位置で判断される。したがって，社会福祉および地域福祉の「対象」に関する問題には，それぞれの社会階層を貫く世帯の生活問題の諸相がそのままあてはまるが，ここでは，地域社会のなかで具体的な生活問題を体現している要援護者家族を対象にして，生活の再生産の基盤としての家族と地域社会の生活基盤の関係が，今日どのような状態になっているのか，そこでの問題点と課題は何かについて検討することにする。このような地域福祉の具体的な対象を社会経済構造と生活構造との関係で，それが福祉ニーズとして出現する枠組を描いたのが**図表 2-2** である。

　この枠組の核心は，福祉ニーズの拡大と変化として表出する。その特徴の第1は，量的拡大である。たとえば現在，生活保護受給者や介護・子育て問題が増大している。第2に，多様化（たとえば生活困窮世帯の拡大）である。第3は，複雑化（たとえば多問題世帯・要援護者の孤立化）である。

　では，こうした福祉ニーズが表出する社会的要因を分析してみる。

① 都市化・産業化・過疎化の進行

　とくに1980年代から人口の大都市への集中，地方の過疎化，高齢化が進行してきた。今後，人口の集中した都市部のインナーシティ問題，住宅問題，災害問題，そして高齢・少子化対策も大きな課題となりつつある。

② 少子高齢社会の到来

　老齢人口の大幅な増加，女性の社会参加の増加，晩婚化・非婚化などにより，少子化が進行し，ついに21世紀には，逆に人口減少型社会が到来した。

③ 就業形態の変化

　産業構造のサービス化，高度化が進み，第3次産業化の進展に伴い，勤労者化が進行し，結婚・出産後も企業などで働き続ける女性や，子育て後再就職する女性が増加している。今後は，共生型社会の実現をめざして，男性と女性がそれぞれの個性や能力を活かし，仕事と育児・介護等を含めた家庭生活との両立が図れるような社会経済のしくみを築いていくことが求められる。

④ 核家族化・小規模世帯化の進行

　核家族世帯や一人暮らし・夫婦のみの高齢者世帯が増加する一方，三世代世

第Ⅰ部　地域福祉とは何か

図表 2-2　福祉ニーズ出現の社会的要因

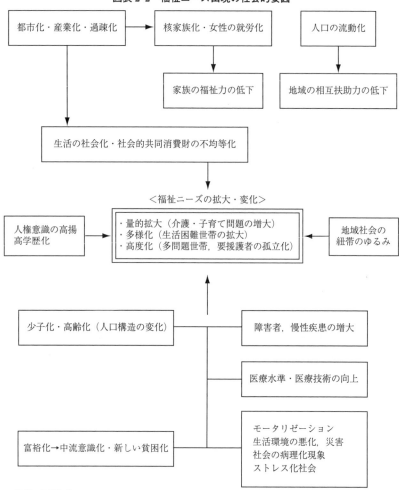

出所：筆者作成。

帯は減少するなど家族の多様化・小規模化が進行しつつある。家庭の中で担われてきた介護・育児機能が低下し，社会福祉需要として今後ますます顕在化してくる。

⑤　生活構造の不安定化の進行

生活の社会化と外部化，家事労働の商品化，そして家計の個別化の進展に伴い，ますます消費生活の社会的依存度が増してくる。勤労者世帯の個別的な生

活の再生産の困難さが増大する。「新たな貧困化」の増大と階層間の格差がさらに拡大する。

他方，所得水準の大幅な向上や貯蓄等の資産の増加により，豊かで元気な高齢者も増加してきている。今後，生涯時間に占める労働時間の割合が縮小していくことに対応し個人の自由時間も大幅に増加し，一人ひとりの多様な価値観に基づく生活を実現できる可能性が高まりつつある。

現役世代は働き過ぎ，高齢者は働く意欲があっても雇用機会が少なく，自由時間を持て余すなど世代間で大きなアンバランスがみられ，世代間の雇用機会の再分配が大きな課題となる。

⑥　地域社会の紐帯のゆるみ

大都市圏と地方都市の比較では，東京圏において住環境の悪化が他地域と比べ歴然としている。大都市圏において職住分離が進み，地域社会は勤労者にとって労働の場ではなくなってきているだけでなく，地方都市で職住が接近している場合でも長時間労働などによって地域生活から遠ざかっている場合がみられがちである。

近隣に対する期待感は東京都区部が他地域に比べて薄く，昔ながらのコミュニティとしての機能を隣近所に求めていない人が多い。地方都市では，まだ「急病人がでたときの世話や手伝い」などが頼めるというのが比較的高い比率を維持しているのに比べ，東京都区部では低い。注目すべきことは，地方中小都市の東京化現象である。近隣への期待感が希薄化している[(4)]。

社会福祉と地域福祉の共通課題

今日，われわれがおかれている社会構造は，資本主義に特有な生産関係によって秩序化されているので，好む好まざるにかかわらず，その生産関係の中で生活していかざるをえないわけである。その生産関係とわれわれが日々送っている家庭生活の関係を表すと**図表 2-3** のようになる。すなわち，生産関係は資本と労働の関係によって成り立っていて，この関係を通じて，労働者は自らの労働力を資本家に売り渡し，その報酬として賃金を得る。その賃金で，市場から生活のための物資とサービスを購入して消費生活を営み，労働力を再生産する。また消費生活の中で再生産された労働力は，労働市場を通じて職業に再びつながっていく。

第Ⅰ部　地域福祉とは何か

図表 2-3　生産と家庭生活の関係

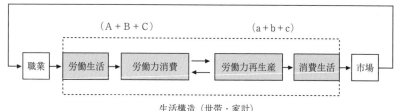

労働（A）・余暇（B）・休養（C）
　　　　　　　　エネルギーの消耗量　　エネルギーの補給量
第1基本状態　　（A＋B＋C）　　＞　　（a＋b＋c）
第2基本状態　　（A＋B＋C）　　＝　　（a＋b＋c）
第3基本状態　　（A＋B＋C）　　＜　　（a＋b＋c）

出所：篭山京（1976）『戦後日本における貧困層の創出過程』東京大学出版会、24頁の図を基に筆者加筆。

したがって，われわれは次の日にも，昨日と同様に，あるいはより優れた労働力をもって職業に立ち向かわないと，職業戦線で脱落者になる。職業はたえず労働市場を背景にもった競争のなかにあり，とくに不安定労働者や不熟練労働者の場合には，この関係が毎日，鋭く実現してくるのである。また自営業者の場合にも，その生産物や販売品を商品市場に売ることによって，同じ関係に立たざるをえない（篭山，1976：24）。賃金や収入が低くてはそれを十分に再生産できず，労働力は量・質ともに，漸次に摩滅していって，やがてその労働者は生活の根源となる生産関係から順次脱落していくことになる。

このようにして労働者階級の最底辺の労働者がたえず脱落していかざるをえない。資本主義社会は，資本が労働過程を通して増殖していかざるをえない原理をもつ以上，その活動によってたえず階層的下降，転落がおこっている。これが資本主義社会におけるそれ自身が生み出した不安定化，すなわち貧困化ということであり，この不安定化の進行そのものをくいとめていくことが社会福祉の究極の課題となってくる。それゆえに，一般階層の生活の最低限水準を設定することが，社会保障・社会福祉の重要な課題となってくるのである。[5]

述べてきたことをまとめてみると，資本主義社会における社会福祉活動の課題は，「社会構造そのものから生じる"社会関係の不安定化"の進行をくいとめ，さらにその解消をめざすこと」（篭山・江口，1974：22）ということになる。結果として，社会福祉活動の目的は，この社会関係の不安定化の進行をくいと

める最低限水準の確保および不安定化の進行によって社会生活機能を喪失した人びとに社会的援助サービスを提供し,最低限水準以上にその世帯の生活能力をひきあげる「営み」にほかならないのである。

さて,このようにみてくると社会福祉の課題と地域福祉の課題は,根幹のところでは同じであることがわかる。さらに,このような「社会関係の不安定」によってもたらされる生活上の諸困難が発生しているのは,まさしく地域社会においてであり,「社会関係の不安定化」がもたらす地域的生活課題もまた問題となってこよう。すなわちこのことは,端的にいうと,地域生活とそこでの貧困や生活の不安定の問題が地域の社会階層構成上の特徴を反映していることを意味しているのである。

地域社会における住民生活をとらえる必要な側面としては,まず世帯による家庭(消費)生活,そして地域住民が共同で使用,消費するもの(たとえば道路,橋,上下水道,学校,公園,図書館など生活のための必要な諸施設・設備),いわゆる「社会的共同消費手段」とよばれるものがある。資本主義の発達が旧共同体の直接的共同性,いわゆる社会的な共同生活の様式を分化させ,やがてそれを社会の機能として整備していかざるをえない過程は,「生活の社会化」に伴う,社会保障・社会福祉の公的責任の発生根拠として重要な課題となってくるのである。[6]ところが,都市化と産業化の進展による生活様式の変化と地域社会の不均等発展は,ひとつにコミュニティ(とくに地域共同体)の解体として,2つに過疎地域の「社会的共同消費施設」の決定的な不足をもたらし,国民生活を貧困化し,地域社会を解体させていく重大な原因になっている。また,「家庭生活」と「社会的共同消費施設」の関係は,後者がないと前者が成立せず,後者が悪化すると前者も悪化するという状態がますます進行することを意味している。とくにこの関係は,低所得層や要援護世帯にいっそう重くのしかかってきているのである。

今日の社会経済状況においては,圧倒的多数の住民が家庭生活に弱さをもっており,現実にこれをカバーするために生活の社会的共同的な保障を必要としている。このことは,社会的共同消費手段の整備・保障が低所得層や要援護世帯にとって不可欠のもので,一般住民にも必要な条件であることを意味している。それは社会的共同消費手段がないので家庭生活そのものがなりたたないという,今日の社会関係によるものである。

以上のことから，地域福祉の課題は，社会関係の不安定化から生ずる家庭（消費）生活の貧困化および社会的共同消費手段の未整備状況からくる地域社会に発生する生活問題の解決を直接の対象として，それら不安定化の進行をくいとめる最低限水準を地域社会のコンセンサスをもって獲得することにあるといえる。

その場合，地域福祉政策としての最低限の設定基準と地域住民の生活実体に基づく最低限水準は当然異なるし，とくに先にみた社会的共同消費手段の一部に含まれる在宅福祉サービスなどは，最低限水準を設定しにくいということもあり，また政策レベルで最低限基準化を怠ることもありうる。社会的共同消費手段にかかわる諸整備・施策の最低限基準化は，低所得層・要援護階層はもちろんのこと，一般階層にとっても必要であると先に述べたが，政策レベルの最低限基準と住民レベルの最低限基準のギャップ，いわゆる最低限の二重構造を埋めていくことが，地域福祉活動そのものであるといえる。

3 人口移動と地域生活問題

歯止めがかからない地方からの人口流出

まず，都市部と過疎地域における人口の社会移動の動向を概観しておこう。わが国の場合，戦後2回の大きな人口移動を経験している。第1回目は，高度経済成長期における農山村や漁村から次男・三男，女子の若年労働者層が東京圏・中京圏・関西圏のいわゆる太平洋ベルト工業地帯に吸収されていった時期である。そして第2回目は，昭和60年以降のバブル経済期に，今度は後継者層を含むドラスティックな人口移動が起こり，それによって地方小都市と過疎化地域の人口減少に拍車をかけることになった。

とくに，1980年代以降の東京圏を中心とした大都市圏への大幅な人口転入超過がみられた。そして近年の傾向としてアベノミクスの経済政策による企業収益の東京集中（1992〜93年度で23.7兆円，37.7％が2012年度の23.3兆円，54.1％に，その比率を伸ばしている）。また，そのことにあいまって，地方からの人口流出（東京，埼玉，千葉，神奈川の東京圏への人口転入超過は2013年時点で10万人近くに上る）が顕著になっている。これが第3回目の波である。しかし，最近ではその数も減少に転じ，大都市圏への人口集中傾向がみられなくなった。一方，地

図表 2-4 人口の社会移動と地域社会の生活福祉問題

```
中山間地域 → 中核都市 ⇄ 大都市
          ↑
      地方小都市
```

・後継者・世帯主世帯の長期離村	・産業の空洞化に伴うインナーシティ問題
・高齢者のみ世帯の増加	・高層集合住宅の心理的問題
・若年層の流出による少子化	・社会病理的現象の拡大と集中
・伝統的な相互扶助機能の弱体化	・少年犯罪・非行問題の深刻化
・地域経済の沈滞化による雇用機会の減少	・生活環境の悪化による住民間のトラブル
・公共交通機関の民営化による生活権の剥奪	・公共施設・住宅など生活環境施設の不備
・医療・福祉サービスの不備	・住民間の共同意識や共同活動の希薄化
・こころの過疎化	・外国人出稼ぎ労働者問題
・農村花嫁問題	・都市を直撃する震災等による生活問題

出所:筆者作成。

方においては，各圏域における中核都市への人口集中の傾向がみられ，その周辺の小都市では人口が漸減の傾向にあり，過疎地域にいたっては，近年，急速に人口が流出し，集落の消滅の危機にすら直面している町村も出現している。

都市社会が抱える問題

上記のような人口移動に伴う都市社会の生活と福祉に関する諸問題についてみていくことにする（**図表 2-4**）。

第1に産業空洞化と産業集積の地域格差がみられることである。産業のサービス化，高度化が進み，第3次産業の比重の増大や混合型産業への移行という近年の傾向のなかで，新規成長産業として環境，医療・福祉，情報・通信等の分野の発展が予測されている。逆に製造業等の衰退，空洞化の傾向が深刻化し，中高年齢者のリストラ，若年層の失業問題など世代間の雇用機会の再分配が大きな課題となって現れてきている。それに伴って，外国人労働者の人権問題，ホームレス問題などが各地に現れてきている。

第2に，人口の高齢化の急速な進行に伴うインナーシティ問題の発生である。これまでの重厚長大型製造業の衰退によって，人口が減少または停滞している都市，大都市周辺のベッドタウンとして人口が急増している都市など，都市部

の再編の進行にともなって，大都市内部や市街地において高齢化が急速に進んでいる。サラリーマン層や生産工程従事者を中心とした都市型高齢化社会の出現が予測される。それにあいまって，大都市中心部の衰退化現象，いわゆるインナーシティ問題が発生し，その結果として，高齢の単身者や，子どもと別居した高齢者夫婦，あるいは心身障害者や長期失業者，管理社会からの脱落者等が，大都市部の中心地区に滞留する状況が現れてきている。そこでは，人口減少の進行，若年層の郊外流出，既存コミュニティの解体，コミュニティ放棄化現象，生活関連施設の老朽化などが特徴的である。1995年の阪神・淡路大震災で最も激甚な被害を受けたのが神戸市内のインナーシティ地域であった。そして現在，都市的な建物としての復興はみせているけれども，住民の居住環境やくらし，家族，心理面，コミュニティの復興にはまだ残された課題が山積している。

　第3に，公共施設や住宅など生活環境施設の基盤整備の遅れが目立っている。これまでの経済優先の地域開発により，生活基盤への社会資本投資が遅滞する傾向にある。したがって，都市部の公共施設や住宅など生活環境施設が老朽化していたり，新しい住民のニーズに対応した地域施設や設備などの整備の立ち遅れがみられる。地域社会資本の整備に対する住民の意識のなかに，地域施設のゆとりやバリアフリー化の意識が生まれ始めてきており，全国において景観条例の策定や，住民参加によるまちづくりが進められつつある。

　第4に，都市社会における社会病理的現象の拡大や福祉ニーズの複合化の傾向が現れはじめていることである。現代都市を直撃した阪神・淡路大震災，いじめ・非行問題，少年犯罪，学校での児童殺傷事件等にみられるように最近起こった事件や災害の特徴は，児童や高齢者等社会的弱者が被害者になることが多いことである。人口密集現象やコミュニティの崩壊現象が都市社会の病理，生活のストレスといった人間へのネガティブな影響を及ぼすポテンシャルの高さを暗示している。

　また，一世帯あたり人員の減少や女性の社会進出の傾向から，家庭での介護や養育の機能が変化し，また高齢化の影響もあって，寝たきり老人，認知症高齢者，さらには障害者等の福祉サービスを必要とする人々が増えてきている。福祉に対するニーズが普遍化するとともにニーズ自体が多様化し，ホームヘルプサービス（身体介護，生活援助）等福祉サービスに対する考え方が変化して

おり，画一的なサービスから，より個別的で柔軟なサービスの供給が求められるようになっている。また，すべての住民にとって，疾病や高齢等により障害を負う可能性が大きくなっており，これを支える家庭や地域社会の状況が変化していることから，保健・医療・福祉サービスの必要性が住民全体のものとして認識されてきている。

第5に，ライフスタイルの多様化と地域共同性への回帰がみられはじめることである。週休2日制や長期休暇のさらなる普及，また長期不況の影響もあり，全体的には労働時間の短縮や休日の増加にともない，自由時間が増加し余暇の過ごし方もより多様化する方向に進んでいる。生活の価値観は，「物の豊かさ」よりも「心の豊かさ」を重視する傾向がますます強まっている。また男女の伝統的な役割分担についての意識が変化するなど，個人の生活を重視する意識の高まりなどを背景に，高齢者の単独世帯など小規模世帯化がますます進行することが予測される。

個人生活の豊かさの根底には，安全で安心できる暮らしの確保が必要不可欠である。個人生活の豊かさを重視する傾向が強まるなかで，国や社会のことに目を向けるべきであるという社会指向の人々の割合も増加している。たとえば旧市街地や郊外の住宅団地においては，今後若年層の移住に伴い，高齢者世帯の増加が懸念される中で，新たな社会活動を地域の高齢者を中心として展開しようという気運が芽生えてきている。また，地域の連帯感の希薄化が憂慮される新興住宅地では，福祉需要の高まりを反映してか，新住民による多様な社会参加の意欲もうかがわれる。

地方小都市・中山間地域が抱える課題

地方小都市とその周辺の中山間地域の集落では，若者の流出によって高齢化が進行し，それにともなって自然増加率が小さくなり，少子化とともに生産年齢人口の減少によって，地域経済の沈滞化や第一次産業の後継者難が深刻化している。高齢化が進行し，集落そのものが消滅してしまうところも現れ始めた。この中山間地域が抱えている諸課題が，いずれ都市部にも陰を落としていくことが予測される。

地方小都市や過疎地域の生活問題，人口問題，自然環境問題，地域経済問題等を解決する方策を探ることが，都市部に生じる多様な問題の解決や緩和につ

ながると考えられる。以降，地方小都市やその周辺部の中山間地域が，抱えている諸課題をみていくことにする。

① 人口の減少と過疎化および超高齢化の進行

中山間地域の主たる産業は，農業，漁業，林業と建設業・製造業および商店自営業である。人口の減少は急速かつ著しく，若年層の流出に加え，後継者層までも就労機会確保のため長期離村が進行し，人口の高齢化に拍車をかけている。また，そのことは生産年齢人口の減少と少子化を加速させている。

② 自然環境等生態系保全対策の遅れ

中山間地域には，豊かな自然が多く，生態系も多様なものとなっている。それが高齢化の進展にともなって農山村の放置化が進み，その結果，生態系にも大きな影響が出始めている。たとえば，農山村が主体となる上流域の水源涵養や水環境の保全対策の財源と人材の不足により，都市部の生活にも大きな影響が現れるという「物質循環系[7]」という考え方を都市社会と過疎社会の両方の地域で展開していくべきである。

③ 地域産業の空洞化と沈滞化

貿易均衡や規制緩和など日本経済に対する世界の論調の厳しさが増し，とくに製造業を中心とする地域産業の空洞化が進行している。企業活動は，新たな市場と経済の比較優位を求めて一層グローバル化しており，従来のように地域外からの企業誘致や工場立地を推進することにより地域の自立的発展を図ることは容易なことではない。このため，これまで地域に蓄積されてきた技術，人材，文化，伝統，自然，産業集積等の特色ある地域資源を活用して，地域から内発的な新たな産業を創出するという動きを活発化する必要がある。

④ 高齢者のみ世帯の増加

若者の流出による過疎化と同時に，高齢者や障害者，病人等ハンディキャップをもった人が住みにくくなる現象を生み出している。また，過疎対策の中の一環として道路整備が進み，モータリゼーションが過疎地域の中にもたらされたが，その結果として，従来の鉄道が廃止されたり，第3セクター化し，運行本数が減少する傾向にある。そのことが自動車をもたない高齢者の移動を制限し，医療を受ける機会や日常生活の行動を自己規制させている。

⑤ 地域紐帯と高齢者の定住志向

農山漁村等では，いまだに濃密な近隣関係と親戚関係があり，日常生活は地

縁・血縁で支えられている。後期高齢者の増加にともなって，老人クラブや婦人会，神社の祭礼，集会，共同作業などへの参加率も徐々に低くなってきている。加えて後継ぎ世代の流出によって，一人暮らしの高齢者世帯，高齢者夫婦のみの世帯が多出している。子世代はほとんどが別居で，主たる理由は結婚と就職である。また，故郷に残してきた老親を都市部に住む子ども世帯が引き取るという「呼び寄せ老人」という社会現象が生じた。呼び寄せられた高齢者たちは，人間関係の途絶えたマンションや一戸建て住宅の中で，昼間孤老の孤独に耐えられず，再び安住の地である故郷に戻っていったのである。これを境に，高齢者の定住化（自分が住みたいと思うところに住み続ける）が定着する。

⑥ 医療機関や社会福祉施設の不足

過疎地域の人々は，医療機関をはじめとする医療環境，福祉サービス・施設環境が不備なため，ひとたび病気になったり，あるいは体力が衰えた場合は，都市部の病院，施設に入院，入所するかあるいは遠隔地の子どものところに移転せざるをえない。

医療機関や社会福祉施設の設置状況では過疎地域が減少傾向を示し，また全国との格差は施設のみでなく，医療や福祉の質を決定する医師，福祉従事者の数でも大きな開きがみられる。また医療機関の適正配置や効率化を名目とした「医療供給体制」の「合理化」＝統廃合が市町村や中山間地域で進んでいる。しかし，いくつかの過疎地域では，生命と健康を大切にした総合的な地域づくりが実践されており，医療機関の充実，訪問巡回医療と訪問看護体制の充実，保健婦，訪問看護婦，ホームヘルパーの増員等，在宅医療や在宅福祉活動が活発に取り組まれている。

注
(1) 大量生産大量消費社会（フォーディズム）：戦後の産業資本主義諸国では，大量生産を可能にする機械性向上を利潤の源泉とし，それに伴う生産性の上昇につれて実質賃金が上昇し，大量消費へとつながり，その消費は投資を刺激し，さらに生産性向上とそれに伴う消費が拡大するという回路が発見された。日本の高度経済成長期（1955～73年）と，それに続く20年間（1992年のバブル崩壊）までの時期が相当する。
(2) ローカリズムというのは個人をシステムが管理するというかたちではなく，小さい単位の共同体，共同の世界を「われらが世界」としてつくり，われらが世界

を基盤にして世界を変えていく，そういう動きである（内山，2012：107）
(3) 社会的共通資本（インフラストラクチュア）：通常，インフラストラクチュアとは，電力などのエネルギー産業，道路・港湾などの輸送施設，電話等の通信施設，都市計画における公園，上下水道，河川などの都市施設をさす（ブリタニカ国際大百科事典）。ここで用いる社会的共通資本（インフラストラクチュア）は，住民生活に必要な道路，下水道，広場や遊び場，レクリエーション施設，医療機関，学校，保育所や社会福祉施設等の「生活基盤施設」や医療・福祉・介護等の社会サービス，金融，司法，行政，出版，ジャーナリズム，文化などの「社会制度」をさす。加えて，お寺，神社，教会などの宗教的コミュニティや，都市や農村も社会的共通資本と考えることができる。経済学者の宇沢弘文が提唱（宇沢，2000）。
(4) すでに，平成3年版の『国民生活白書』（経済企画庁，1991年）では，「東京と地方——ゆたかさへの多様な選択」と題し，東京圏の生活と他地域のそれとの比較検討を行っているが，注目すべきことは，中都市の東京化現象である。近隣への期待感が希薄化している。
(5) このような立場から社会福祉の本質的課題を究明したのが篭山京・江口英一であり，それらは，共著『社会福祉論』（光生館，1974）に詳しい。現実に生活不安＝貧困状態にある人々を救済するだけでは不安定化を解消しえず，進んで健康な人々の最低限の生活を保障しなければならないという社会保障・社会福祉の最低限保障と予防的機能論につながる考え方を主張している。
(6) 篭山京・江口英一（1974）『社会福祉論』光生館，60頁。江口氏は，不断の消費生活を営む根源としての，また容器としての人間とその社会関係をとらえて，教育，住宅，生活環境，交通，通信，医療，衛生などは，人間の存在と生活基盤の前提条件であるとし，「どんな時代や社会でも，それなりの姿で，そのための社会的支え，制度，施設が整備せられることが必要である」と述べている。
(7) 東京大学アジア生物資源環境センターの武内和彦は，「わが国の自然の基調は，そのおおかたが人の手によって管理された自然（2次自然）である。そのような自然を維持管理していくためには適度なマネジメント体制の構築が必要であり，その環境を考える手順は，山間地から農山村部，平地農村部から都市部へと広げていく発想を持つべきである」と提起している（武内，2001：2）。

引用・参考文献

岩田正美（1987）「今日の生活様式——その豊かさの性格」江口英一編著『生活分析から福祉へ——社会福祉の生活理論』光生館。
宇沢弘文（2000）『社会的共通資本』岩波新書。
内山節（2012）『ローカリズム言論——新しい共同体をデザインする』農文協。

江口英一・松崎粂太郎（1987）「勤労者世帯生活の今日的特徴」江口英一編著『生活分析から福祉へ――社会福祉の生活理論』光生館。
篭山京（1976）『戦後日本における貧困層の創出過程』東京大学出版会。
篭山京・江口英一（1974）『社会福祉論』光生館。
武内和彦（2001）「里山の自然をどうとらえるか」武内和彦・鷲谷いづみ・恒川篤史編『里山の環境学』東京大学出版会。
蓮見音彦（1993）「地域社会」森岡清美・塩原勉・本間康平編『新社会学辞典』有斐閣。

第3章

地方分権と地域福祉

1 地方の分権と再生の論理

自然と人間の「生態循環系」の再形成

　わが国の経済・社会・政治の現状をみてみると，少子高齢社会の進展，高度情報通信社会の到来，グローバリゼーションの進展，地球環境問題の広がり，格差社会の拡大，児童のいじめ・学生や生徒の自殺の増大，安全神話の崩壊，介護問題の深刻化，企業体質の再編成とリストラの断行，そして地方分権，地方創生会議の推進などが特徴的である。

　都市が地震に弱い最大の要因は過密である。何百万という人間が集まっているからこそ都会の魅力が発揮されるのは確かだが，過密なればこそ，緑地などを十分確保できず，本来人が住んではいけない超軟弱地盤や急傾斜地にまで街を広げ大震災の下地をつくることになる。一方，都市の過密と裏腹に中山間地域の過疎がある。震災よりもっと恐ろしいのは，この過密と過疎の構造が列島の環境と自然を破壊し，地球環境と人類存続の危機に直結していることである。過密都市は資源とエネルギーを浪費し，大気や水を汚染し，行き場のない大量の廃棄物を排出するし，中山間地域では放棄された農地・山林が荒廃し，リゾート開発によって国土が崩壊している。それによって，中山間地域の災害も増幅され，都市部にも深刻な影響が及ぶという悪循環は，これまでの災害などから明白である。

　近代化や産業化・工業化の産物である都市化は，確かに物質的な生活水準を多くの国民に供与した。しかし，一方で近代化や都市化は，自然生態系と人間社会を切り離した。その境界領域が中山間地域の集落である。この境界領域（集落）で現状生じている問題は，自然と地域の破壊であり，天変地異の災害

であり，自然と人間との対立である。元来，人間は自然の一部として生存してきたし，他の生物とも共生してきた。わが国で，この自然と人間の共生関係が崩れかけたのは1970年代からであろう。

　もう一度自然生態系の中に人間を取り戻す必要がある。その場が集落そのものである。地域福祉の重要な課題のひとつは，自然生態系と人間社会システムをいかに調和させるかだと考える。そのためには自然と人にやさしい技術や制度を創出しなければならない。集落に人が住み続けられるように，社会的共通資本（インフラストラクチャー）および生活機能を集落に保持するしくみをつくり，それらを公共財として租税で賄うことを合意する必要がある。

　たとえば，集落の住民が医療や介護，福祉サービスへアクセスするには，距離とコストの課題を克服しなければならない。町の中心部から集落までの介護保険サービスに要する時間が1時間以上であったとしよう。営利の介護保険事業では採算が合わないので，市場は集落の要介護者高齢者のところまでは行かない。それまで，この距離とコストを担ってきたのが公共機関，社会福祉協議会等の行政と密接に関係する半官半民の機関がその役割を担ってきたのである。最近では，その社会福祉協議会も市場化の波で，採算が問われるようになった。

　また，集落と町を結ぶ道路が地震や豪雨で崩落した場合，その補修費と集落の住民の移住費を比較するような風潮が見受けられる。集落の住民にとっては，「生命や生活」の介護サービスであり，道路なのである。ここへの努力なしに，自然生態系を保持することはできない。それゆえに，自然と人にやさしい技術（政策や実践）を創出する必要がある。地域福祉の重要な対象と政策及び実践の課題である（**図表3-1**）。

　具体的には，まず第1に，徹底した地方分権と地方自治権を確立することである。住民参加型の地域社会開発による地域づくりやまちづくりを推進するためには，それにふさわしい力量をもったコミュニティとそれをサポートする生活基盤の充足，広域と狭域行政の調整による行財政改革が必要である。そして，行政サービス（福祉，精神衛生，教育，住宅，都市計画，産業など）が住民の主体的な参加と合意を得ながら地域の社会資本を整備し，住民とともに運営していくことが望まれる。

　第2に，第1次産業や地場産業の衰退化に歯止めをかけ，人口規模を適正なレベルにまで回復させることである。経済優先のこれまでの地域開発が，森林

図表 3-1　自然と人間の共生領域の再生

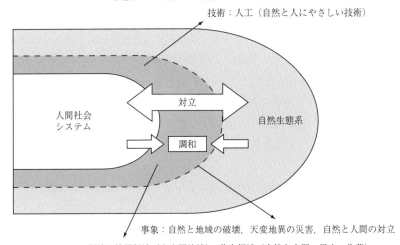

出所：筆者作成。

や農地をつぶし，公共サービスを奪って過疎地域をますます住みにくくしてきた。若年層や壮年層の流出をくいとめるためには，衰退化する第1次産業や地場産業とサービス産業（情報・通信，流通・物流，ビジネス支援，環境，新製造技術など）との混合型産業への移行を推し進めることである。また産業の活性化に併せて，住民の生活基盤である医療・福祉，交通・道路などの公共サービスの充実が重要である。

　第3に，安全で安心できる暮らしの確保するために地域社会開発と危機管理を住民の側から提起する必要がある。阪神淡路大震災や中越地震での政府の反応がことごとく時宜を逸したものであったことは明々白々である。「危機管理の主体は地元の住民であり，とくにコミュニティの住民組織と，それを基盤とした市町村と府県である。中央政府はあくまで補助機関にすぎない」のであって，このような住民主体の地域社会開発と危機管理・危機介入の手法は，大震災後の復興計画，大都市部のインナーシティ地区や中山間地域の地域生活問題の解決手法として，あるいは町おこし・村おこし等の有効な手法として注目されている。

中山間地域再生のシナリオ

いま、日本の山村や集落の存亡の危機が迫っている。『ふるさとを忘れた都市への手紙』(宮崎日日新聞報道部ふるさと取材班、農村漁村文化協会、1999) という、山村集落消滅の記録がある。宮崎県の集落の消滅の記録である。かつての寒川集落には200人余が居住し、小中学校もあった。石積みの棚田・畑に五穀を植え、炭を焼き、冬の狩猟に沸き立つ村であった。それが、いまや全世帯6戸、居住者は13人に減り、一番若い人で60歳。そして集落移転で消滅した。400年以上続いた伝統ある集落を、わずか30年足らずで消滅させた「現代」とは何か、を問う。

寒川集落のような地域の消滅が全国に広がっている。2006年4月時点の国土交通省調査によると、65歳以上の高齢者が半数を占める「限界集落」は、全国で約7900、その9割弱が中山間地に集中している。消滅の可能性のある集落（10年以内に消滅）は、四国圏90、中国圏73、中部圏59か所。10年以降にいずれ消滅する集落は、四国圏425、中国圏73、中部圏59か所という数字を示している。いずれの集落も、規模が小さく、高齢化が進み、山間地に多いのが特徴である。中山間地の自治体にとって地域福祉計画は、人口流出をくいとめ、人口減少に見合った生活保障システムを構築するための戦略となる。

第1の戦略は、人口減少に見合った社会システムの構築である。それには、集落に住み続けたいという住民の意思を尊重し、集落の生活機能を維持する社会基盤整備が必要である。しかし人口減少の公共サービスへの影響は大きく、結果一人当たりの費用負担増となる。公共サービス水準の維持や生活基盤整備には、「公平性」と「税の分配」への合意が必要である。また、集落の生活を持続可能にするためには、①コミュニティバスの運行、②家・田んぼ・墓の保全、③福祉・医療・教育へのアクセス、④介護・子育て等生活の支えあい活動が不可欠である。これらは、「地方政府と準市場」(野口、2013：66) の新たな関係を創出することである。

第2の戦略は、人口流出への対応である。中山間地からの人口流出をくいとめ、定住人口と中山間地への移住人口や交流人口を増やすことである。それには、①地場産業の活性化（地元企業への投資ファンド等）、②自然と伝統文化と農業による地域ブランドの創造、③それらの総合によって雇用を創出することが求められる。外部からの投資や人口流入による雇用の創出には、地域経済を

図表 3-2　中山間地再生のシナリオとその手順

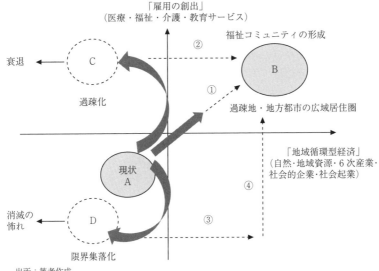

出所：筆者作成。

活性化させるためのコミュニティ・ビジネスを起こす必要がある。これらは，「政府（中央・地方）と市場」の新たな関係をつくり出すことである。そして，これらの2つの戦略を同時に進行し，居住の権利を基盤にすえた「公平と効率と包摂」のバランスのとれた福祉コミュニティを創出することである。

　ここで中山間地域再生のシナリオを述べてみよう。その前提として中山間地域を捉えるいくつかの言説（小田切，1994；黒川，1995；栗田，2000）を総合すると以下の5つの要件に整理することができる。①平野の周辺部から山間地に至るまとまった平坦な耕地が少ない地域，②山村と平地農村の中間地域，③条件不利地域を対象とする関係5法による指定を受けている地域，④農林統計上の定義である農業地域類型のうち，中間農業地域と山間農業地域部分，⑤条件不利地域を対象とする関係5法のうち，中山間地域の活性化を目的とした法律である特定農山村法の指定地域が中山間地域の要件に含まれる。

　これらを元に中山間地域再生の座標軸を設定する。**図表 3-2** を見ていただきたい。ひとつは，「雇用の創出」（医療・福祉・介護サービス等）の軸。もうひとつは，「地域循環型経済」（自然・地域資源・6次産業・社会的企業・社会起業等）の軸である。いま，中山間地域や地方都市の置かれた現状は，図中のAの

地点であることに異論はないであろう。今後も，新自由主義政策やTPP（環太平洋経済連携協定）が進行し，それに対抗する地域政策や実践が起こらないと仮定すれば，まぎれもなく過疎化（C）が進み，限界集落化（D）し，日本のあちらこちらの集落は消滅の危機に晒されることになろう。それら衰退や消滅の道を避けるためには，①中山間地の地域性に応じた医療・福祉・介護サービス等の施設・在宅サービスを開発する。②中山間地が保有する自然や地域資源を活用した「6次産業（1次産業＋2次産業＋3次産業）」の企業・社会的企業・社会起業等の「地域循環型経済」を創出する。③中山間地域と地方都市を包摂した「過疎地・地方都市の広域居住圏」を形成する。そして，過疎化や限界集落化の危機にある中山間地域の地方自治体にとって地域福祉計画は，人口流出をくいとめ，人口減少に見合った社会システムを構築するための地域再生戦略でもある。

地方再生の3つの要素

中山間地域再生において大切なことは先に述べたように，人口減少に見合った社会システムを構築し，人口流出をくいとめる戦略である。そのためには，地域経済を活性化させるため，ある面「効率性」が求められる。これらは，「政府（中央・地方）と市場と準市場」を結びつけた新たな公共をつくり出す必要がある。そして，これらの2つの戦略を同時に進行し，従来までの「公平と効率」の二項対立関係を，社会的弱者や集落を排除せず，「公平と効率」の両立を追究し，住民主体による持続可能な地域社会と自治体のガバナンスを実現していくのが地域福祉計画である。地域再生の要素は以下の①～③である。

① 家族・地域の信頼を取り戻すこと——ソーシャル・キャピタルの蓄積

ソーシャル・キャピタルは，別名「見えざる資本」「社会関係資本」と呼ばれている。「見えざる資本」とは，信頼，相互扶助などコミュニティのネットワークを形成し，そこで生活する人々の精神的な絆を強めるようなものを意味する。たとえば，住民の非営利組織への積極的な参加，活発な寄付・ボランティア活動等は，ソーシャル・キャピタル（SC）を豊かにする重要な要素である。

② 地域医療・福祉・介護サービスの拡充——ローカル・ガバナンスの形成

「新しい公共」では，公セクター，共セクター，市民・住民セクターの三者の協働によって，公共的諸問題を解決していく政治・経済・社会システムを地

方自治体が中心となって構築していくことになる。これを推進していくための方法として，現在注目されている理論がガバナンス論である。指定管理者制度を活用した民間団体の経営・運営，市民プールや公民館等公共施設の市民運営，コミュニティバスの運営，町内会とNPO組織の協働によるまちづくり協議会などの実践が各地で広がっている。

③　中山間地の地域資源を活用した働く場の開拓――里山の資源と都市の市場の結節

徳島県上勝町の集落の高齢者は，地元の里山の葉っぱと食の市場を結びつけ「葉っぱ産業」を起こし，新たな市場を開拓している（横石，2007）。

この中山間地域の高齢者住民によるコミュニティ・ビジネスの取り組みは，山や里の多様な「葉っぱ」が都市の料亭や弁当会社で重用されているという情報を地域のある高齢者が，地縁の老人会の有志に持ってきたところからはじまった。その情報に関心を持った有志が集まって相談し，最初は数人の仲間で，近くの山に入り，多様な葉っぱを集め，丁寧に整理し，市場に出せるように一定の量の葉っぱをストックした。そのストックされた葉っぱを，都市の市場につなげるキーパーソンを介して，市場の需要に即座に応えることができた。葉っぱ需要の情報が一瞬のうちに，高齢者有志に伝達され，いち早く出荷されるシステムを作ったのである。市場の需要と地域の葉っぱ資源が結びついたコミュニティ・ビジネスの事例である。ここでは地縁組織の老人会や婦人会といったレギュラーなネットワークがフル回転する。つまり，地縁のレギュラーなネットワーク→葉っぱ資源のストック→市場からの需要情報→ストックされた葉っぱ資源の即座の出荷→地縁のレギュラーなネットワークといった循環型ネットワークが形成される。つまり，従来局所的に滞っていた情報やノウハウが，ネットワークの結節点を通して一挙にながれ，結節点となった個人や組織が利得を得て，地域の繁栄をもたらすシステムが構築された。その結果，高齢者の現金所得が増え，また健康寿命が伸長することによって，医療費の削減，介護保険料の負担額及び年金給付額の適正化に寄与できている。

2　福祉サービス供給の視点からみた分権化の必要性

「ケインズ的福祉国家」の揺らぎと地方分権

　1973（昭和48）年,「福祉元年」と称し,1975（昭和50）年には高福祉高負担による福祉国家づくりが主張された。一方では福祉見直し論も台頭し,一部の施策についてはバラマキ福祉として批判を受けることになり,また福祉国家が財政的に揺らぎはじめ,福祉における新しい施策への模索の時期でもあった。これまでの入所施設に加えて通所施設の整備や在宅福祉サービスの制度化が進められるようになり,全国社会福祉協議会が「在宅福祉サービスの在り方に関する研究委員会」を設置し,その成果として『在宅福祉サービスの戦略』を著したのが1978（昭和53）年であった。

　ちょうどこの時期に,わが国の地方分権の議論が開始され始めることになる。1980年の第2次臨時行政調査会から主張され始めた地方分権は,福祉国家の社会保障費負担増による国の財政再建が主なねらいであり,ヨーロッパにみられたような社会的セーフティネットを張り替えるための地方分権ではなかった（神野,2001：71）。したがって,第2次臨時行政調査会では,国の財政再建のために国庫補助金を削減しても,それに耐える地方自治体を実現するべく,そのための地方分権を主張した。しかし,機関委任事務の団体委任事務化による権限委譲と国庫補助金の削減を狙いとする地方分権化は,権限委譲に伴う財源を保障していたわけではなかったので,地方自治体は財源の裏づけのないまま,行政の効率化によって乗り越えていかざるをえなかった。一方では,この時期は日本経済がクライマックスを迎える時期でもあり,地方経済も活性化し,地方自治体はその潤沢な財源に基づき,地方分権による行政の効率化を怠った。地方行政改革は進まなかった。

　1990年代に入ると状況は一変する。1990年代初期のバブル経済の崩壊後,日本経済は「失われた10年」と呼ばれる長期停滞の時代にはまり込んでしまう。この日本経済の長期不況は,地方自治体の社会福祉政策にも大きな変化をもたらした。これまで,わが国の社会保障・社会福祉政策の基本的な国家像は,「ケインズ的福祉国家」(3)であった。とくに第1次石油ショックの1973年に日本は,「福祉元年」を宣言し,医療や年金などの社会保障の給付水準が大幅に改

善し、福祉国家への離陸を果たした（武川，2005：69）。その後も1980年代までは、中央集権的な社会保障・社会福祉の社会支出費が総額的にも比率としても増大し続ける。

　しかし、第1次石油ショックは、それまでの高度経済成長の終焉のはじまりであった。日本経済は景気の停滞局面に入り、低成長を基調とした安定的な成長段階に移行していった。この世界的な経済システムに大きな変動をもたらし、グローバル化による「ケインズ的福祉国家」の機能不全を招いたのは、1978年のブレトン・ウッズ体制(4)の崩壊であった。ブレトン・ウッズ体制を基調とする「ケインズ的福祉国家」は、第2次世界大戦後の世界経済秩序の合意を維持するために、国際金本位制のような自動メカニズムに通貨発行を委ねることを拒否し、資本統制によって国民国家が貨幣市場を統制することを容認する国家経済統制型のしくみである（神野，2001：67）。

　こうした経済基調を受けて、1979年に閣議決定された「新経済社会7ヵ年計画」のなかで「日本型福祉社会論」が提起された。わが国がケインズ主義型の福祉国家から世界的な流れの市場主義に移行するときに生起した考え方であるといえる。さらに日本経済が1980年代のバブル景気の只中で浮かれているときに、世界の体制瓦解と時期をあわせるように、1989～91年の冷戦体制が崩壊した。1990年を境に経済社会の基調は、「脱冷戦構造」に移行したといえる。すなわち、1980年代までの経済成長至上主義を基調とする日本経済は、冷戦構造のなかで達成しえたものであった。この右肩上がりの経済成長に陰りが見え始める契機は、1985年の「プラザ合意(5)」であったといわれる。プラザ合意後に急激な円高が進行し、このときの対応がバブル経済の引き金になったといわれている。ブレトン・ウッズ体制の崩壊によって「ケインズ的福祉国家」の財政基盤を失うことにより、福祉国家はその使命を果たせなくなり、その後のプラザ合意によって、日本経済はグローバリゼーションの大きな波に飲み込まれていってしまう。このような経済政策の環境変化の中で、日本の社会福祉基礎構造改革が進行していくことになる。わが国の福祉レジームのベクトルは、中央集権的な経済成長至上型の福祉国家レジームから地方分権による福祉環境型の福祉社会レジームへ方向転換していくことが余儀なくされたのである。

　これが、1990年の「社会福祉関係8法の一部改正」等にみる社会福祉制度改革の動きの背景である。地方自治体による在宅福祉サービスの積極的な推進が

謳われ，老人保健福祉計画等の社会サービスの基盤整備計画が法定化に基づいて全国の自治体で義務化された。

同時に，1990年に設置された第3次行政改革審議会は，「国民生活重視と国際化対応」を基本課題に掲げ，「世界の中の日本」部会及び「豊かなくらし」部会を設け，企業や行政の規制緩和政策を進めながら，グローバル化に対応するとともに，国民生活重視の行政改革を地方分権の下で推進した。地方政府への権限委譲は，国民生活に関する事柄を身近な地方自治体に委ねるべきとの政策の下で，具体的には1990年の社会福祉関係8法の改正により市町村の在宅福祉行政委譲が地方分権のさきがけとなったのである。その政策的背景の下で，1990年代に「豊かさ」の実感できる公共サービスが地方自治体をベースに追及され，1989年12月の高齢者保健福祉推進10カ年戦略（ゴールドプラン）にはじまる，新ゴールドプラン，そしてエンゼル・プランなどの社会福祉施設や在宅福祉サービスの基盤整備計画が中央政府（当時は厚生省）のガイドラインに基づいて，都道府県や基礎自治体の地方政府をベースに整備されていった。その意味では，1990年に展開された高齢者保健福祉計画等の法定計画の推進によって，今日の基礎自治体レベルにおける社会福祉施設やサービスの基盤整備が進行したともいえる。社会福祉領域における地方分権の成果でもある。そして，1995年の地方分権推進法（合併特例法）によって本格的な地方分権化が進行し，2005年～06年にかけてピークを迎えた市町村合併（新合併特例法），そして2014年「日本創成会議」（座長・増田寛也元総務相）に連なっていくことになる。

新たな分権化の枠組み

わが国における新たな分権化論議のきっかけは，1989年に提出された第2次行革審の「国と地方の関係等に関する答申」であったと考えられる。この年は，その当時の国際状況でいえば，ベルリンの壁が崩壊し，東欧社会主義国の瓦解的変革が開始された年であった。そして，1991年にはソ連邦が崩壊し，戦後の「冷戦構造」の下でのパワーバランスによる世界秩序をぬりかえ政治・経済・社会・文化のあらゆる分野にわたって，大きな衝撃を与えた。中央集権的行政システムから地方分権的行政システムへの動きもそのひとつであるといえよう。

ソ連・東欧の「社会主義」の瓦解が中央集権的計画経済の特質である集権的計画システムの非効率性と非民主性に見られることは，歴史的通説となってい

る。アメリカやヨーロッパにおける分権化への試みはすでに1970年代から開始されているが，80年代末から90年代にかけての激動は，そうした分権化への動きに一層拍車をかけることになった。(野口，2000：192-193) 日本における現在の分権化論議も，こうした国際的潮流の一環として位置づけることができる。

　福祉国家の危機とその再編をめぐっての議論は，２つの対立軸のベクトルとして表される。ひとつは「政府と市場」の対立の構図からグローバル化（市場化）への方向である。すなわち政府対市場の体系軸である。これは，政府部門と非政府部門との関係をいわゆる「計画」と「市場」というベクトルで示したものである。中央・地方の政府部門から市場や非営利団体など非政府部門への資源配分決定権の委譲を意味している。さらにこのベクトルは市場から準市場へと展開する動きをみせている。もうひとつは「集権と分権」の対立からローカル化（分権化）へのベクトルである。これは，政府間関係（中央政府対地方政府）をとらえる軸で，中央政府から複数の地方政府への権限や財源等の委譲に基づき，集権的意思決定から分権的意思決定への移行を意味している。この関係は，「集権」と「分権」の体系軸で表すことができる。さらに，このベクトルは分権から自治へと進展していく動きが始まっている。これらの２つの対立軸（「政府対市場」，「集権対分権」）は福祉国家の位相とその再編の方向（混合モデル）を示し，２つの体系軸（「市場と準市場」，「分権と自治」）は福祉社会の開発の方向を指示する，というのが筆者の構想するところである。

　図表3-3は，日本と韓国の福祉国家の位置とその行き先を２つの体系軸の交差に位置づけ，さらに従来のエスピン-アンデルセン（Esping-Andersen, G.）の「福祉資本主義の３つの世界」説（社会民主主義モデル・保守主義モデル・自由主義モデル）との位相を組み込んだものである。この図を解説してみよう。「集権」と「政府」の位相に位置する象限が，①の「集権的計画モデル」ということになる。このモデルの典型は，かつてのソ連・東欧諸国にその典型を見ることができたが，その崩壊は歴史が証明したといえよう。その対局にある「分権」と「市場」の位相が②の「分権的市場」モデルであり，この福祉国家のレジームは自由主義モデルに類似し，アメリカの新自由主義学派の経済思想に典型的である。そして，「分権」と「計画」の位相が③「分権的計画」モデルの典型がスウェーデンなどのスカンジナビア諸国であり，社会民主主義モデルに近似している。その対局の「集権」と「市場」位相が④「集権的市場」モデル

第Ⅰ部　地域福祉とは何か

図表3-3　福祉国家の位相とゆくえ

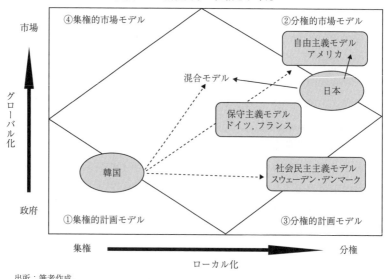

出所：筆者成。

であり，このモデルは1980年代にイギリスのサッチャー政権の政策が典型である。中国はいまだ福祉国家の成立を見ていないが，将来的にはこの集権的市場モデルかあるいは分権的市場モデルに移行するものと考えられる。エスピン-アンデルセンは，1999年に著した"Social Foundations of Postindustrial Economies"のなかで，「第四の世界としての東アジア」の節を起こし，日本を「福祉国家としては，保守的な要素と自由主義的な要素とが融合している」モデルというように位置づけている（エスピン-アンデルセン，2000：136）。

これに加えて，分権化と市場化というベクトルの組み合わせで福祉国家の再編の方向をみると，日本の政府や市場は保守主義モデルから自由主義モデルへの移行を志向しているが，地方政府や市民社会は混合モデルへの移行を模索するであろう。そして福祉社会開発の方向は，「政府・市場・準市場」の資源配分システムにおける協働のベクトル，そして「集権・分権・自治」の政府間と住民間の権限や財源の移譲システムにおける参加ベクトルの融合へと展開していくであろう。

日本の，とくに介護保険制度や地域福祉計画にみられるような最近の動きを政治的・社会的・経済的文脈からこの世界的傾向の中に位置づけてみると，政

治的には分権化の方向に，社会的には参加と自治の方向に確実に進行しており，経済的には市場と準市場と社会的セーフティネットや一般保健福祉事業などの公費による混合ミックス型に移行しつつあるといえる。

社会福祉行政の任務

今日，低所得者や貧困者に対する福祉政策（主として所得再分配）の重要性はいささかも薄れていないが，福祉の対象として経済的には必ずしも困窮していなくとも，社会的にさまざまな障害や生活の諸困難を抱える人々の存在が増えてきている。このことから，障害を負った人々への配慮が特別なことではなく，あたりまえの社会が「福祉社会」であることが認識されるようになってきた。いわばノーマライゼーションの実現へむけて，地域の生活者である住民の福祉ニーズに包括的に対応するため，福祉行政だけでなく，行政の各分野はもちろんのこと，住民の活動や参加をえながら，バリアフリーのまちづくりが強調されるようになってきたのである。福祉政策の考え方でいうと，所得の再分配（貧困・低所得）とノーマライゼーション（人身の障害・不安）による対応ということになる。

2000年4月に施行された介護保険制度や同年6月に成立をみた社会福祉法によって，いち早く介護福祉関係施設は，措置型から契約型へ，そして選ばれる施設への転換が始まった。これら契約型施設には，社会的使命と社会福祉実践，施設サービスの質とその費用対効果等，施設経営の理念と実践の統一的運営が求められている。

わが国の社会福祉は，2000年以降の介護保険制度の導入や社会福祉法成立等一連の社会福祉基礎構造改革の動きを基軸に，大きな転換期の最中にある。転換の内容として，2000～02年にかけての地方分権一括法や三位一体改革を背景に，改正介護保険事業（2006年）や障害者自立支援法（2006年）では，自治体の裁量範囲が拡大された。たとえば，改正介護保険事業では，介護給付における地域密着型サービス，そして新予防給付の地域密着型介護予防サービスが自治体の指定事業者に移管された。その他，一般の高齢者や虚弱高齢者等（要介護認定非該当者）を対象とした地域支援事業も自治体の高齢者保健福祉計画の実施事業に組み込まれた。また障害者自立支援法では，自立支援給付と地域生活支援事業の自治体裁量が拡大した。

その後，予測以上の速さで進行する高齢社会や社会保障給付の増大，財政健全化の遅れから安倍晋三首相は，「社会保障の財政基盤の安定性を考えると，自助の精神がなければ維持できない」（2014年6月17日の国会答弁）と強調し，介護保険の利用者負担を経済力に応じて見直しながら給付を効率化する改革に理解を求めた。それが2015年の介護保険の法改正である。また，2012（平成24）年6月，「地域社会における共生の実現に向けて新たな障害保健福祉施策を講ずるための関係法律の整備に関する法律」が公布され，障害者総合支援法に改正された。

これからの介護保険事業や障害者総合支援法に対応する社会福祉行政の任務は，限られた財源や資源をいかに適切な比率で配分・供給するかを決定し，それを地域福祉計画および障害者福祉計画として遂行し，さらに新たな社会サービスを不断に確保し，それを総合的に，効率的に運用していくという社会サービスのマネジメントを行っていかなければならない。そのためには，地域社会に潜在している資源の発掘や新しい行政サービスの開発は必須の努力事項である。常にその努力のうえにたって，多元的な供給システムを導入することは，地域的な多様性を反映し，実験的試みを行いやすく，創造的かつ実効性を保有することができ，住民の主体的な社会参加を可能にする契機をもつことになるのである。その評価においては，サービス供給の効率や効果を測定するだけでなく，さらに福祉政策への意思決定の場面に住民や当事者，さらに社会福祉専門職等の参加の機会をつくり出していけるかどうかが，決定的なポイントとなる。

3 地方分権と地域福祉の課題

分権化への潮流

1993年の国会に上程された「地方分権の推進に関する決議」を要約すると，次の3点であった。
① 目的：ゆとりと豊かさを実感できる社会
② 目標：成長優先の政策から生活重視の政策へ
③ 役割：生活に身近な地方公共団体の役割を高める

つまり，国政は，こまごまとした事務から解放され，グローバルな課題に対

応し，国際関係の調整・貢献業務などに専念するために，地方分権化を促進することが決議されたのである。それに対して地方政府は，住民の身近な存在である自治体レベルで，住民のニーズがより良く反映できるようにするべく，地方分権改革を進めようという意図である。その場合の地方財政改革の要が，三位一体改革である。三位一体改革とは，国が地方に渡す補助金の削減，国から地方への税源の移譲，国が地方に支給する地方交付税の削減3つを同時に実施する国と地方の税財政改革のことをさす。国が配分額から使い道まで決める補助金をできるだけ減らし，その分，税源移譲して地方が自由に使えるお金を増やそうという趣旨の改革である。全国一律ではなく，地方の事情にあった使い道を選ぶことができ，国と地方を合わせた政府部門全体で歳出削減により無駄が省け，より効果的な予算を組むことができる。

　三位一体改革は，いまのところ未完の改革といえる。日本社会は，とくに地方都市や中山間地域をはじめとする地方では，住民がゆとりと豊かさを実感できる社会よりも「格差」と「不平等」と「不安」を実感する社会へのおそれが強まっている。それは，何よりも地方分権が進まないために，依然として「成長優先，効率優先の政策」が追求され，「生活重視，社会的セーフティネット重視の政策」への転換が図れないでいるからである。地方分権改革を未完の改革で終わらせてはならない。そのためには，2つのシナリオを示しておこう。第1には，三位一体改革を進め，地方自治体の財政を安定化させるための国と地方の役割分担である。第2は，地方自治体の役割を増加させて自立させる「上から下へ」の改革だけでなく，「団体自治」から「住民自治」へと踏み込み，「下から上へ」の流れをつくり出す改革に着手することである。地方分権改革は，市場経済を活性化するだけでなく，地方分権を進めて民主主義も活性化し，市場経済が求める効率性と，民主主義の要求する公平性とのバランスをとらなければ，地域社会は解体しかねない。

地方分権の主要な論点

　最近，新聞や雑誌，テレビなどで「地方分権」という言葉を見聞きすることが多くなってきた。分権化がなぜ必要になったのか，その理由をとりあげてみよう。第1に，わが国においては，近年，とくに国際社会への貢献や対応が迫られていることである。そのためには，国家・中央政府の機能も純化し，強化

する必要がある。そして，国際的な対応に力をいれるため，国内問題では，できる限り身軽にならなければならないという必要性からの背景である。第2に，地方に権限を与えることによって，地方の活性化を図り，東京一極集中の是正を図る必要からである。第3に，地域間格差が拡大する一方で，地方産業の衰退や財政の危機が目立ちはじめたことによる。そのためにも，地域ごとに個性的なまちづくりをすることが大切で，また少子高齢社会に対応した保健・医療・福祉の総合化を中核にすえた総合的政策が地方自治体に迫られている。いままでのような中央集権的な画一的・統一的手法では限界があり，できるだけ分権化を進める必要がある。

　次に，地方分権の主要な論点をみていく。取り組むべき課題のひとつ目は，補助金・税制度の転換である。

　2013（平成25）年度決算ベースにおいて，わが国の地方歳出の割合は，全体の歳出のほぼ6割（58.3％）を占め，これは，世界的にみても，地方の歳出のレートがかなり高いことを示している。すなわち，実際に地方自治体に事務事業の多くが降りているということである。では，他方，国と地方の租税収入の実質配分をみると，日本全国の税収の中で，地方の税収が約4割（40.4％）しか占めていない。すなわち，地方の事務事業の割合が高い割には，地方税収の割合がそれほど高くないということである。それを補うために，国から地方に財源移転が行われている。具体的には，地方交付税，補助金，地方譲与税であるが，大部分は地方交付税と国庫支出金である。現在の地方財政制度は自治体間の税収格差を調整し，自治体の歳入不足分を地方交付税として国が補填するしくみになっている。地方交付税は国の一般会計（2015年度時点で約96兆円）の16.1％を占め，社会保障費の次に大きな歳出項目でもある。国から地方への財源移譲の改革として，特定補助金から一般補助金への補助金改革，そして地方交付税への切り替え等が指摘されている。しかし，全国をみても地方自治体の財政は楽になったわけではない。2013年度決算では，税など毎年決まって入る収入に対し，社会保障費など必ず生じる支出の割合を示す経常収支比率は全体で91.6％。この指標は「自治体のエンゲル係数」とも呼ばれ，比率が高いほど財政の自由度が乏しいことを示す。2004年度から毎年90％を超え，地方財政健全化法の施行前後で大きな変化はみられない。

　2つ目の課題が機関委任事務（法律に基づく国の事務でありながら，機関とし

ての自治体の首長に委任されたもので，自治体の自由裁量が全くない）の廃止である。中央集権的行政システムの中核的部分をどうすれば廃止できるか，これが難題である。この難しさは，各個別法が機関委任事務を前提に書かれているため，個別法の改正が必要となることにある。そこで，地方分権推進委員会では，現在の561単位を有する機関委任事務を廃止して，「自治事務」と「法定受託事務」，「国の直接処理に戻す事務」の3つに変える改革案を提起している。つまり，①「国の直接処理に戻す事務」（事務自体を廃止し，国が直接執行に切り替える），②自治事務と法定受託事務（引き続き地方に担ってもらう事務）に分け，できるだけ法定受託事務をなくして，自治事務にもっていこうという考え方である。現在の機関委任事務は，地方行政の約8割を占め，残りの約2割が元々の自治体固有事務である。すなわち，約8割の機関委任事務をさらに自治事務と法定受託事務にわけ，その割合をおおむね6：4に切り分けようというものである。つまり8割の機関委任事務がなくなって，8割のうち6割が自治事務に移行し，元々の2割とこの5割で7割が自治事務となるという改革案である。自治事務とは，国の包括的な指揮監督を受けないで自治体の判断でできる仕事のことであり，それだけ自治体の自己決定権が拡大することを意味する。

分権型福祉社会の要件

1990年代は歴史の転換期であり，わが国の社会福祉の大きな画期的時代であったといえる。福祉国家の使命は，大きく分けて3つある。ひとつ目は所得再分配であり，2つ目はソーシャル・セーフティネット，3つ目は社会福祉施設・サービスのインフラストラクチュアである。その文脈でみると，1990年代の「ケインズ的福祉国家」は，社会福祉施設・サービスの基盤整備の側面においても地方分権化政策や施策によって，その使命を果たしたともいえるが，第1と第2の使命は果たせなくなってきている。

20世紀から21世紀への世紀転換期において世界の福祉国家は，同時進行的に地方分権が推進されるのが特徴である。前述（50頁）したように「ケインズ的福祉国家」は，中央集権的政治システムを基調に，その福祉国家としての使命を果たすことが求められている。地方分権化は，必然的に「ケインズ的福祉国家」の代案を求めることになる。

「ケインズ的福祉国家」の代案としての社会システムは，分権型福祉社会で

ある。この社会は，3つの特徴を有している。第1は，地方分権化に基づく「小さな政府」であり，中央政府の所得再分配施策よりも地方政府による現物給付（福祉・医療・教育などの対人社会サービス）でソーシャル・セーフティネットを張ることを強調する。第2に，経済システムの生産機能を支える社会的インフラストラクチュアが，「ケインズ的福祉国家」が基軸とする重化学工業の産業構造から情報・知識産業を基軸とする産業基盤へと転換する。情報・知識産業を基軸とする産業構造は，ハード・ウェアよりもソフト・ウェア，ヒューマン・ウェアを重視し，ヒューマン・ウェアの能力を高め，モラールを高める対人社会サービスこそが，情報・知識産業を基軸とする産業構造の社会的インフラストラクチュアとなる。対人社会サービスという現物給付は，地域社会に密着している人間の生活の実態に対応して供給する必要がある。そのため国民に身近な政府である地方政府が供給するしかない。第3は，働くための福祉を進めることである。ワークフェア（Workfare）を代表する制度に，就労義務付雇用手当支給がある。失業者が社会保障費の受給のため，地域社会の仕事に従事するか，再就職訓練を受けるかしなければならない制度を意味している。これらの事業は，生活保護受給者やシングルマザーなどへの就労支援施策として自治体が積極的に取り入れ始めている。

　このような経済社会政策の環境変化の中で，わが国の社会福祉基礎構造改革が進行していくことになる。その画期が，1990年の社会福祉関係8法の改正であった。およそこの時点から，わが国の福祉レジームのベクトルは，中央集権的な経済成長至上型の福祉国家レジームから地方分権による福祉環境型の福祉社会レジームへ方向転換していくことになろう。そのためには，分権型福祉社会を福祉政策がリードしていく必要がある。

　分権型福祉社会を構成する基本的な考え方は，次の3点に集約できる。第1は，ノーマライゼーション（ソーシャル・インクルージョン，共生）といった福祉社会の価値や思想にかかわる理念である。福祉社会とは，人権尊重とノーマライゼーション，ソーシャル・インクルージョン，共生の理念に基づき，一人ひとりの生涯にわたる生活を総合的に支えるしくみを，地域を基盤にして，住民の主体的な参加を基盤とした公私協働の実践を通じてつくっていく営みそのものであるといえる。いわば福祉社会の開発が展開される「場」こそが，地域コミュニティである。言い換えれば，その地域コミュニティとは，ノーマライ

ゼーションの思想が地域に根づいている福祉社会という意味でのコミュニティをさしている。

　社会福祉は，いまやすべての国民の生活に深くかかわる課題であり，それを地域で地域住民の参加を得て解決することが望まれている。社会福祉の改革が進み，これからの重要な課題が地域福祉であることに疑義をさしはさむ余地はないが，それゆえに在宅福祉サービスや施設サービスの充実とともに，障害者や高齢者と"ともに生きる"思想に支えられたバリアフリーのまちづくりが必要である。さらに，このバリアフリー社会の構築は，障害者や高齢者等援助を必要としている人々の主体性とニーズの尊重なしには，そもそも原理的に成り立ちえないものである。

　第2は，福祉実践や政策・計画への住民参加・参画の保障である。社会福祉における住民参加や参画は，従来から公私関係論の文脈の中で，ボランタリズムやセツルメントなど民間の活動として重要な位置づけをもっていたが，1980年代以降からの在宅福祉の登場は，新たな公私関係の役割分担や協働の在り方の検討をせまることになった。行政を中心とした公的なサービスは，規格化・専門化して画一的に提供せざるをえない性質をもっており，在宅福祉サービスなど個別的なニードに効果的に対応できないという限界がある。地域の生活の場で生じる複雑で，かつ多様なニードを充足するためには，公的なセクターのみのサービス供給だけでなく，民間の社会資源をも最大限に活用する必要性が認識され，住民参加が要請されるようになった。福祉実践や政策・計画化への住民参加の契機は，何よりもコミュニティの存在である。なぜなら，地域の人々の間に相互的な社会関係のネットワークが存在していることが，社会サービスのネットワークの前提となるからである。したがって，コミュニティづくりや福祉環境づくりへの住民参加がすべての前提であり，また，最大の課題でもあるといえよう。

　第3は，社会サービス多元化システムへの転換である。現在進行中の社会福祉改革の動きを端的に言い表すと，その考え方は，分権化・供給体制の多元化・住民参加を志向した福祉サービス供給のあり方の改革をめざすものであるといえる。老人福祉法および身体障害者福祉法等の一部改正に盛り込まれている入所施設の措置業務の「機関委任事務の団体事務化」にみられるように，すでに市町村自治体への分権化の移行が進められている。あるいは2015年の介護

保険制度における在宅福祉サービスや施設サービスの供給体制のあり方にしても，民間セクターで提供される福祉サービス供給体として地方自治体が設立に関与した「福祉公社」などの福祉サービス供給主体（行政関与型サービス）や行政の援助を受けずに独自の財源で活動している NPO 団体（生協等の協同組合，会員制の住民互助組織等行政非関与型サービス）にみられるように，福祉サービス供給主体の多元化とそれへの住民参加の方式が各地で実践されている。

注

(1) 地方創生会議：日本の人口減少に対する危機感を背景に，人口減をくいとめることに主眼が置かれている。2014年5月に民間団体の日本創生会議が日本の将来の人口推計を公表し，2010年から40年までの30年間に若年女性が半分以上減る約900の自治体を『消滅可能性都市』として分類した（増田レポート）。この一連の増田レポートなどを基に政府は，2014年12月にまとめた『長期ビジョン』の実現に向け，「地域創生会議」を創設した。この会議は，大きく4つの柱で構成されている。①地方での雇用創出，②東京一極集中の是正，③税制優遇で企業の地方移転の後押しや政府機関の地方移転，地方大学を卒業してそのまま地元に就職した人には，奨学金の返済を減免するなどの施策，④地域の人口減少に合わせた地方中核都市のコンパクト化などが特徴である。

(2) 条件不利地域を対象とする関係5法：条件不利地域を対象とする地域振興立法をさす。中山間地域には，①山村における農林業等の活性化のための基盤整備の促進に関する法律，②山村振興法，③地域自立促進特別措置法，④半島振興法，⑤離島振興法の指定地域を含む概念としての使われ方が一般的である。

(3) ケインズ的福祉国家：財政危機に対応する福祉国家には，その社会システムを保護するために，完全雇用を維持しつつ，インフレを防止すること，さらに生産性を引き上げ，国際競争力を強めつつ，経済成長を促進することが同時に求められた。市場経済と計画経済（国家介入），そして経済政策と社会政策が混在する国家のしくみを理論的に擁護したケインズ（Keynes, J. M.）の『一般理論』(1936) に因んで，この福祉国家を「ケインズ的福祉国家」と呼ぶ。

(4) 1944年，アメリカのニューハンプシャー州のブレトン・ウッズにおいて第2次世界大戦後の世界経済秩序の合意をみた。この合意とは，国際金本位制のような自動メカニズムに通貨発行を委ねることを拒否し，資本統制によって国民国家が貨幣市場を統制することを容認したことをさす。これをブレトン・ウッズ体制と呼び，国民国家に資本がグローバルに動くことを制御する資本統制の権限を認めていた。「ケインズ的福祉国家」は，この資本統制によって所得再分配の機能が有効に働いたといえるが，1971年のアメリカのニクソン大統領による金・ドル交

換停止宣言を契機にブレトン・ウッズ体制は崩壊しはじめる。
(5) プラザ合意（Plaza Accord of 1985）1985年9月22日にニューヨークのプラザホテルで開かれた5カ国蔵相会議におけるドル高是正のための合意。1970年代末期のようなドル危機の再発を恐れた先進国により協調的ドル安の実施を図るための合意であり，その後日本では急速な円高が進行し，円高不況の発生が懸念されたために低金利政策が採用・継続された。この低金利政策が不動産や株式の投機を加速させバブル景気の加熱をもたらした。

引用・参考文献

エスピン-アンデルセン，G.／渡辺雅男・渡辺景子訳（2000）『ポスト工業経済の社会的基礎』桜井書店。
小田切徳美（1994）『日本農業の中山間地帯問題』農林統計協会。
神野直彦（2001）「グローバル化と地方分権化」『海外社会保障研究』No.134。
栗田明良（2000）『中山間地域の高齢者福祉――「農村型」システムの再構築をめぐって』労働科学研究所出版部。
黒川和美（1995）「中山間地域のあり方に関する研究――論点と今後の課題」『NIRA政策研究』8（11）。
武川正吾（2005）「福祉オリエンタリズムの終焉」武川正吾・金淵明編『韓国の福祉国家・日本の福祉国家』東信堂。
特定農山村法研究会（1995）『特定農山村法の解説』大成出版社。
野口定久（2000）「分権化と地方自治」濱野一郎・河合克義編『転換期の社会福祉』八千代出版。
野口定久（2013）「居住福祉社会論の焦点と構想」日本居住福祉学会編『居住福祉研究16』東信堂。
横石知二（2007）『そうだ，葉っぱを売ろう！――過疎の町，どん底からの再生』ソフトバンククリエイティブ。

第4章

コミュニティ・モデルから福祉コミュニティ・モデルへ

1 現代日本の地域コミュニティ

都市社会と農村社会の連続

　都市と農村は地域社会の2類型といわれる。一般的には，第1次産業を基盤にした村落によって構成される農村と，第2次・第3次産業を基盤にする大規模な人口集中からなる都市という分け方である。都市と農村の区分については，ソローキン（Sorokin, P. A.）とジンマーマン（Zimmerman, C. C.）によって示された，職業・環境・地域社会の規模・人口密度・人口の異質性・社会成層・移動性・相互作用の型の8項目が多く用いられている（大橋・近江，1963：7）（図表4-1）。そして，これらの特質に基づいて都市と農村とを二分法的に示す試みと，これらの特質を指標として都市と農村を連続した量的な差異ととらえる連続法的な把握がなされている。このように都市社会を，農村から都市化し，農村から分離したものとしてとらえる従来の考え方から，さらに一段発展させて大都市に特殊なものをみようとしたのが，奥井復太郎の『現代大都市論』であった。そこでは，都市を社会生活の中心地であると同時に，政治的支配的中枢機能を有するところであると結論づけている（奥井，1940：12）。この考え方は，鈴木栄太郎の『都市社会学原理』に受け継がれて，「都市とは国民生活における社会的交流の結節機関をそのうちに蔵している」と述べている（鈴木，1957：44）。このように都市を人々の社会的交流の結節機関の集積地としてとらえる考え方は，それをとりかこむ村落が都市に対して依存関係にあることも含意するものである。また，政治学者の神島二郎は『近代日本の精神構造』において，1950年代までの日本の農村と都市，地方と大都市との特有の連関構造をとらえ，そこでは，西洋的図式にみる農村を第1集団（ゲマインシャフ

図表 4-1　農村界・都市界の複合定義

	農村界	都市界
職業	農耕者およびその家族の全体。地域社会のなかには，通常，数種の非農業的な仕事に従事する人びとが若干いる。だが，彼らは農村社会学の本来の対象ではない。	主として，製造業，職工，販売業，商業，専門的職業，公務員，およびその他の非農業的職業に従事する人びとの全体。
環境	人間的・社会的環境に対する自然の優越。自然との直接的関係。	自然からのより大なる隔離。自然環境に対する人工環境の優越。より悪い空気，石と鉄。
地域社会の大きさ	広大な農場，または小地域社会，「農業的特性」と地域社会の大きさとは逆相関する。	原則として，同じ国・同じ時代では都市地域社会の大きさは農村地域社会よりもずっと大である。すなわち都市性と地域社会の大きさとは正相関する。
人口密度	同じ国・同じ時代では，密度は都市地域社会より低い。一般に密度と農村性とは逆相関する。	農村地域社会におけるよりも大である。都市性と密度とは正相関する。
人口の異質性と同質性	都市人口と比較して，農村地域社会の人口は人種的ならびに心理的・社会的特性においてより同質的である（異質性との逆相関）。	農村地域社会よりも異質的（同じ国・同じ時代において）である。都市性と異質性とは正相関する。
社会的分化と階層化	農村の分化と階層化は，都市のそれよりも少ない。	分化および階層化は，都市性とのあいだに正相関を示す。
移動性	地域的，職業的，およびその他の形態における人口の社会的移動性は，比較的弱い。常態では，人口移動の流れは，田舎から都市へ，より多くの人びとを運ぶ。	より激しい。都市性と移動性とは正相関する。ただ社会的大異変の時期においてのみ，都市から田舎への人口移動は，田舎から都市へのそれよりも大である。
相互作用の体系	1人あたりの接触の度数はより少ない。相互作用の体系は，構成員のそれも，集団全体のそれも，範囲がより狭い。より主要な部分が第1次接触によって占められる。人格的な関係および割合に持続的な関係の優越。比較的単純なまた誠実な関係。「人は一個の人間として相互作用する」。	接触の度数はより多い。相互作用の体系は，個人についてみても集団についてみても，範囲がより広い。第2次的接触の優越。非人格的な，一時的な，また短期間の関係の優越。より複雑な，多様な，表面的な，また漂運化された形式的な関係。人は「番号」として，また「宛名」として相互作用する。

資料：Sorokin, P. A. & Zimmerman, C. C. (1929) 'Principles of Rural-Urban Sociology.' p. 56.
出所：大橋薫・近江哲男編著（1967）『都市社会学』川島書店，8頁。

ト）とし，それに対置する都市を第2次集団（ゲゼルシャフト）とするとらえ方は，日本社会には該当せず，むしろ都市的場面に第1次集団的結びつきが持ち込まれている状態を指摘した。それが，「都市の中のムラ」としての町内会，

会社組織，県人会の中にすぐれて顕在化していると見たのである。神島は日本社会の基底をなす既成秩序を「第1のムラ」（日本社会の伝統的な統合方式の典型としての自然村，秩序原理である民間信仰としての神道主義，長老主義，家族主義，身分主義）と，そしてその擬制的延長を都市社会の中の「第2のムラ」と名づけている（神島，1961：30）。しかし，こうした日本社会の既成秩序は，1960年代の高度成長期を挟んで大きく変化し，現実的な説明力を欠く状況が生まれてきた。つまり，大規模な人口流出による農村社会の変化とムラ秩序の実質的崩壊が，「第1のムラ」の存立基盤を失わせることになる。そして，高度経済成長期を境に，日本から「第1のムラ」（自然村）は，もはや存在しないとの判断を示すことになる。

この状況を実証的に明らかにしようと大都市川崎市で実態調査を行った篭山京は，『大都市における人間構造』（東京大学出版会，1981）を著した。その中で，昭和40年代の川崎市（労働者の占める割合の高い大都市部）では，「そこでの生活は常に流動的で，ある意味では若い，因習的でない，開かれた人間関係，さらに全く結節のない千切れた人間関係の中で，日々の生活が行われており」，「職場や近隣では予想したように，孤立的な人間関係が目立っていたが，思いがけず，親族関係において，つながりが形作られているのを見出した」（篭山，1981：ⅱ）とある。すなわち，篭山らの調査研究によって，神島がいうように，たしかに「第1のムラ」はなくなったが，都市部の中には，その疑似的な「第2のムラ」が残っている状況を見出したのである。この時代あたりから「近代日本」から「現代日本」の精神構造へと課題が移っていくことになる。

「ムラ」意識の克服

社会学者の見田宗介は，この「現代日本の精神構造」のテーマを引き継ぎ，『現代日本の心情と論理』（筑摩書房，1971）の中で，1960年代を画期として「第3のムラ」にあたるモデルを，地方から大都市への流入者（離村向都）の生活様式の中にみようとした。すなわち，「第1のムラ」という原型を失った都市社会の「第2のムラびと」の生活様式は，テンニース（Tönnies, F.）のいうようなゲゼルシャフト（利益社会）でなく，それは「群化社会」というべき自律的秩序の形成力を欠如した社会と位置づけたのである。

1960年代を画期に，日本社会の基底をなしてきた自然村秩序の解体と大家族

制の解体がこれまでの「出稼ぎ型」の社会構造やライフコースの解体をもたらし，大量の故郷や「家」喪失者の群れが大都市に集中した。この「家郷喪失者」の群れの精神的不安は，①絶望の相互的な増幅によるアノミー状況の昂進（特徴；大都市内部の零細な工場や商店などの職場を転々と変え，人生構造の転落化に至る年少労働者らのライフコース志向），②新しい社会的連帯の形成による普遍としての家郷の創造，（特徴；大都市周辺部の新しい生活拠点づくりをめざし，障害者や高齢者らとの生涯を通じての共生社会の志向），③普遍としてのアノミーのシニカルな肯定を背景とする個別としての「ささやかな家郷」（マイホーム）の創設（特徴；60年代にマイホームを求めて大都市郊外周辺部に大量に流入，定着したサラリーマンの生活と意識構造）へと向かっていった。そして，多くの人たちは，①の精神構造には耐えきれず，②は担いきれず，③の生活様式を求めていった。この典型が，都市郊外団地にみる「マイホーム主義」であった。したがって，この「第3のムラ」モデルを担う人たちの生活や地域社会に対する意識はその準拠する枠組みや基盤を持たないため，資本からはイメージ操作しやすく大量消費社会の主たる担い手として，また公権力の介入（社会サービスの一方的な受け手）を招きやすい本質を有していたといえよう。[1]

このような新たな規模と速度で，大量の「家郷喪失者」の群れが都市に来住し，そして滞留しながら現代の都市生活様式を形成していった。すなわち，都市においても，激しい人口の流入，地域内の移動ということから，ここでも伝統的な町内会的地域秩序が壊れて統制力を失い，若い住民や新来の人々からは背を向けられるようになった。さらに生活水準の上昇，家庭生活上への消費ブームの浸透は，人々の消費的生活欲求を膨張させ，また核家族化が進み，高齢者の孤立化も目立ち始めた。家庭生活においても物質的充実だけが重視されるようになり，私的個人主義が日本の生活様式や意識の中に浸透していった。

その一方で都市における大量生産大量消費型の生活様式が農村等の生活にも影響を及ぼし，都市的生活様式が定着していった。農村では，こうして兼業化による生産と生活の分離，経営志向の分化，現金収入と現金消費の性向などが強まったことによって，全体として，これまで自給的な生産＝生活の維持の補完として機能してきた村落の共同体的結合組織が急速に弛緩・解体しはじめた。そして農村の階層的分化を背景にした生産組織が噴出し，個別作物別の出荷組合や農業協同組合，産直方式等の物流が農村と都市を結びつけていった。

そうした地域社会の近代化を通して見えてきたことは,「ムラ」や「イエ」はもはや否定の対象ではなく,"ないもの",したがって,これから"つくらなければならないもの"として意識化されようとしていることである。この「群化社会」の価値や態度を克服するものとして,コミュニティ論が有効でありうるかどうかという課題に対し,現代のコミュニティに求められているのは,この群化性を克服していく論拠を提示することにあると思われる。本来,コミュニティということは,たとえ「終のすみか」としないまでも,ひとつところに定住しようとする人々を核としない限り,形成のしようがない社会的統合の様式を意味しているからである。

地域コミュニティの定義

コミュニティワークとコミュニティ・ソーシャルワークの違いは,どこにあるのかという疑問を抱いている方は多いと思う。筆者は,その理由を,1968年にイギリスで発表された「シーボーム報告」におけるコミュニティケアの考え方がわが国に紹介されたとき,それを「地域保健衛生」や「地域福祉」の構成要素に位置づけたために,コミュニティという言葉に託される本質的,かつ創造的な視点を地域福祉にもたらすことができなかったとみる。コミュニティということは,「人々が共に生き,それぞれの生き方を尊重し,主体的に生活環境システムに働きかけていくこと」(山本,1986:42)を意味しており,さらに地域住民が共に重荷を担い合おうとする価値的・態度的意味をもっていることを指摘したい。したがって,コミュニティをつくるということは,現代日本の地域社会における住民自治の形成運動として意味づけることが重要であり,一方で,内発的な秩序を形成しえないとされた従来の都市社会をいかに克服しうるか,他方で,いかにしたらコミュニティは統治の日常的な支配手段のなかにからめとられないですむか,という難題を抱え込んだ実践的概念を内包しているのである。

『縮刷版 社会学事典』(弘文堂,1994)によれば,コミュニティを次のように定義している。「コミュニティとは地域的規範,社会的・文化的同質性が含まれており,共同の社会的特徴(社会的類似性,共同の社会的観念,共同の習慣,共同の伝統,共属感情)のみられる共同生活の一定の地域をさす」とある(見田他,1994:318)。コミュニティの規定自体,多義的で,そのことがコミュニティ

ィ概念の曖昧さにつながっている。ヒラリー卿（Hillery, G. A）は94通りの規定を整理して，"地域性"（area）と"共同性"（common ties and social interaction）が最低限の共通項であることを発見している。抽象的ではあるが，コミュニティの解釈は，一定の地域で，住民が共通のきずなをもち，社会的共同活動をしている単位というのが一般的な理解となっている。1917年に『コミュニティ』を書いたマッキーヴァー（MacIver, R. M.）によれば，現実に存在する社会そのものの実態を現す概念として用いられたのではなく，20世紀初頭の，とくに1910年代のアメリカ社会を前提にして，あるべき社会，すなわち近代化が進みアソシエーションを生み出す基にあった社会，さまざまな機能を同時に包含するような社会の再建を意図する，ゾルレン（sollen：当為，かくあるべし）を示す概念として用いられたのである（マッキーヴァー，1975：46）。すなわち，今世紀初頭のアメリカ社会において，解体化したコミュニティを新しい形で再建しようと意図して，コミュニティの目標を示す「積極的な実践概念」として用いたのである。それゆえ，アメリカのソーシャルワークにおいてコミュニティ・オーガニゼーションやコミュニティ・デベロップメントなどが，「積極的な実践概念」として使用されているのである。

2 コミュニティの分析枠組み

奥田道大の「コミュニティ・モデル」

このような地域コミュニティ論の背景としての都市化も，その概念規定については，必ずしも一致がみられない。ひとつの立場は，単なる地域という概念にとどまらず，すぐれて社会関係的概念，従来の言葉でいえば，共同性をその内に含むものとして，いわば地域性と共同性がキーワードとなる。現代社会にあって人々は地域コミュニティとのつながりを，生活様式，生活意識の面でうしなってきている傾向がある。それゆえに，地域コミュニティをとらえかえすキーワードとなるのは，奥田道大が示した地域「コミュニティ・モデル」を示しながら，現代日本の地域社会の諸相を分析する枠組みを提示している（奥田，1983）。

奥田道大は，地域コミュニティを住民が，主体的に創造し共有する普遍的価値意識に基づいて行動することによって新しく形成されるものであると位置づ

第4章 コミュニティ・モデルから福祉コミュニティ・モデルへ

図表4-2 コミュニティ・モデルの構成

出所：奥田道大（1983）『都市コミュニティの理論（現代社会学叢書11）』東京大学出版会。

けている。この分析枠組みは，大きく2つの軸からなる。ひとつは，特定の地域社会に対する行動や行為をとらえる軸で，「主体的行動様式（＋）と客体的行動様式（－）」の体系軸である。すなわち，そこの地域社会に居住する住民が，地域社会に対して受け身的な状態から，どの程度まで主体性を確立し能動的・自発的に行動するようになったかをとらえる枠組みである。いまひとつの軸は，「普遍的価値意識（＋）と排他的価値意識（－）」という位置づけである。他の地域社会から絶縁された地域小宇宙という排他的な地元共同意識に支配された状態から，どの程度まで脱却して，他の地域コミュニティや異質な文化を有した人たちと交流し連帯しうる価値を共有するようになったかを示す枠組みである。したがって，図表4-2に示した主体的行動（＋）と普遍的価値意識（＋）の位相に位置する第4の象限が④「コミュニティ」モデルということになる。また主体的行動（＋）と排他的価値意識（－）の位相が，①「地域共同体」モデル，客体的行動様式（－）と排他的価値意識（－）の位相が，②「伝統型アノミー」モデル，客体的行動様式（－）と普遍的価値意識（＋）の位相が，③「個我」モデルを体現することになる。

（1）「地域共同体」モデル（＋－）

これは，全体社会の急激な変動によって解体化し崩壊しつつある伝統的地域社会のモデルで，伝統型地方都市や大都市の旧市街地に有力なモデルといえる。人々が地縁的・血縁的に結びつき，地域や親族の一体感情に裏づけされた比較

的まとまりのよい「身内」社会をさす。この内部・集団は，特定の人々や組織を中心に運営されるので，外部には閉鎖的，ときに排他的に映る。この行動様式は，村落の旧部落や都市の旧町内といった共同体的（ムラ的）規制が支配する伝統型地域社会にみられるのが特徴である。

【住民像の特色】
・地元共同意識（身内意識）と地域ぐるみ的連帯行動様式を持つ住民
・「伝統型住民層」タイプで，主に地付層，農漁民・商工自営業者をはじめとする旧中間層，高年齢層，低学歴層などに多い
・密度の濃い近隣関係を維持し，一枚岩的な地域集団である「町内会・部落会」組織のリーダー
・「町内会・部落会」組織は，政治・行政過程の末端組織としての役割を果たす
・住民の日常生活における相互関係（親睦，祭礼，労働奉仕，相互扶助など）を重視

【地域指導者層の特色】
・「名望有力型リーダー」
・共同体規制を重んじ，地元利益のために積極的に陳情・誘導活動などを行う

（2）「伝統型アノミー」（−−）モデル

これは，「地域共同体」モデルから「個我」モデルへと変化する過程で生じる過渡的段階のモデルで，「地域共同体」が解体して現実的有効性を失いつつも，「地域共同体」に代わるモデルがいまだ見出せない過渡的な状態をさす。人々は地域への帰属意識が弱く，「無関心派」を形成する。地域を支えるしくみは「地域共同体」からの持ち越しが多く，白紙委任型の「無関心派」会員を前提とした町内会運営は，その一例である。

【住民像の特色】
・都市化の進展に伴って，一層増加すると予測される「伝統型地域無関心層」
・下層ホワイトカラー層，未組織肉体労働者層に多い
・急激にスプロール化しつつある大都市近郊農村地帯，都市，農村を通じて広くみられる解体化地域（土地利用の混交地域）に出現しやすい
・地域住民は相互の結びつきが弱く，孤立して不安定な生活，地域の共同作業への参加を促すムラ的規制も失われている

・「町内会・部落会」組織は、行政ルートの分化（専門分化）に対応した多元的機能集団が集められている

【地域指導者層の特色】
・「役職有力者型リーダー」
・行政関係の役職（各種委員・団体役員など）を受託する場合が多い

(3) 「個我」(-+) モデル

これは「地域共同体」と対向するモデルである。「個我」モデルの人々にとって地域とは、現時点において「住みたいところ」によって選択されたものである。したがって、「住まい」への関心と同様に、地域への関心が生まれることはない。それでも開かれた生活感覚、選好意識にフィットしたということで、「地域共同体」にみる出身とか居住歴は直接に関係しない。この意味では新住民、とくに若い世代が多数派をなす大都市郊外周辺部では有力なモデルであるといえる。社会学者のなかには、「団地」住民の意識調査を通じて、「出身」と「居住歴」に規定される従来型の地元共同意識＝住民意識と区別して、特定の地域にこだわらない、開かれた生活感覚、権利感覚を市民意識と名づけている。1960年代の高度成長期に、生活環境条件の充実をめぐる住民要求の高まりがみられた。そこでは新来住者が前住地と比較するかたちで、「ひとりの住民に必要最低限の生活基準の保障」というシビルミニマム的権利感覚がみられた。しかし一面多数派の新住民にとって地域が住まいと同じく選好の対象としてとらえられるとしたら、地域が個別としてのささやかな生活の砦、マイホーム生活の場所として機能したことも否定できない。

【住民像の特色】
・新来住層、新中間層（組織労働者も含む）、高学歴層、若年層などが多い
・都市化過程において地域生活環境条件が相対的に貧困化しているため、住民一人ひとりが問題処理、解決への関心と行動が呼び起こされる
・シビルミニマム的権利意識に媒介された「個我」の自覚
・伝統的な「特殊的―閉鎖的住民意識」に代わる、新しい「普遍的―開放的住民意識」＝「市民意識」
・「自治会・町内会」組織は、住民自身の生活要求を実現する組織的ルートとして選択され、活用される。生活要求の多くは行政に向けられ、行政への圧力団体として陳情・要求型の運動形態をとる、いわゆる権利要求型住民層タ

イプ
・組織形態も，地域ぐるみの町内会型ではなく，個別の生活関心，要求に見合うクラブ，サークル型に特徴がある

【地域指導者層の特色】
・「組織活動型リーダー」で組織指導能力と対外折衝能力をもつ
・リーダーは個人の資質，力量が問われる活動・運動家型

　（4）「コミュニティ」モデル（＋＋）

　「コミュニティ」は「個我」と価値的普遍性においては同じ位相であるが，地域性（＋）では異なる。地域性に限っていえば，「コミュニティ」は「地域共同体」と同じ位相であるが，「コミュニティ」型の人々にとっては，「開かれたもの」「つくられるもの」のイメージが強い。構成員の出身は，郊外二世や目的志向的に「住まい」と「地域」を選択しようとしている人たちで，地域へのアイデンティティはその人の生き方や価値観との響き合いということであって，素朴な郷土愛感情とは隔たりがみられる。選択意志として居住しつづけることが，結果として居住歴の厚みとして残る。移動と定住の間をつなぐ新しい居住者意識といえる。住民の要求も，個別としての要求の「もの」化だけでなく，「もの」が人間関係も含め地域生活者全体の豊かさにどうつながるかという，地域生活全体の財＝ストックになりえたかが問われることになる。

　「コミュニティ」の組織は一様ではない。たとえば小集団中心の多彩なクラブ，サークル活動と，日常組織としての町内会・自治会とをつなぎ，地域づくり・まちづくり型の組織をめざすというケースがみられる。このような組織の特徴は，クラブ，サークル活動からすれば一過性，単発性が少なく，町内型からすれば制度的硬さが少ないといえる。コミュニティを担う人々の層は幅広く，中心のリーダーは個人としてのパーソナリティの魅力と合わせて，全体への目配りのきいた調整型に本領がある。

　これまで農村―都市，地方―大都市と重ねて用いられていた「地域共同体」―「個我」の2軸法の組み立てを変えて，第3の類型，そしてその現実を意図している点にコミュニティの存在理由がある。「第3の類型」という点で，先の神島の「第3のムラ」，あるいは見田の「新しい社会的連帯の形成による，普遍としての家郷の創造」も含めて，いずれもコミュニティと共通のベクトルにあるといえる。しかし，現実の地域社会は，ここでの各モデルが交錯しあっ

ている多重的なものであり，前近代―近代―脱近代の「非同時代的なものの同時存在」に他ならない（奥田，1988：28）。したがって，現実の地域社会の中に，「コミュニティ」モデルの価値や文化性を外部挿入することで，地域社会の内発的な内面からの新しい意味を読み取る作業が可能となる。

【住民像の特色】
・相対的に高学歴，高生活水準の精神労働的職業従事者層を先導グループとしつつも，広範な住民に広がりつつある
・地域社会へのかかわりは，「生みこまれた社会」「権利要求実現のルート」としてではなく，住民主体の生活基盤として選択され，位置づけられる
・住民意識＝価値の社会化を重視
・地域住民組織＝行政過程との自主的対応および住民生活の多元化，高次化に見合った，親睦，レクリエーション活動，学習・教育・文化活動など多様な小集団を基礎としている

【地域指導者層の特色】
・「有限責任型リーダー」
・住民一人ひとりの個性やエネルギーを多様に生かす能力を有するリーダー

現代の地域コミュニティが抱える福祉課題

　近年の経済と社会の大きな変動は，大量の失業者やホームレスの出現など生活の弱体化を招いている。また，家族や地域の人間関係の側面でも大きく作用し，家庭内では，虐待や暴力，いじめ，ひきこもりなど，家族や親族網を含めた地域コミュニティのインフォーマル・システムのゆるみをもたらした。家族が個々に孤立し，とりわけ子育て中の若年夫婦世帯や障害者・高齢者の要介護者を抱えた家族の間で，孤立や孤独が意識され，その解決が否応なしにコミュニティの転生や家族関係の現代的とらえかえしを迫ってきている。本節では，はたして地域住民は現代の福祉問題を克服できるのか，克服できるとするならば，その方法と筋道をどこに求めるのか，という問題を設定してみた。

　昭和40年代後半から昭和50年代前半は，社会福祉における新しい施策への模索の時期であり，在宅福祉の登場や，行政主導の福祉施策から住民の自律的な活動を重視した地域福祉が主張され，コミュニティの役割が注目されるようになった時期でもあった。

第Ⅰ部　地域福祉とは何か

　社会福祉における地域コミュニティの重要性が強調されてきた背景には2つの画期がある。ひとつは，1970年代からの高度経済成長の終焉期にコミュニティ政策が行政主導で提起された。社会福祉のニードが国民諸階層に拡大するなかで，多様化かつ高度化し，社会福祉に対する利用主体の拡大が図られ，これまでの入所施設に加えて通所施設の整備や在宅福祉サービスの制度化が進められるようになったものと思われる。その中で全国社会福祉協議会が「在宅福祉サービスの在り方に関する研究委員会」を設置し，『在宅福祉サービスの戦略』を著したのが1978（昭和53）年であった。そして，その潮流は，1989（平成元）年12月に出された「高齢者保健福祉推進10カ年戦略」及び1990年の「社会福祉関係8法の一部改正」等にみる社会福祉制度改革の動きと地域福祉・在宅福祉サービスの積極的な推進にみられる動きにつながってきているのである。

　第2の時期は，1990年代のバブル崩壊から日本経済が長期不況のトンネルの中に入り込むと同時に，世界的なグローバリゼーションの波の中で，ローカリティが新たな意味を持つようになった時期である。

社会福祉に地域コミュニティは，なぜ必要か

　このような1970年代以降の社会福祉における地域コミュニティ重視の動きは，国民生活の変化それ自体がむしろ根源的な契機となっているように思われる。急激な産業構造の変化，勤労者世帯の増大，人口の都市への集中，過密・過疎問題，地域の生活環境の変化，さらには核家族化などの家族変動，女性就業の機会の増大と共働き世帯の増加，人口の高齢化と老人問題の発生等々にみられる大きな社会変動は，地域の人間関係の側面でも大きく作用し，地域コミュニティの崩壊，家族やコミュニティの扶養能力の低下をもたらした。家族がひとつずつ孤立し，とりわけ障害者や高齢者の要介護者を抱えた家族の間で，孤立や孤独が意識され，その問題の解決がコミュニティの再形成を求める声となって顕在化してきたのである。こうした国民の生活実態や意識の変化を背景に，わが国では，1970年代以降，政策的にも実践的にも社会福祉の基盤をコミュニティに置くようになってきたのである。しかし，この時期に社会福祉の立場から地域福祉やコミュニティケアが主張され論じられても，コミュニティの現実はこれに応じられるものではなかった。それどころか現実はコミュニティの崩壊過程が急激に展開していったのである。

ところがこのような状況に対して，最近，新しい動向が現れてきている。近代化・工業化による「コミュニティ崩壊論」に対して再検討が言われているのである。そして現実の地域社会においてもコミュニティの生活は重要な意味をもっていることへの認識が高まりつつある。

現代社会では人口移動が激しく，加えて私生活優先の生活態度が広がっているので，近隣との関係は弱まったとも考えられている。しかし生活の近代化は，かえって地域住民にとり近隣社会の条件の持つ意味をますます重要にしているともいえる。現実的には，子育ての支援，困ったときの援助や緊急時の通報，ゴミの分別処理などの共同作業，町内会やPTAなどの役員など，日常生活の各面にわたって近隣との関係はますます密接になってきている。さらに，定住型の外国人家族との地域人間関係の摩擦，地域の中に建てられる障害者施設と周辺住民とのコンフリクトなど，新しい住民がもちこむ新しい福祉課題に伝統的な地域社会や近隣住民が，どのように理解し，承認，和解していくか，という21世紀型の共生系の人間関係づくりが求められている。

たしかに現実的には長期的な，そして重度の介護を隣人や友人に期待することは不可能に近い。しかし，このことはコミュニティケアにおける隣人や友人の意義を認めないということにはならないのであって，臨時的な手助け，緊急時の対応，精神的な激励訪問，早期の問題発見と通報など，隣人や友人の果たせる役割は大きい。家族の規模が縮小するとともに親族の居住地も離れた現代社会では，隣人友人などのインフォーマルサポートの果たす役割はますます重要なものになるのである。

これからの都市住民の地域人間関係の創造には，個々の住民の自由性，流動性，多様性を保持し，職場と住居の分離を前提とした上で，どこまで地域的な共同性，一体感（アイデンティティ），人格的交流を創出し，一人ひとりの人間性を回復できるかという難問を，われわれは課せられているわけである。

地域コミュニティが克服しなければならない壁：多様な人権問題

現代社会で，地域コミュニティが乗り越えなければならない，大きな問題が生じ始めている。ひとつ目の壁は，多様な人権問題に立ちすくむ地域コミュニティの姿である。たとえば，町内に建設される精神障害者のグループホームや作業所への住民の反対運動（施設コンフリクト），低所得者向け住宅の生存権に

関わる問題，老朽化マンションの改修時に追い出される低所得高齢者の居住権の問題，ごみ屋敷や孤独死の問題などが報じられている。こうした事件の前に立ちすくむ町内会・自治会の苦悩は，事件の加害者と被害者の人権という問題を同時に抱え込んだことによる，いまや全国の地域社会に通じる共通の悩みでもある。

現代の地域社会は，これらの事件の解決や対応に，いかに向き合っているのだろうか。

前述の奥田のコミュニティ・モデルで説明してみよう。まず，「地域共同体モデル」は，現在のところ少ないが，地方の小地域の中にその存在を見出すことができる。このモデルでは，加害者の家族は即座に「追放」か「村八分」という形で解決をはかることになる。「伝統的アノミー型」は，近年の住宅難によるスプロール化現象の中で，とくに都市近郊に拡がりつつあり，現代の社会問題の多発地域として注視しなければならない。このモデルでは，事件のことなど無関心を装うだろう。「個我型」は，当時のマイホーム型を体現した地域で，近年この担い手層の高齢化により衰退し始めている地域である。このモデルでは，自治会のリーダーたちが行政に防犯体制の強化を要求していくだろう。そして，「コミュニティ・モデル」は，現在のところ，その存在は極めて稀であるが，苦悩し，自らの手で問題解決をはかろうとするだろう。

精神衛生とコミュニティの環境問題を研究したクライン（Klein, D.C.）は，精神衛生との関係において，次のようにコミュニティをとらえている。「コミュニティは安定と身体的安全を手に入れ，ストレス状態にあるときは支持をひきだし，さらにライフサイクル全体を通じて個性と重要感を獲得するなどのことを目指す一領域（domain）の人々の間の様式化された相互作用である」（山本，1986：45）。

そして精神健康にとって地域社会という環境は2つの側面をもっており，ひとつは精神的ストレスの原因となるストレス源としての側面，2つには精神健康を維持したり，不安定になったとき，それを支えてくれて回復に役立つ精神衛生的資源の側面を提示している。そして，クラインは，コミュニティの遂行する重要な機能として次の7つの機能を提示している。①生活の空間と避難場所を提供し配分すること，ならびに他のいろいろな目的のために空間利用の決定を行うこと，②必要な物質とサービスを配分するための手段を利用できるにようにすること，③安全と秩序を維持し，葛藤や紛争の解決を促すこと，④新

しい入来者（たとえば，子どもや移民など）を教育し，その行動様式を変容させること，⑤知識，観念，信念などを伝達すること，⑥信念と行動についてのルールや規範をつくり，それを施行すること，⑦個人と集団とが相互作用を営むための機会を提供すること，などである（山本，1986：45）。

地域コミュニティが克服しなければならない壁：地縁組織の衰退化

　２つ目の壁は，町内会・自治会等の地縁組織の衰退化である。このような現代の福祉問題を抱えて苦悩しているのが，まさに地域社会そのものである。私たちは，地域のいずれかで居住している存在である。その生活の場としての地域には，いわゆる町内地域を中心とした地縁的なかかわりで営まれている諸集団が存在している。それが，町内会や自治会組織である。『新社会学辞典』（有斐閣，1993：1016）によれば，町内会の特質は，その封建性や五人組の残存，第２次世界大戦中の法制化と戦争遂行のための末端組織としての性格が色濃く残っていることから，これまでの研究が否定的評価を前提としたものが少なくなかったとした上で，次のように整理している。①加入単位は個人ではなく世帯，②一定地域居住に伴い，加入は半強制的又は自動的，③その機能は未分化，逆にいえば多機能的または包括的多目的的，④末端行政の補完作用を果たしている，⑤旧中間層を主力とする伝統的保守主義の温存基盤となっている，などである。しかし，最近の地域事例研究では，1980年代ごろから，この町内会の住民たちが，新住民たちとともに，学童保育づくりや図書館づくり，在宅福祉サービス活動等を共に担い合う活動がみられ始めた。住民同士が面白くてやめられなくなる地域活動の思想を，共同体論に還元させるのではなしに，現実の活動の中から求め，それをとりこむようなコミュニティ思想の内容とその可能性を探求することが求められている。

　在宅福祉活動や学童保育づくりの活動を担っている人々が，町内会や自治会の中で，ある種の壁を意識することは少なくないであろう。このような地域諸集団こそ生活者にとって身近な社会であるにもかかわらず，活性化されにくいのか。なぜ日常の地域が，住む人々に生き生きと担われ，自由な討論や創造的な知性ある住民活動の場として活性化されないのか。1969（昭和44）年の国民生活審議会による「コミュニティ」や1971（昭和46）年の中央社会福祉審議会による「コミュニティ——生活の場における人間性の回復」の提起は，コミュ

ニティへの着目や住民参加をその政策的意図として位置づける反面，旧来の共同体的な秩序から住民を解き放ち，高度経済成長を担いうる消費者としての新しい生活様式を形成していくという発想があった。このことが，住民同士でともに生活課題を担っていくというコミュニティづくりとの関連づけを弱めていったと考えることもできよう。

そして，今，福祉問題や生活問題が地域社会を舞台に顕在化する中で，それへの対応として町内会・自治会（以下，町内会組織）の再評価，再点検が試みられている。現実的には，町内会組織は，慣行的な行事は盛大にもたれる，役員のなり手がいない，役員の負担が多い，親睦・交流事業に人が集まらない，共同作業に呼びかけても参加が少ない，未加入世帯が増加している，等々の課題を抱えながらも，多様な住民活動（文化と地域学習，スポーツと健康づくり，子育てや高齢者，障害者を支える活動，配食サービス等の在宅福祉サービス等々）に取り組んできているのも事実である。

中田実は，町内会が住民自治を担いうる主体として形成できるかどうかを，次のように指摘している（中田，1996：26）。「1995年5月に地方分権推進法が制定され，住民自治の点ではなお限界があるとしても，分権化の方向は定められた。今後，市町村自治の内実を創っていくためにも，住民の地域における主体的力量を強めていくことが期待されるところである。住民が地域を管理する能力の高まりに応じて，生活の安全，福祉，文化の向上がもたらされるとすれば，そのための単位組織である町内会・自治会さらにコミュニティの役割は大きい」と。ここでひとつの論点が提起されよう。中田も指摘するように，町内会・自治会は，住民自治の点で限界がみられるということである。杉岡直人は，この問題を町内会・自治会が内在するエゴイズムの克服の課題であると指摘している（杉岡，1995：57）。

筆者は，コミュニティを，一般的な定義である「コミュニティとは，一定の地域で，住民が共通のきずなをもち，社会的共同活動をしている単位」の他に，「地域住民が共に重荷を担い合う諸活動」というイメージを附加したい（奥田他，1982：3）。端的な例としては，障害者施設の建設や滞日外国人，認知症高齢者，ホームレスといった人々を，町内会組織は果たして包み込むことができるか，という命題である。かつて，特別養護老人ホームの建設に住民から反対運動が起きたことは，よく知られるところである。しかし，現在では，特別養

護老人ホームは，地域の厄介者ではなく，住民にとって必要な社会的共同施設として，むしろ歓迎されるようにまで理解が進んでいる。これと同様に，地域住民はこれらの課題をも克服できる主体形成が可能となるのであろうか。障害者施設の建設で，町内会とコンフリクト（葛藤）を演じた地域が当事者やボランティアを中心に専門職とスクラムをくんで，地域住民を巻き込みながら，町内会組織の理解と協力を得ることに成功したというような事例が存在するのも事実である。

　ここでは，北海道札幌市北区の社会福祉法人「はるにれの里」の「地域に根差す生活介護」の実践事例を紹介しておく。「La.chou chouJ（お気に入りの場所）」の実践である。

　　「パンの販売，パンのランチ，コーヒーやソフトクリームなどを販売します。地域の方々に気軽に立ち寄れるお気に入りの場所になれるように頑張っていきます。ここでは，パンの陳列やオーダー食器洗いなどのお仕事も利用されている方も行っていきます」そこでは，「一人一人に関わるご家族や関係機関との連携を密に行い，小さな変化を共有できる取組みを行っています。

　　誰が関わっても生活に混乱や不安が生じないようなサポートを行っています。地域で暮らすことをサポートする事を目的としていますので24時間365日の対応を行っています」，またベーカリーショップでは，地域の方たちが集える場としてパンとカフェの店をオープンしました。オープン準備として，保育園児がお花を植えてくれるなど地域の中での交流を深めていきたいと思っています。パンは，こむぎっこのパンを販売し，又イートインのほか軽食もできるようになっています」（「はるにれの里」のパンフレットより抜粋）。

　このような実践は，「地域に根差す生活介護」，「一人一人が地域で暮らすために」の理念の元，当初の町内会での施設コンフリクトの壁を乗り越え，住民と施設，専門職の協働によって創られたまちづくり実践である。

　これからの地域福祉研究の方法は，こうした地域福祉実践を現地に訪ね，地域住民や当事者，市民団体，専門職，行政や社会福祉協議会，社会福祉施設，民間事業所等との交流を通して，多くの教訓を獲得し，それを理論化することが重要である。

3 福祉コミュニティのまちづくりへ

　地域福祉の究極の目標は福祉コミュニティの創出だということに，おおよその合意が形成されつつある。元来，コミュニティの概念には，人々が共に生き，それぞれの生き方を尊重し，主体的に生活環境システムに働きかけていくという意味が含まれている。本節では，地域コミュニティとの違い，関係性を含めて福祉コミュニティを定義づけ，福祉コミュニティの成立要件を理念，目的，価値・態度，人的要件，組織的要件，機能に分類し，さらにコミュニティ再生の方向を福祉コミュニティ創出のイメージとして位置づけ，その道筋と解決課題を提示したい。

学区・校区活動

　いくつかの単位町内会組織がまとまったものを連合町内会あるいは連合自治会という。このエリアが，おおよそ学区あるいは校区と重なり，主に小学校・中学校の地域単位となる。近年，とくに近隣による助け合い活動としての在宅福祉サービスやミニデイサービス，宅老所などの福祉活動，地域のバリアフリーやゴミ・ステーションなど居住環境問題をテーマとした福祉のまちづくり運動に拡がりをみせ始めている。

　京都市の春日学区の福祉のまちづくり活動を紹介しよう。春日学区は，御所と鴨川の間に位置する，人口約2500人，1198世帯の単位である。高齢化率22％，一人暮らし老人70人，高齢者世帯43世帯，寝たきり・虚弱世帯43世帯を数える。福祉のまちづくりのきっかけは，1972年のワンルームマンション建設問題に取り組んだ住民運動に始まる。住環境問題に端を発した住民運動が，1983年に町内会や各種団体を単位に2，3人ずつボランティアを委嘱し，ボランティアの会が発足した。

　1996年には住民福祉協議会に発展した。21町内会及びPTA，共同募金会，地区防災団体，交通安全会など18団体からなる，この住民福祉協議会は，行政の縦系列の組織と，学区の横の組織をつなぐ小地域ネットワークである。主な活動の内容は以下である。
　① 春日学区福祉防災地図の作成

一人暮らし老人が火災で焼死した事件が起きたことから防災地図を作成した。この地図の特徴は、地図の中に避難場所、防災の心得、関係機関一覧、消火栓、小型動力ポンプ、貯水槽、防災道路、医院、公衆電話等を明記し、そして各種団体代表とボランティアの氏名が記されており、この中には、「ボランティアの人はこの地図にひとり暮らし・寝たきり老人・高齢者世帯・身体障害者を色別にして掌握してください」というも文言が記されている。平成11年4月調べで9刷になる。

② 助け合いネットワークの形成

1996（平成8）年度から地域内の要介護高齢者の日常生活を支援する福祉サービス調整チームを地区内の介護日誌を作成、ボランティアが数人でチームを作り、ひとり暮らし老人や寝たきり老人の毎日を誰がどのように生活援助していくかケアプランを作成し、日常生活の支援活動を行った。ケアカンファレンスでは、地域の関係者が主体となり、自分たちの老後問題として考え、支援活動を実践している。

③ デイケアセンターの運営と実践活動

元春日小学校跡地（現在は新小学校建設中）の一角に「春日デイケアセンター」を開設し、活動の拠点となっている。デイサービス等はボランティアを中心に運営している。「春日だより」を発行し、各種活動のプログラムを紹介している。一般住民には、健康教室、交通教室、住まい教室、料理教室、防災教室、防犯教室を開催し、外出が苦手な人には、子どものふれあい訪問、寝具クリーニング、配食サービス、健康訪問、防犯訪問等のサービスを実践している。

京都のまちは、高層ビルが建ち、マンションが建設されることで従来の住環境が変化している。コミュニティが変化し、近隣同士の人間関係が希薄化し、お互いの助け合い（互酬性に基づく相互扶助）が難しくなってきていた。この春日学区の住民活動の意味は、外在的なハードの住環境問題に対抗して、住民たちの内発的なソフトの活動によって、安全で安心して生き暮らす基盤であるコミュニティづくりを実践していることにある。この取組みは、1973（昭和48）年に始まり、40年余の歴史がある。春日学区の実践の特徴は、自治会活動を基盤として住民福祉協議会、自主防災会等が協働して、福祉防災マップや高齢者の見守り活動、小学校校舎跡地利用のミニデイサービスや福祉サービス調整チーム、小・中学校と連携した福祉教育プログラムの開発等住民生活に関わる広

範囲の活動をまちづくりにつなげる地域福祉実践として展開していることである。春日学区への視察や講演・実習等の依頼実績は膨大な回数を数え，全国における小地域（学区）の地域福祉実践活動や実践理論に大きな影響を与えてきた。

福祉コミュニティの定義：社会福祉研究の立場から

いままでのところ，福祉コミュニティの定義は，大きく2つの立場からの考え方が示されている。ひとつは，社会福祉研究の立場から行われている。杉岡直人は，福祉コミュニティを「福祉多元主義の議論を前提とする福祉社会の下位概念といえるが，福祉コミュニティの理念は，共生をキーワードとするノーマリゼーションの原理を，コミュニティ・レベルにおいて実現すること」であるとし，そのためには，「地域住民の自主性と自己決定の原則に基づく主体的なコミュニティへの参加を基盤とした，行政や企業を含めた地域の構成メンバーによる公私協同の体制」をその必要条件としてあげている。さらに具体的な尺度として「障害をもっていても地域で自立した生活を送る権利を保障する」ために，公共の建物や道路の段差の解消等生活環境の整備とバリアフリー住宅等の福祉環境整備をはかる政策課題を実現する，ノーマリゼーション理念にそった建築条例の制定を，その十分条件として設定している（杉岡，1995：44-45）。

1970年代に，福祉コミュニティという用語をはじめて用いた岡村重夫は，「一般的に用いるコミュニティに対して，地域社会を基盤としつつ，ハンディキャップをもつ階層の福祉追求を原点にサービス・施設の体系的整備とともに公私協働，地域住民の福祉意識・態度の醸成を図ろうとする機能的コミュニティのひとつである」と規定した。

しかし，岡村は，この「福祉コミュニティ」を「地域コミュニティ」の下位コミュニティとして位置づけ，「両者のあいだに密接な協力関係のあることが望ましい」という言説を述べている（岡村，1974：69）。岡村が奥田道大の「コミュニティ・モデル」を援用して，「地域コミュニティ」を「福祉コミュニティ」の上位概念として用いた根拠には，1960〜70年代の家族や地域コミュニティの一定の安定性から導き出したものであるといえよう。しかし，多くの地域福祉館傾斜が，この関係を現代コミュニティにも当てはめていることには異論

がある。家族関係が個人化し，地域コミュニティの紐帯が弱まっている現代社会においては，まさに「福祉コミュニティ」の実現をめざさなくてはならないと思われる。

　もちろん奥田が提示した福祉コミュニティの理念は，今日にも通じる理論であることに揺らぎはない。その特徴として，①基本的性格：いわゆる地理的に規定されてくる一定の地域社会（多くの場合，市町村行政区）の内部に存在する「機能的コミュニティ」＝社会福祉の追求・充実の関心を媒介に共同行動をとる組織，②単に地域社会における最大多数の最小福祉を求める従来型の地域福祉組織ではなく，生活上の不利益，生活困難をもっとも強く受けやすい，福祉サービスの顕在的・潜在的利用者（当事者）を中心にすえた組織体であり，かつ不特定多数の住民にひらかれた組織である。③マイノリティ（少数者）の声やニーズ把握から出発して，広く住民一般に共通する施策化をはかろうとするもの，をあげている（岡村，1974：86-101）。その基本的特徴は，対象者の福祉政策への参加であり，それは，対象者による福祉政策の修正・改善・改廃などのフィードバック機能を意味しているという，いわば福祉コミュニティの運動機能を強調している。

福祉コミュニティの定義：福祉社会学の立場から

　もうひとつの領域からは，福祉社会学の立場から奥田道大と越智昇の社会学者が定義している。まず，奥田は全国各地で，街づくりの住民運動でコミュニティを再生してきた実践事例に学びつつ，事例自体の生成発展や再編を考慮しつつ，福祉コミュニティの内実を模索する（奥田，1993：99-200）。そのたびに定義の補訂をくりかえしながら，その共通の理解として，①人と人との基本的な結びつき，②地域生活の新しい質を含んでいることの2点に到達している。そこでは，人と人の基本的な結びつきに根ざす概念として「他者理解」というキーワードを用いて，「これまでの"同質性"とか"和合精神"を旨とした家族や地域の枠組みでとらえられきれない」もので，そこでは，「さまざまな意味での異質・多様性を認め合って，相互に折り合いながら，自覚的に洗練された新しい共同生活の規範，様式をつくることが求められる」とし，福祉コミュニティの内実は「洗練と成熟」にあるとしている。そして福祉コミュニティを支える人の層の幅は一段と拡大し，①新規参入型の住民層（その人のライフコ

ースに応じて，「定年期」を迎えた男性住民層，新しい生活感覚と行動様式をもつ団塊世代の女性など），②シニア市民として地域に部分役割を果たす地域・生活問題の当事者，③地域活動・運動を実質上担うリーダー，などをあげている。また，福祉コミュニティを支える組織としては以下の３つのモデルを設定している。

　モデルⅠ：一枚岩の町内会・自治会形態（町内会体制）
　モデルⅡ：地域で横に結び合う単位集団・組織の連合形態（協議会方式）
　モデルⅢ：コミュニティ・センター等を結節点とする人と組織の自由な組み
　　　　　合わせ

そして，これらの組織は，重層的なネットワークの回路をもちながら，人と組織の柔らかな組み合わせのなかに，その本領を見出すことができるとしている。

　さらに，地域福祉文化の観点から，福祉コミュニティを構想し，現実を考究する社会学者に越智昇がいる。越智は私的な定義と断りながら，「生活地域を意識した住民諸階層が，自発的創造的な連帯活動のなかから，共通しあるいは関連した福祉的生活課題を共有分担して，長期的展望にむけた学習と実践でとりくむ生活様式をつくり出す。この過程は単線的ではなく，自我を組みかえる試行錯誤の過程として自覚されねばならない。

　本来，コミュニティの概念には，人々が共に生き，それぞれの生き方を尊重し，主体的に生活環境システムに働きかけていくという意味が含まれている。また，マッキーヴァーは，コミュニティは，「絶えず相互に関係し合う人々の心の活動によって創られ，自他協力して共同活動を通じて関心が追求される」（マッキーヴァー，1975：123）ものであることを指摘するとともに，コミュニティ発達の基準として，「身体の弱い者，貧窮者，女性，被支配者，子ども，異邦人，外国人を配慮するか，無視するか」という価値的・態度的意味を取り入れていることに注目したい。このような福祉的価値をうけとめるコミュニティとは何か，それが福祉コミュニティとして問われているといえる。したがって，福祉コミュニティとは，単に地域性とか，共同関心性というような外的に規定するものではなく，地域社会の中で疎外されているか，また排除されようとしている人々をうけいれる価値と社会的態度からなりたっているものである，といわなければならない。

福祉コミュニティの成立要件と創出

　これらの概念を，福祉コミュニティの成立要件で腑分けしてみると，次のようにまとめることができよう。
① 理念：ノーマリゼーションとソーシャル・インクルージョンの原理をコミュニティ・レベルにおいて実現すること
② 目的：人と人との基本的な結びつき，コミュニティ生活の質の構築をめざし，人間的社会環境を内発的に発展させつつ，グローバルな異質性をも吸収していく新しい共同社会を創造していくプロセスを重視すること
③ 価値・態度：他者理解，洗練と成熟，価値意識の葛藤（コンフリクト），承認と和解
④ 人的要件：新規参入型の住民層，伝統的定住型の住民層，地域・生活問題の当事者，地域活動・運動を実質上担うリーダー層
⑤ 組織的要件：町内会や住民協議会のネットワーク形成／行政や企業を含めた地域の構成メンバーによる公私協働の体制／福祉サービスの顕在的・潜在的利用者を中心にすえた組織体
⑥ 機能：対象者による福祉政策の修正・改善・改廃などのフィードバック機能／マイノリティ（少数者）の声やニーズ把握から出発して，広く住民一般に共通する施策化をはかろうとするもの

　福祉コミュニティの創出については，社会学者の越智昇の「福祉文化と住みつき態度類型」という考え方を援用するのが有益であろう。越智は福祉コミュニティを次のように定義している。「生活地域を意識した住民諸階層が，自発的創造的な連帯活動のなかから，共通し，あるいは関連した福祉的生活課題を共有分担して，長期的展望にむけた学習と実践で取り組む生活様式をつくり出す。この過程は単線的ではなく，自我を組みかえる試行錯誤の過程として自覚されねばならない。そうした文化の形成とそれを基底にした人的ネットワークが，都市の経済的・政治的・行政的諸政策を組み変えて，人間的社会環境と"安心と情熱"を発展的に保たせ，グローバルな異質性をも吸収していく。そのような新しい共同社会をさす」と規定している[2]。この考え方を，「福祉文化思想と住みつき態度」で類型化したものが，**図表4-3**である。この図でいうと，福祉コミュニティは自治型（民主主義）の態度類型で，福祉文化の意味体系を体現したものであるといえる。そして，この福祉コミュニティ・モデルは，差

第Ⅰ部　地域福祉とは何か

図表 4-3　住みつき態度類型

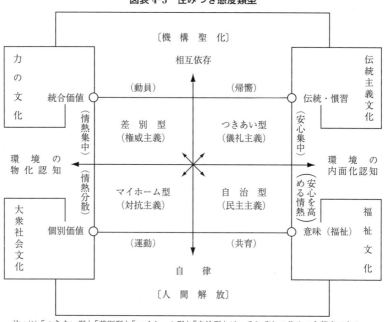

注：(1)「つきあい型」「差別型」「マイホーム型」「自治型」は，それぞれの住みつき態度である。
(2)「儀礼主義」「権威主義」「対抗主義」「民主主義」は，リーダーシップの特徴を示す。
(3)「帰響」「動員」「運動」「共育」は，集団的行動原理を示す。
(4)「安心……」「情熱……」「対抗主義」は，エートスを示す。クロスの中心部の矢印は，対極関係・緊張関係を示す。
(5)「伝統主義文化」「力の文化」「大衆社会文化」「福祉文化」は，文化型を示す。そして，「機構聖化」は前二者の文化型を，「人間解放」は後二者の文化型を，底通して社会システムにつながる原理を意味する。
(6)「伝統・慣習」「統合価値」「個別価値」「意味（福祉）」は，それらの文化型をシンボライズするものに当たる。
出所：奥田道大・大森彌・越智昇・金子勇・梶田孝道（1982）『コミュニティの社会設計』有斐閣，147頁。

別型（権威主義）と力の文化に対抗するものであるとしている。筆者の調査体験からこのモデルを援用して，福祉コミュニティへの掛け橋としてのひとつの仮説を示したいと思う。すなわち，1970年代以降低評価に甘んじてきた「つきあい型」モデルの「安心集中のエートスに依拠しながら，コンフリクトを伴う地域福祉実践を通じて地域住民が自我の組替えを行いつつ，「自治型」モデルの福祉文化の意味世界を体現した福祉コミュニティを切り開いていく筋道がみえてくるのではないか。

地域コミュニティと福祉コミュニティの関係構造

　わが国の地域コミュニティは，とくにバブル経済の崩壊後，少子高齢化・過疎化・地域経済の衰退化・商店街の空洞化等の地域共同性及び地域への文化的アイデンティティの喪失といった状況の中で元気を失っているように見える。それは，1960年代を契機に，日本の津々浦々まで高度消費（大量生産・大量消費）社会を実現させ，個々人の欲望の極限化社会をつくり出してしまったことに起因する。このような大量消費型による生活様式の変化に伴う生活の質の軽薄さともいえる実態は，他面において「コミュニティの解体化」として現象している。コミュニティ資源のストックの重要な契機である社会的共同財——住民生活に必要な道路・下水道・広場や遊び場・レクリエーション施設・医療機関・学校・保育所や社会福祉施設・福祉サービス等——が地域コミュニティから失われていったことに由来する。とりわけ地方都市部や中山間地域において不足していったといえる。

　これからの地域コミュニティには，地域生活及び生産機能の共同ストック財及び消費財の総体として，コミュニティ生活に必要な社会資源の質量をともに担っていくという視点を見失ってはならず，生活課題の拡がりを総合的に地域で解決していくためのコミュニティ資源を再生していく集合的営為が求められる。個人や家族，地域社会をつらぬく近代合理主義的生活習慣の偏重の過程で，我々は，日本の伝統文化や価値観を否定しつつ，私的個人主義人へと埋没し，かつ社会的個人としての非自立性など，現代コミュニティを担っていく主体を喪失していったといえよう。私たちは市場社会の中で交換することのできない価値や文化そしてコミュニティ資源を，生活やコミュニティの中でもう一度見つけ出していく努力がもとめられているのではなかろうか。

　いわば，地域コミュニティを人間の生活の「場」として再生させるシナリオをどう描くか，その理念と方法，アイデアが求められている。地域コミュニティの諸資源を活用して，人間の生活の持続可能性を追及することである。

文化的伝統を活かしたまちづくり

　福祉コミュニティの実現には，経済だけでなく，生活や文化などそれぞれが持つ伝統的なものと新しいものとの融合した総合的な魅力を発揮した街づくりが必要である。日本で近年伸びている国内の観光地を見ると，その街には，文

化や自然に加え，まちとしてまとまりがあり，住みたくなるような環境があり，住む人にも，訪れる人にも優しいまちづくりを進めていることが共通点である。レトロな街並み（会津若松，豊後高田，飛騨高山，奈良町など），古い門前町の街並みと昔ながらの多彩なイベント（巣鴨地蔵通り商店街，名古屋大須商店街など）といった潤いの街並み景観に客足が集まっている。その他にも，地域再生ファンドや商店街・公共施設・住宅などの中心市街地の一体整備など財政面やハード面での地域再生プロジェクトも振興している。集客力のある街のもうひとつの共通点は，高齢者や障害者等社会的弱者に優しいということである。福祉コミュニティは，今日の生活を踏み台にして明日の楽しい生活を夢見るという経済上昇志向型生活より，今日の生活を大切にして感性面での充実を求める傾向にある。人々が誇りを持って，そこで住みたい，働きたい，暮らしたい街や地域コミュニティを創造することが，定住人口と交流人口を引き付ける街の魅力につながる。それには，公共政策としての居住福祉の開発が不可欠である。

福祉コミュニティ創出の基礎的要件
① 居住福祉空間

　居住福祉空間には，住宅と介護保険サービス等を組み合わせた「住まい＋生活支援サービス」の拠点施設，地域の居住ストック（小学校や公営住宅，商店街，神社・仏閣等）の活用による地域包括ケアのまちづくり，解雇やリストラによるネットカフェ難民やホームレス等多様な住宅困窮者の居住の確保等などがある。すなわち，住宅と就労等所得を保障し，そして医療・福祉サービスを保障するといった住宅政策と医療・福祉政策の融合が求められている。これらを総称して居住福祉空間と呼ぶ。

② 自我の組替え

　端的にいうと，福祉コミュニティとは，「地域住民が共に重荷を担い合う諸活動」である。その際の「重荷」を何に求めるかが共同性創出の課題でもある。現代の福祉課題の中から，地域住民が担える課題としては，まず高齢者の介護問題，子育てや育児，家事の手伝いといったレベルの共同化を実践することからはじめ，その経験から，障害者問題や虐待問題といった「自我の組替え」が必要な課題を共有化していくことが現実的であろう。

③ 内発・自治

内発的発展論を提唱している鶴見和子によれば,「伝統の再創造」という概念を用いて,「すぐれた伝統形成→形骸化→革新的再興」の仮説を提示している。「地域を単位とした小規模な社会変化の事例分析に使うことを提唱したい。地域の小伝統の中に,現在人類が直面している困難な問題を解くかぎを発見し,旧いものを新しい環境に照らしあわせてつくりかえ,そうすることによって,多様な発展の経路を切り拓くのは,キー・パーソンとしての地域の小さき民である」と。その意味で,内発的発展の事例研究は,小さき民の創造性の探求であると指摘している(鶴見,1996：30)。その小さき民の選択が,活動主体である個人の自由な意志に基づいており,外的に強制された,また義務の観念に動機づけられていないことが必要である。福祉コミュニティの形成において内発的自己創出の原則が大切なのは,つきあい儀礼の義理で活動に参加するという動員という名の活動の形骸化を避け,不断の活力と楽しさ,喜びを活動に注入するためである。

④ 社会的包摂

福祉コミュニティの形成に重要な要素は,地域の共同活動を担う人々が自前主義に発することである。物質的報酬などによる外的強化に比して,自前主義は,活動に必要な資源(リソース)に関して身銭を切る。たとえば,時間,労力,金,情報,気力,知恵,技術,器材等,この活動資源を自分たちで負担するのが自前主義である。

注

(1) 此処の記述については,見田宗介(1971)『現代日本の心情と論理』筑摩書房と,奥田道大(1988)『現代コミュニティ論』NHK学園を参考にした。
(2) 奥田道大編著(1993)『福祉コミュニティ論』学文社,215頁。越智は,福祉コミュニティの考え方を,奥田道大・大森彌・越智昇・金子勇・梶田孝道(1982)『コミュニティの社会設計』有斐閣,159-177頁の中で,福祉文化という意味体系をもって,さらに深めている。

引用・参考文献

大橋薫・近江哲男編著(1963)『都市社会学』川島書店。
岡村重夫(1974)『地域福祉論』光生館。

奥井復太郎（1940）『現代大都市論』有斐閣。
奥田道大（1983）『都市コミュニティの理論（現代社会学叢書11）』東京大学出版会。
奥田道大（1988）『現代コミュニティ論』NHK学園。
奥田道大編著（1993）『福祉コミュニティ論』学文社。
奥田道大・大森彌・越智昇・金子勇・梶田孝道（1982）『コミュニティの社会設計』有斐閣選書。
越智昇（1993）「新しい共同社会としての福祉コミュニティ」奥田道大編著『福祉コミュニティ論』学文社。
篭山京編（1981）『大都市における人間構造』東京大学出版会。
神島二郎（1961）『近代日本の精神構造』岩波書店。
杉岡直人（1995）「地域福祉の基盤」牧里毎治・野口定久・河合克義編『地域福祉』有斐閣。
鈴木栄太郎（1957）『都市社会学原理』有斐閣。
鶴見和子（1996）『内発的発展論の展開』筑摩書房。
中田実編（1996）『町内会・自治会の新展開』自治体研究社。
マッキーヴァー，R. M.／中久郎・松本通晴監訳（1975）『コミュニティ』ミネルヴァ書房。
見田宗介・栗原彬・田中義久編（1994）『縮刷版 社会学事典』弘文堂。
山本和郎（1986）『コミュニティ心理学』東京大学出版会。

第5章

地域福祉を支える理論

1 戦後福祉政策の概観

戦後社会福祉の流れ

　戦後の社会福祉制度は，生活困窮者に対する金銭的援助や，戦災等による孤児や傷痍軍人の保護対策などを中心として出発した。以下大きく5つの流れにわけて説明していく。

　第1の流れは，1945年から50年代にかけて，国民全体にわたって貧困化が進行し，低所得層の存在が問題とされた時期である。また同時に，社会福祉制度の基盤となる諸法令が整備され，憲法によって福祉が国民の権利（生存権）であることが保障されたが，福祉施策は，まだ収容施設の数も少なく，生活保護法による社会的弱者の救済・保護が主眼であった。

　第2は，1960年代に，日本国中を巻き込んで展開された高度経済成長期である。高度経済成長政策のもとでの資本の高蓄積や技術革新を伴う急激な社会変動は，急激な人口の都市集中による地域「共同体」社会の崩壊，若年労働者世帯や高齢者世帯の増加による核家族化現象をもたらした。このような社会的背景のなかで，新たに形成された貧困層＝不安定就労層の存在とともに，国民全体にわたる生活問題が発生した。一方で，女性就業の一般化などによって，家庭や地域社会のもっていた介護や養育の機能が弱まり，これらに対応するため，社会保障の制度的拡大と同時に障害者や高齢者のための入所福祉施設や保育所などの整備が進められた。

　この時期は住民としての生存権，生活権要求を真に充足するものであるようにたえず検討がなされ，さまざまな福祉要求を反映した自治体の施策が先行し，それを国が老人医療費の無料化，各種手当の給付など対象者ごとに社会保障制

度を普遍化した時期でもあった。また，この時期は，潤沢な財政状況を背景に，福祉の対象が低所得者中心のみでなく高齢者一般，児童一般へと広がりを見せた時代であった。

　地域福祉の視点からいうと，この時期は，要援護者の地域生活を尊重するという発想はほとんど存在しなかったといえよう。地域福祉としてはコミュニティ・オーガニゼーション論を背景に社会福祉協議会の仕事として，地域における保健と福祉活動の振興がはかられてきたものの，それは政策主体としての国や自治体の福祉施策の視野外におかれた，いわば残余的なものでしかなかった。

　第3は，1970年から80年代中盤までの動向である。イギリスにおいて1968年に，シーボーム報告がコミュニティケアの発想を軸に社会福祉制度の改革をめざし発表された。この報告をうけて地方自治体の社会福祉行政改革，国民保健サービスの再編成が行われたが，わが国においても，国民生活審議会が「コミュニティ──生活の場における人間性の回復」や東京都社会福祉審議会が「東京都におけるコミュニティケアの進展について」などを提出し，コミュニティケアをめぐるひとつの画期を形づくっている。

　1973（昭和48）年には「福祉元年」を称し，医療，年金などの社会保障の給付水準が大幅に改善された。社会保障費の対国民所得費もこのとき以降，急速に上昇しはじめた。この時期は，日本が福祉国家へと離陸（take off）を試みた時でもあるが（武川，1999：273），同時に第1次石油ショックの経済危機が生じ，世界中でスタグフレーション[(1)]が進行し，高度経済成長にも陰りが見えはじめ，低成長時代に入っていくことになる。その後，1975（昭和50）年には高福祉高負担による福祉国家づくりが主張されたが，一方では福祉見直し論も台頭し，一部の施策についてはバラマキ福祉として批判を受けることになった。この時期は，福祉における新しい施策への模索の時期であり，在宅福祉の登場や，行政主導の福祉施策から住民の自律的な活動を重視した地域福祉が主張され，コミュニティの役割が注目されるようになった。

　社会福祉におけるコミュニティの重要性が強調されてきた背景には，高度経済成長の時期を通じて，社会福祉のニードが国民諸階層に拡大するなかで，多様化かつ高度化し，社会福祉に対する利用主体の拡大が図られ，これまでの入所施設に加えて通所施設の整備や在宅福祉サービスの制度化が進められるようになったものと思われる。全国社会福祉協議会が「在宅福祉サービスの在り方

に関する研究委員会」を設置し，その成果として『在宅福祉サービスの戦略』を著したのが1978（昭和53）年であった。

　第4の流れは，1990年「社会福祉関係8法の一部改正」等にみる社会福祉制度改革の動きと，地域福祉・在宅福祉サービスの積極的な推進が謳われた社会福祉法の最近の動きである。今日，低所得者や貧困者に対する福祉政策（主として所得再分配）の重要性はいささかも薄れていないが，福祉の対象として経済的には必ずしも困窮していなくとも，社会的にさまざまな障害や生活の諸困難を抱える人々の存在が重要性を増してきている。すなわち，貧困―心身の障害・不安にかかわる福祉問題である。このことから，障害を負った人々への配慮が特別なことではなく，あたりまえの社会が「福祉社会」であることが認識されるようになってきた。いわばノーマライゼーションの実現へむけて，地域の生活者である住民の福祉ニーズに包括的に対応するため，福祉行政だけでなく，行政の各分野はもちろんのこと，住民の活動や参加をえながら，バリアフリーのまちづくりが強調されるようになってきたのである。福祉政策の考え方でいうと，所得の再分配（貧困・低所得）とノーマライゼーション（人身の障害・不安）による対応ということになる。

　第5の流れは，1990年代後半からの介護保険制度の導入や社会福祉法成立期にみる福祉問題，つまり，社会的排除・差別―社会的孤立・孤独の問題群の登場である。たとえば，大量の失業者や中高年のリストラと結びつきやすいホームレス問題，滞日外国人の社会的排除・差別の問題，また，精神障害，薬物依存，暴力・虐待などにみられる社会的孤立・孤独の問題が地球規模（グローバリゼーション）で，さらに，ローカルレベルで，複合的に現れてきているのが特徴であるといえる。これらの問題群に対応する福祉政策の考え方でいうと，ソーシャル・インクルージョン（すべての人を包み込む社会）とソーシャル・エクスクージョン（マイノリティの人を排除する社会）への対応ということになる。

地域福祉研究の枠組み

　遡れば1960年代からはじまる地域福祉研究の系譜を精力的にまとめた岡本栄一の研究がある。岡本は，1960年代からの地域福祉に係る著書・論文・雑誌類にすべて目を通し，それらの文献から地域福祉研究の枠組みと関連ファクターに腑分けする方法をとっている。まず，地域福祉研究の理論化作業のひとつに，

地域福祉の理論化に影響を及ぼした関連ファクターを次の6つに整理している（岡本，1997：43-44）。

 A．地域問題：歴史的経緯を踏まえ，社会的経済的変動の中での地域社会が抱える福祉問題や福祉ニーズ。

 B．住民運動：地域問題を受けて，住民運動や当事者運動の展開が地域福祉政策にどうような影響を与えたか。

 C．理念思想：地域における福祉問題解決のための理念や思想が，どうして起こり，具体的に運動や施策などに，どのような影響を与えてきたか。

 D．政策実践：地域問題，住民運動，理念思想の影響によって，どのような立法化や制度化，サービスのプログラム化が進められてきたか。

 E．海外動向：地域福祉の理論化や実践がどのような海外の理論や施策から影響を受けたか。

 F．関連科学：その理論化過程での他の諸科学からの影響。

次に，これらの関連ファクターに影響を受けつつ，地域福祉研究の枠組みを，以下の3つの系譜に整理している。

 Ⅰ．理論研究：機能的アプローチと構造的アプローチ（牧里，1984：60-68）

 Ⅱ．方法技術論：コミュニティワーク，地域福祉計画，コミュニティケア，在宅福祉論

 Ⅲ．参加実践：地域福祉活動，自立とノーマライゼーション，ボランティア活動，福祉教育など

これらの研究の詳細は，日本地域福祉学会編集『地域福祉辞典』（中央法規出版，1997）の「地域福祉研究の動向と課題」（同書43-47頁）を参照していただきたい。そして，この研究を，さらに発展させたのが，「関連ファクターと地域福祉の理論化過程に関する研究」としてまとめられている（**図表5-1**）。

岡本の研究によって，地域福祉の理論化過程において次のようなことがわかった。第1は，先にみた6つの関連ファクターの影響を受けて地域福祉が発展してきたということである。それは，地域福祉の歴史的な浅さかもしれないが，それだけ地域福祉が関連領域との学際的研究を必然としているということにほかならない。第2は，地域福祉研究の発展を時系列にみること，1970年以前は，

第5章 地域福祉を支える理論

図表5-1 地域福祉の理論化過程と関連ファクター

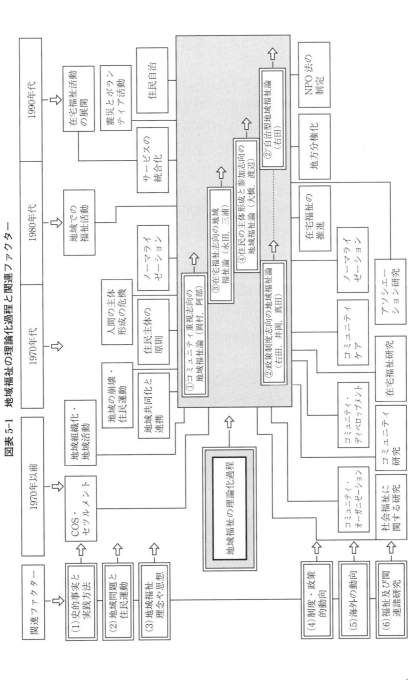

出所：岡本栄一（2006）「地域福祉の考え方の発展」福祉士養成講座編集委員会編『新版 社会福祉士養成講座 地域福祉論（第3版）』中央法規出版、14頁。

地域福祉研究がCOS・セツルメント等や地域組織化・地域活動等の実践研究及びコミュニティ・オーガニゼーション研究が主流であり，本格的な地域福祉の理論・政策・方法の研究は1970年代から，1980年代，1990年代，2000年以降と3期にわかれることである。第3には，地域福祉の理論研究を構成要件で分類してみると，コミュニティ重視志向，政策制度志向，在宅福祉志向，住民の主体形成と参加志向の4つの流れに分けることができ，政策制度志向は自治型地域福祉論に発展していることなどがわかる。

地域福祉理論研究の系譜

先にみたように，わが国における地域福祉研究は1970年代初頭からはじまるのが通説となっている。田端光美は，地域福祉研究の中でもとくに構成要件に着目し，地域福祉研究の展開過程を3つの時期に区分している（田端，1997：35-36）。地域福祉研究の本格化への第1段階は，1970年代で，わが国の代表的な地域福祉研究者が理論化の先鞭をきった時期である。この時期は，またイギリスのコミュニティケアがわが国に影響を及ぼし始めたときでもある。とくにシーボーム報告（1968年）は，自治体や都道府県社会福祉協議会の報告書に，地域福祉やコミュニティケアという「目的概念」を明示する上で，大きな影響を与えた。総じて，この時期は，「まだ地域福祉の実体が未成熟な段階で，地域福祉に関する啓発活動と理論化への努力が渾然としていた」段階である（田端，1997：35）。

第2段階は1980年代で，その初頭には，地域福祉の代表的研究者の見解も出揃ったこともあり，それらの理論や考え方を構成要件から析出する研究がはじまった。そのひとつは，鈴木五郎による研究である（鈴木，1983）。研究方法は，代表的な研究者として岡村重夫（岡村，1974），三浦文夫（三浦，1977），前田大作（前田，1976），阿部志郎（阿部，1980），井岡勉（井岡，1973），右田紀久惠（右田，1973）の各氏の代表的著作から地域福祉の構成要件の記述を整理する手法がとられている。構成要件には，①在宅福祉サービス，②地域福祉計画，③地域組織化活動に分類している。

このように，この時期は，前半期で代表的な研究者の考え方や構成要件の類型化が進んだものの，地域福祉の実体はまだ見えてこない。ただし，後半期では，地域福祉にとって重要な時期を迎えることになる。わが国の社会福祉制度

改革論議が開始され，社会福祉サービスとしての在宅福祉が重視されるようになって，地域福祉が社会政策として実体性を有することになる。

　第3段階の1990年代になると，1989年のゴールドプランから1990年の社会福祉関係8法の改正によって，全国の自治体を中心に在宅福祉サービスの整備，地方分権化の進展，福祉サービス供給主体の多元化など，在宅福祉を中心にすえた地域福祉の基盤整備が実質化してくる。地域福祉研究は，福祉改革の実質を問うことが求められ，福祉サービス供給のあり方を問う政策研究が主流となる。この時期の地域福祉研究を「住民の主体形成と参加志向」の立場からリードしたのが大橋謙策である（大橋，2006a：11）。そして大橋は，地域福祉を次のように定義づけた（大橋，2006b：26）。「地域福祉とは，政治・行政制度の基礎単位である市町村を基盤にして，自立生活が困難な個人や家族が，地域において自立生活できるようネットワークをつくり，必要な在宅福祉サービスを総合的に提供すること」である。この理論の特徴は，地域住民個々人の生活の全体的把握に基づく，在宅福祉サービスを通しての提供者及び利用者としての住民の主体形成と地域福祉計画や地域福祉活動への参加，そして地域福祉サービスの展開にあたっての機能論を強調することにある。地域福祉を展開するにあたっての機能論的なレトリックとしては，①「全体性，主体性の尊重」，②「総合性の尊重」，③「身近性，交流性，社会性の尊重」，④「文化性，快適性の尊重」，⑤「協働性の尊重」があげられている。この時期の理論研究の成果が次の時代の地域福祉をさらに深化させていくことにつながっていく。

　そして，2000年6月の社会福祉法成立により，地域福祉は，ますます社会福祉の中核的な位置を占めるに至り，他領域からも学際的な研究領域として注視されるにいたっている。この時期から地域福祉は，第4段階のステージへと展開していくことになる。この時期の地域福祉研究の特徴は，少子高齢人口減少社会の進展が福祉国家の危機を孕みつつ，福祉国家再編の動きを伴いながら，地方自治体による公共政策のひとつの柱として政策レベルで地域福祉の主流化（武川，2006）が大きな潮流を形成したことである。とくに社会福祉法の中で，第107条に市町村地域福祉計画が，同108条に都道府県地域福祉支援計画がそれぞれ法定化されたことは画期的であった。[4]この段階の地域福祉研究は，地方分権化の潮流のもとで，計画策定と自治体の規模，行財政力，住民参加の成熟度，民間福祉活動の蓄積度，コミュニティの社会資源，伝統的・文化的基盤の様態

等に着目しつつ、参加と協働による地域福祉計画策定を通して地域再生あるいは活性化という目標をも、その視野に含めた地域福祉理論と実践の研究が求められている（野口，2006：53）。

また、この段階での地域福祉理論で特筆すべき研究は、第2段階から登場する右田紀久惠の自治型地域福祉論の研究である（右田，2005）。自治型地域福祉論の根幹は、従来までの地域福祉の構成要件に加えて、「自治」と「自治制」を地域福祉の規定要件とし、自治を内的規定要件、自治制を外的規制要件とに峻別するところにある。そして、右田の理論の特徴は、一方の「自治制」を外発的改革として「地方分権と参加」＝ガバナンス論（傍点筆者）に収斂させ、他方の「自治」を内発的発展として「地域分権」＝住民自治論（傍点筆者）に収束させることにあった。そして、両者を車の両輪の如く並列させ、「狭義の参加型地域福祉論をこえた地方自治と民主主義を基本とした地域福祉運営への課題」を提起している（右田，2005：3）。

2　実践科学としての地域福祉

これまで、地域福祉の概念化の作業がいくつかなされてきている。牧里毎治は、それらの概念を構造的にとらえようとするアプローチ論と機能的にとらえようとするアプローチ論とに分け、前者を構造的概念、後者を機能的概念として分類整理している。（牧里，1984：60-68）そこで、理解を速めるために、それら概念の代表的な立論とその研究者の位置を**図表5-2**に図示しておく。

構造的概念
地域福祉を、政策制度論的にとらえる考え方で、そのなかにはさらに、政策制度論的アプローチと運動論的アプローチの2つの流れをもつとしている。
① 政策制度論的アプローチ
このアプローチ法は、国家独占資本主義段階の政府が、資本蓄積に伴う貧困化として現れた生活問題に対応した地域福祉政策を規定するという考え方である。この立論を主張するのが、右田紀久惠と井岡勉である。このアプローチの要点は、経済社会条件に規定された住民の生活問題を対象課題とし、権利論・主体形成論を軸心に制度と技術を包み込んで、さらに発生の予防の範囲まで含

第5章 地域福祉を支える理論

図表5-2 構造的アプローチと機能的アプローチ

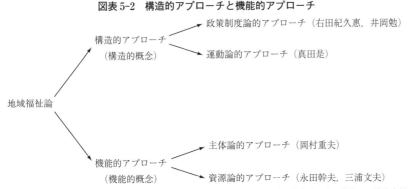

出所：牧里毎治（1984）「地域福祉の2つのアプローチ論」阿部志郎・右田紀久惠・永田幹夫・三浦文夫編『地域福祉教室』有斐閣，60-68頁より筆者作成。

めたものであるとしており，かなり包括的な概念である。そして，この理論の特徴は，これまでの地域福祉を政策制度と対応させつつ，生活問題への包括的対策として明確化したところにある。

② 運動論的アプローチ

このアプローチ法の特質は，地域福祉の対象構造を政策体系に基づく政策対象と本源的な対象の二重構造の存在としてとらえ，前者を後者に接近させる拮抗関係のなかに地域福祉の運動的性格を求めるところにある。このような地域福祉対象の二重構造と運動的要素の重視の立場を主張するのが真田是らの立場である。

③ 利点と難点

牧里によると，この構造的概念は，地域福祉を貧困・低所得者を主体にした生活問題に対応する政策・制度的対策とする点は理解しやすいが，地域福祉の機能的側面である在宅福祉サービスなどが見えづらいことを指摘している。

機能的概念

地域福祉を，社会的ニードを充足する社会サービスおよび社会資源の供給システムと考えるところにあるとされる。そして機能的概念のなかにも，2つの流れがあるとし，ひとつは主体論的アプローチ，もうひとつは資源論的アプローチである。

① 主体論的アプローチ

このアプローチ法は，地域社会で発生する生活諸困難を可能なかぎり，その地域福祉で解決をはかるという点に着目して，地域福祉を問題解決の機能体系とみなし，住民の主体的で組織的な問題解決プロセスを重視している。これは，岡村重夫によってまず先鞭がつけられた。

② 資源論的アプローチ

これは，主体論的アプローチに対して，福祉サービスを供給する側の立場から，福祉サービスや資源（マンパワーも含む）の具備状況としての地域性に着目し，なかでも在宅福祉サービスの供給システムを構想する立場の理論である。代表する論者には，三浦文夫，永田幹夫らがいる。もともとこの立場は，在宅福祉論の展開から出発しており，「ニード」概念を軸心に在宅福祉の体系化・理論的根拠づけの過程で，地域福祉論に拡大，発展したという経過をもつ。したがって，地域福祉の中核に在宅福祉サービスをすえた機能的概念となっている。

③ 利点と難点

この概念は，住民の共同性や地域の主体性に依拠する理論と，福祉ニーズに対応する社会資源としての在宅福祉サービスをいかにして地域に配置・整備するかというシステム論であって，地域福祉を具体的にイメージしやすいが，対象と政策，対象と運動，運動と政策という地域福祉の構造的側面が欠落しているところが難点である。

地域福祉研究の特性

地域福祉は，すぐれて実践科学であり，かつ推進方法や技術を駆使した応用科学でもある。そして今日では政策科学への期待も大きい。これまでの地域福祉研究においては，理論・政策・実践・技術がどちらかというと個別にとりあげられるか，あるいはそのうちの領域を「と」で結ぶものが多かったように思われる。そこで，岩田正美監修の「リーディングス　日本の社会福祉」の第6巻において，これまでの地域福祉研究の系譜を野口定久・平野隆之編著『地域福祉』（日本図書センター，2010）にまとめた。この巻では，地域福祉研究の4つの領域（第1部「理論と思想」，第2部「実践と方法」，第3部「運営と政策」，第4部「系譜」）を包摂するバランスの取れた研究方法論として体系的に把握する

第5章 地域福祉を支える理論

図表 5-3　地域福祉研究の特性

輸入用語の適用	実践的研究	体系性の意識化	社会福祉との相対化
三浦文夫 対人福祉サービス (1978)	阿部志郎 コミュニティケア (1986)	岡村重夫 研究課題の回顧 (1988)	右田紀久恵 規定要件 (1993)
田端光美 日英比較 (1986)	重田信一 アドミニストレーション (1971)	牧里毎治 地域福祉研究 (1983)	大橋謙策 ソーシャルワーク理論 (2005)
永岡正己 戦前の歩み (1987)	井岡　勉 社会福祉協議会 (1991)	柴田謙治 貧困と地域再生 (2008)	武川正吾 主流化 (2008)
濱野一郎 小地域活動 (1986)	和気康太 地域福祉計画・評価 (2007)	平野隆之 推進研究 (2007)	宮城　孝 民間非営利組織 (1998)
前田大作 方法論 (1979)		野口定久 地域福祉の体系 (2008)	野口定久 東アジア福祉社会開発 (2005)
定藤丈弘 実践モデル (1989)			

出所：岩田正美監修，野口定久・平野隆之編著（2011）『地域福祉（リーディングス日本の社会福祉6）』日本図書センター，9頁。

道筋を示すことに努めた（**図表 5-3**）。

　本巻は，19本の論文で構成されており，その編集に当たっては，縦軸（論文の発表時期と研究課題，研究方法論）及び横軸（研究領域の体系）の配置を試みた。もちろん本巻掲載の論文の背後には，膨大な数の論文の蓄積がある。これらの研究蓄積の中から19本に絞りこみ，また関連する論文の精読作業を通して，地域福祉研究の系譜のなかでの位置づけと配置にこだわった。本巻構成のねらいは，①「地域福祉研究の系統だった学び」，②「日本特有の概念形成と輸入用語」，③「政策制度研究と実践技術研究の融合」，④「地域福祉研究の今後の課題――研究方法に引き寄せて」に代表される。その上で，本巻の特徴を次のようにまとめてみた。第1の特徴は，コミュニティケアと地域組織化活動の媒体

項としてサービス論の位置づけ。第2は，社会福祉協議会をコミュニティ，ケア，地域組織化活動，在宅福祉サービスの中での再評価。第3は，研究方法論として現場でのフィールドワーク手法（事例研究法，参与観察等）。第4は，研究系譜を踏まえた体系化。第5は，社会福祉研究の成果や制度としての社会福祉の課題との相対化。第6は，地域福祉政策や計画の新たな公共の「場」としてのローカル・ガバナンスを地域福祉の主流化。第7は，地域福祉の政策と実践，あるいは援助技術の統合の媒介項としてのコミュニティ・ソーシャルワーク研究。第8は，参与観察のための研究方法の「研究開発」領域としての地域福祉計画。第9は，東アジアに対して日本の地域福祉の固有概念の発信及び国際比較研究論の開発，などを挙げることができる。[5]

　戦後，地域福祉研究の本格化の第1期は，1970年代で，わが国の代表的な地域福祉研究者が理論化の先鞭をきった時期である。この時期は，またイギリスのコミュニティケアがわが国に影響を及ぼし始めたときでもある。とくにシーボーム報告（1968年）は，自治体や都道府県社会福祉協議会の報告書に，地域福祉やコミュニティケアという「目的概念」を明示する上で，大きな影響を与えた。第2期は1980年代で，その初頭には，地域福祉の代表的研究者の見解も出揃ったこともあり，それらの理論や考え方を構成要件から析出する研究がはじまった。第3期の1990年代になると，1989年のゴールドプランから1990年の社会福祉関係8法の改正によって，全国の自治体を中心に在宅福祉サービスの整備，地方分権化の進展，福祉サービス供給主体の多元化など，在宅福祉を中心にすえた地域福祉の基盤整備が実質化してくる。地域福祉研究は，福祉改革の実質を問うことが求められ，福祉サービス供給のあり方を問う政策研究が主流となる。

　2000年の社会福祉法成立により，地域福祉は，ますます社会福祉の中核的な位置を占めるに至り，他領域からも学際的な研究領域として注視されるにいたっている。この時期から地域福祉は，第4期のステージへと展開していくことになる。この時期の地域福祉研究の特徴は，①少子高齢人口減少社会の進展が福祉国家の危機を孕みつつ，②グローバル化と福祉国家再編の動きを伴いながら，地方自治体による地域福祉政策研究が大きな潮流を形成し，③地域福祉推進研究，地域再生と東アジア地域福祉研究へと発展していく方向を視野に含んでいる。そして，今日の地域福祉は，グローバル化と地方分権化のなかでの少

子高齢社会，地域格差の拡大，介護問題や子育て支援，ホームレス等の社会的排除や虐待・暴力という新たなリスク（社会問題）との闘いであるといってもよいであろう。これからの地域福祉研究に求められているのは，コミュニティや家族，中間組織・施設と自治体の施策や公共サービスなど，「何人をも排除」しない地域社会におけるセーフティネットの構築，その解決・支援プログラムの開発，そしてそれらを担っていく地域福祉人材の養成と確かな技術の体系そのものなのである。

　私見であるが，これからの地域福祉の目標は次の5つに設定されよう。①福祉コミュニティの実現（安全・安心居住の街と伝統文化の融合し，高齢者や障害のある人等が安全に安心して住み続けられる家庭と地域社会を構築する），②近隣での支え合いを含めた地域包括ケアシステムの展開（中学校区に介護予防を含めた地域包括ケアシステムを構築する），③健康福祉の推進（高齢期も健康で生きがいをもって自立・充実した生活と人生を過ごせる地域社会を形成する），④ソーシャル・キャピタルの蓄積[6]（住民の社会参加を進め，人々の精神的な絆を強め，犯罪を減らし，コミュニティの生活の質を改善する），⑤新たな公共による協働経営と運営システムの定着（地域資源を最大限に活用し，地域経済の発展を促す）などが当面の目標にかかげられることになる。

　日本の社会経済は，2013年までの円高・デフレ不況から円安・株高基調の中で，いまだ，その出口（たとえば，景気回復や社会保障・社会福祉のセーフティネットの再構築等）を模索して迷走している。社会福祉の領域では，雇用情勢の悪化による雇用不安やホームレス問題，自殺者の継続的な増加，外国人の雇用問題や生活問題が社会問題化し，高齢者虐待や若者の犯罪等も増加し続けており，あらゆる生活面での，とくに人間と社会の安全網（セーフティネット）の綻びが顕著になっている。地域福祉は，公の領域の縮小（主として地域経済の縮小により公が後退せざるをえない）と家族・地域社会の機能の減退（家族や地域で担おうにも担う力が弱まっている）という状況において，社会的に不利な条件の中で生きている人たちの「セーフティネット」を敷設し，それを「新しい公共」（NPO活動），「地域主権」（住民主体）で推進することが求められる。

　最後に，筆者の関心からこれからの地域福祉の視点を取り上げてみる。第1は，「グローバル化の中の地域福祉」という立ち位置から「コミュニティ・レベルからの出発」のベクトルを基本に据える視点である。これは，「コミュニ

ティ→福祉国家→グローバリゼーション」と読み替えることもできる。第2は，「事後から事前へ——地域福祉の意味」を問い，これまでの事後的な再分配だけでなく，雇用の場の確保等事前的な分配，地域での福祉サービスのデリバリー・システムと地域包括ケアシステムの構築という考え方である。第3は，コミュニティの「資源（ストック）」と社会保障・社会福祉の現物給付（フロー）の融合という視点である。

地域福祉の二分法を越えて

先に見た，牧里の構造論と機能論による二分法分析は，1980年代までの社会経済状況下における地域福祉の理論研究に大きな役割を果たしたといえよう。しかし，1990年以降，世界や日本の置かれている社会経済状況の変動のもとでの地域福祉の枠組みは，到底この二分法では包摂できない限界がある。そして，現代の地域福祉の理論を組み込んだ枠組みを提示したのが，岡本栄一の分析方法である。（岡本，1997：9-19）

岡本は，1980年代までの地域福祉の諸理論と1990年代以降の新しい問題状況に対応する地域福祉理論，たとえば「在宅福祉型地域福祉」，「自治型地域福祉」というような立論を取り入れた理論枠組みを考案した。これが，「地域福祉の4つの志向軸」論である。

その方法は，これまでの地域福祉論の構成要素や諸概念を抽出して，①コミュニティ重視志向軸，②政策制度志向軸，③在宅福祉志向軸，④住民の主体形成と参加志向軸の4つの枠組みをつくり，それぞれに関連するキーワードを当てはめている（**図表5-4**）。

この分析法の特徴は2つあり，ひとつは「地域福祉の実践方法と技術」と「4つの志向軸」との関連性をとらえようとしたこと，2つには4つの志向軸間を連携要素で結びつけていること，にある。たとえば，①と②は，福祉コミュニティと地方分権化，①と④は，ノーマライゼーションと福祉教育というように，それぞれの志向軸をシンボライズさせている点である。

図表5-4 地域福祉論の4つの志向軸

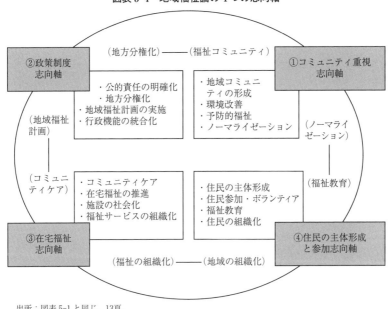

出所：図表5-1と同じ，13頁。

3 これからの地域福祉研究の潮流と課題

地域福祉の志向軸と研究課題

これまでに検討してきた地域福祉の概念や構成要件の発展過程とその分析枠組みの経緯を参考にしつつ，ここでは，当面する21世紀初頭の地域福祉理論研究の諸課題を，岡本の4つの志向軸に当てはめてみることにしよう。もちろん，4つの志向軸が相互に関連しあっており，また理論研究と実践研究も区別されるものではなく，相互に影響しあいながら発展させていくものであることはいうまでもない。

（1） コミュニティ重視志向の研究課題

○現代社会における地域社会と家族への政策的研究

いま，地域社会や家族で何が起きているのか。社会経済情勢の激変のなかで，社会福祉のパラダイム（実践的・理論的枠組み）転換を迫っている現実の問題

を一人ひとりの基本的人権の問題，家族の問題，地域社会の問題として具体的に分析する必要がある。

○グローバル化とローカル化の中での地域福祉

現代社会の新たな潮流を鳥瞰すると，少子高齢社会の進展，高度情報通信社会の到来，グローバリゼーションの進展とローカリティの視点，地球環境問題の広がり，生活重視と自由時間の増大，安全神話の崩壊，地方分権の推進などが想定できる。こうした社会福祉を取り巻く環境の変化の中で，地域福祉をどう位置づけるか。

○現代の福祉問題と福祉コミュニティの創生

新しい福祉問題としての社会的排除・差別と社会的孤立・孤独の問題群に対する地域福祉の理論と実践研究の必要性，さらには，ソーシャル・インクルージョン（すべての人を包み込む社会）を可能とする福祉コミュニティの創生。

○居住福祉のまちづくり

在宅福祉へのシフトが強調される中で，生活の基盤，健康・発達・福祉の基礎である居住福祉のまちづくりをめざした実践的研究。

（2）政策制度志向の研究課題

○東アジア社会福祉政策制度比較研究

エスピン-アンデルセンの伝統的な福祉国家類型論から脱し，東アジア域内（日本・中国・韓国・台湾）の地域コミュニティを基盤とした地域福祉及び介護システムの方法論を確認しあいながら，それぞれの社会福祉制度・政策の発展と持続可能な福祉社会の発展にむけて有効な比較研究法を開発する。

○新しい社会福祉サービスの運営・管理

欧米とわが国の社会福祉政策・改革論の比較研究のなかで，今日地方自治体レベルで進展する在宅福祉サービス供給の民間委託化や社会福祉サービスの契約制の導入とその問題点を考察する。

○基礎自治体における福祉政策・実践・サービスの評価研究

基礎自治体の介護保険制度の政策評価をめざして，基礎自治体における社会サービスの広域対応型と単独対応型の効果比較分析を行い，それぞれの地域性に即した社会サービス提供システムと地域福祉の実践マネジメントの方法を開発する。

○新しい公共による地域福祉のガバナンス研究

全国的な地域間格差や自治体内のサービスアクセスの地域間格差の是正に求められるのが地域福祉計画である。地域福祉計画は，地域社会の希少資源を有効に活用しながら「豊かな公共」を創造して，公共性の構成要件である「公正」と「効率」を積極的に両立させる具体的な方策を開発する。
　（3）　在宅福祉志向の研究課題
○在宅ケアと介護環境に関する調査研究
　今日，地域社会において介護問題が顕在化してきている状況の中で，介護老人の個別援助はもちろん，その家族を支える援助体制をどう整備していくのか。個人あるいはその家族が抱える保健医療福祉ニーズの発生のメカニズムを介護環境のエコシステムを通して解明。
○ソーシャルケア・サービスおよび地域包括ケアシステムの開発研究
　小地域，地方自治体及び広域圏におけるソーシャルケア・サービスの開発と地域包括ケアシステムの構築に着目した調査研究。
○コミュニティ・ソーシャルワークと人材養成
　要援護者や予防的支援者などの一人ひとりの生活問題を解決するために，従来の社会福祉援助技術体系としての，ケースワーク，グループワーク，コミュニティワークの3分類から個人と地域の生活問題・福祉問題を解決していくコミュニティ・ソーシャルワークという統合的な体系への転換と保健医療福祉のネットワーク人材の養成。
　（4）　住民の主体形成と参加志向の研究課題
○地域福祉計画策定過程への住民参加
　地域福祉計画の策定プロセスへの住民参加の段階論とその手法に関する研究。意思を表明しにくい当事者ニーズの代弁はどうすれば可能か。
○ボランティア，NPOの主体形成
　地域社会の中で，市場経済を担う民間企業者と擬似市場を主として担う人々や組織などの新たな協働性と公私分担論の研究。
○現代の福祉問題と地域福祉実践
　新しい福祉問題としての社会的排除・差別と社会的孤立・孤独の問題群に立ちすくむ地域住民と当事者とのコンフリクト体験による住民の主体形成に関する実証的研究。

地域福祉志向軸（岡本理論）の発展

　これらの4つの志向軸を筆者なりにさらに分節すると，これからの地域福祉研究の方向は，2つのレベルに分類することができる。ひとつは，地域福祉の価値や思想に関する理論研究，地域福祉のサービス供給や福祉問題の解決に向けた政策研究，地域福祉の現場で生起する福祉問題の事象に対する対象研究である。

　もうひとつは，地域福祉の資源（リソース）に関する研究領域である。それは，地域福祉が展開される「場」であり，地域福祉を担う「人材」であり，そして地域福祉を推進する「技術」である。そして重要なことは，前者と後者のつないでいく研究方法論の開発が求められているわけであるが，それらをどこに収斂させるかという命題が横たわっている。それは，福祉問題が発生する現場実践の「場」（コミュニティ，メゾ境域，地域福祉施設などのフィールド）に収斂させて，そこからそれぞれの要素を組み立てなおしてはどうだろうか。というのが筆者の考え方である。

　地域福祉研究のひとつの到達点を提示した岡本は，4つの志向軸をベースに，自らの福祉実践を「研究視点で仕事をすること」に努め，その経験を大学教育においては思考レベルに止揚した。そして3つの思考法を提示している。要約すると，①抽象の度合いと「理解」（（抽象化した"葉っぱ"の部分だけを見るのではなく，言葉が成り立っている幹や根っこの現実がわかること）である，②分けること，図表化する（理解を促進するが，他方思考の概念化を妨げる面もある）ことである。③思考を練る場（欧陽修曰く，馬上・枕上・厠上の三上）の他に，「散歩」を進めている。

地域福祉研究の新しい潮流
（1）　空間としての福祉コミュニティの創出

　ひとつは，空間としての福祉コミュニティ創出の視点である。これまで，社会福祉の資源供給は，主として「国民国家」，「市民社会」，「家族」の3要素で提供されていた。それが近年では，「家族」が個人化し，家族構成員個々の問題を家族・世帯として受け止めきれず，問題が社会化する傾向が強まってきた。たとえば高齢者の介護問題，子育て問題，家庭内の虐待や暴力問題等である。こうした家庭内から外部化してくる諸問題は，これまで主として，問題の性格

によって「国民国家（中央政府）」や「市民社会（市場）」がそれぞれ対応してきたが，今日ではそれぞれの供給システムに破綻が見え出している。そこで，再登場してきたのがメゾ領域としての「地域コミュニティ」である。

現代の地域社会は，共同性の衰退，社会的排除・差別と社会的孤立・孤独の問題群の登場，住民間の摩擦（コンフリクト）等の福祉問題の生成と解決の場として不安と期待の中に置かれている。いくつかの地域では，これらの状況に対し，地域コミュニティ再生の取り組みが始まっている。

第1に，家族の生活上の安定を取り戻すことである。まずは雇用や所得の安定をはかることである。次に家庭内での精神的な絆を強め，個々人の人間力（困難やリスクを克服する個の力，弱い人を思いやる心，社会性を身につけた個人等）を高めること，そして家族内，近隣，地域社会への信頼を高め，地域社会とのつながりや参加を促進することである。その多くの取り組みは，これまで地域に蓄積されてきた技術，人材，文化，伝統，自然，産業集積等の特色あるコミュニティ資源を内発的に活用・開発して，地域内から新たな動きをつくり出していることである。地域の人・まち・文化を生かして，安全で安心して住み続けられる地域コミュニティの再生は，新たな地域福祉の基礎となる課題である。

第2は，マクロからの公共政策の視点である。ひとつは，国民国家によるナショナル・ミニマム，社会保障・社会福祉のセーフティネットの基盤形成である。ソーシャル・セーフティネットとは，個人や家計の予想できないリスクへの対応のための社会政策プログラムを意味する。たとえば，死亡，病気，交通事故，火災，地震，失業，貧困，倒産等不幸な出来事に備えるための社会政策ということができる。雇用リスクには雇用保険が，健康上のリスクには医療保険などが対応する。社会保険型の運用（雇用者や被雇用者によって支払われる）では，その財源は基本的に保険料で賄うので，政府部門が肥大化するおそれがない。その意味では，市場主義にコンシステント（consistent：調和のとれた）なプログラムであり，マクロ的危機に有効である。

他方，自由主義国の公共政策，とくに社会保障費は，市場メカニズムの不備による所得分布の不平等や構造的な貧困問題に対処するための政府の最も重要な支出である。しかし，政府による社会保障費の拡大は，経済発展の過程では計画経済が効果的に機能するともいえるが，現代社会では，あくまでも政府の

役割を実務的に考えるほうが妥当である。たとえば，生活保護などの救貧プログラム，奨学金や住宅制度・食料補助などの福利プログラムはこうした社会福祉政策の代表的なプログラム，確実にやってくる高齢化リスクにかかわる年金プログラム，ケアプログラムで，長期構造的危機に有効である。こうしたプログラムの多くは，社会保険方式だけでなく，しばしば税方式で運営され，それゆえ政府活動の拡大を伴うおそれがある。

（2） 市民社会による役割と参加の場の創出

国民国家と市民社会は，地方分権化のなかで，相対的に緊張と契約の関係形成の状況にあり，両セクターによる福祉サービス等の供給資源の多元的協働的提供が求められている。その際に，社会福祉法人（社会福祉施設や社会福祉協議会）の位置づけが新たな課題として浮上している。つまり，社会福祉施設や社会福祉協議会の経営や運営の新たな理論化と具体的な運営方法の開発が求められている。

そこで注目されるのが，メゾ（中間的）領域としての基礎自治体の団体自治と小学校区や集落の住民自治組織の存在である。今日の社会状況では，家族それ自体の力でこれらのリスクを克服することは難しい。国民国家は，ナショナル・ミニマムや社会的セーフティネットの維持が財政的に困難な状態に陥っている。また市民社会は，市場経済の景気浮動に影響されやすく，とくに中山間地域には市場活動が展開されにくいという難点がつきまとう。

そのためNPOやボランティア活動などの市民的互酬（個人あるいは集団間で，贈与を受けた側が与えた側に何らかの返礼をすることによって，相互関係が持続されること。たとえば住民同士のお互い様の関係を金品の返礼で現わしたもの）・連帯による市民（住民）活動が重要となる。これらの新たな公共活動が住民の地縁組織と結合することによって，より豊かな地域社会が形成される。

（3） 地域間格差の是正

地域格差が徐々に拡がっている。東京都心が再開発ラッシュに沸く一方，地方都市の駅前商店街は，その多くが「シャッター通り」と化している。景気回復の兆しが見えてきたが，地方にはまだ出口が見えない不況に加え，郊外に相次いで建設された大規模小売店舗に客を奪われてきた。政府による財政再建策としての公共投資および住宅投資の2014年度予算案の伸び率は，両方とも－4.2％，－6.9％と減少している。これは，近年の事業規模縮小や人手不足が

響き公共事業の下支え効果は限定的であることを示している(『日本経済新聞』2013年12月25日)。

2011 (平成23) 年5月並びに2013 (平成25) 年に交付された地方分権改革に係わる一括法案をもって地方分権改革の論議はひと段落したが、地方にはそのゆとりと豊かさは実感できていない。さらに、中山間地域の集落の人口流出が止まらない。そのためには、国と自治体の役割を抜本的に見直すと同時に、国民が身近に感じる自治体を主体的に運営し、その自治体主導で国の政策を決定するようなしくみづくりが必要である。地方分権改革によって、日本国民が「歴史の曲がり角」ともいうべき時代の画期に、日本社会全体の目標を成長優先から生活重視への転換が図られなければならない。

(4) お互い様のシステム化

持続可能な地域コミュニティを形成するための地域福祉活動の特徴は、従来相容れなかった伝統的な地縁組織とNPO等の市民・住民活動の接点をつくり出すことである。その結節は、地域が抱える日常的な必要であり、福祉や介護の需要ニーズである。そのためには、地域の地縁組織の社会統合とNPOやボランティア活動の社会連帯が連携・融合して新たなソーシャル・キャピタル(以下、SC)の形成への循環を意識的につくり出さなければならない。これらの動きは、「互酬の制度化」、あるいは「お互い様のシステム化」といい換えることができる。このことは、農耕社会で普及した結(ゆい)、講(こう)のような伝統的な互酬のしくみを、新たな市民活動やNPOに結合させ、地域の自然や伝統文化などの資源と新たな市場を結びつけ、現代的な市場経済の中でも機能するように制度化していく試みであるといえる。

集落住民へのヒアリング調査で知ることができた、ひとつの事例を紹介しよう。今回の調査のために、集落の公民館に祖母と母親と幼児たちが集まった。そこでは、祖母や母親が個別に介護や子育てを担っており、お互いに話し合う場がないことがわかった。また、集落の地縁組織では町内会や神社の共同作業などの日常的な活動が当たり前のように継続されている。この地縁組織による日常の紐帯活動と介護や子育ての新しい互酬活動が、公民館という「場」を中心に結節することによって、新たなSCが創出されるのではないか。これがSCを応用した「互酬の制度化」への仕掛けである。

注

(1) スタグフレーション：物価上昇と景気低迷が併存する状態のことをさす。現在の日本経済は，円安にもかかわらず外需低迷や輸出競争力の不足から輸出が伸びなければ，インフレという目標を達成できても経済が好転しないというリスクを抱えている。物価上昇がどのようにして実体経済の成長に結びつくのか，政府は明確に説明できていない。

(2) 『福祉社会学事典』（弘文堂，1999年）では，福祉社会を「福祉」と「社会」から成る合成語であと意味づけた上で，①福祉コンシャスな社会；社会を構成する諸個人や諸問題が福祉的であることを意味する），②社会による福祉；人々の福祉の実現に対して社会の側が一定の責任を持った社会）としてとらえることができる（武川正吾：858）。また福祉社会学としては，生活問題の予防・解決をめざす社会的営為としての社会福祉や社会保障を研究対象とする連字符社会学の一分野と定義している（藤村正之：862）。

(3) 代表的な研究として3点紹介しておく。①岡本栄一（1997）「地域福祉研究の動向と課題」日本地域福祉学会編集『地域福祉事典』中央法規出版。②岡本栄一（2001）「地域福祉の考え方の発展」福祉士養成講座編集委員会編『新版　地域福祉論』中央法規出版。③岡本栄一（2015）「日本における地域福祉とボランティア活動の研究」『社会福祉研究（第123号）』鉄道弘済会。

(4) 社会福祉法に地域福祉計画の策定が法定化されたことは，地域福祉計画が総合性・包括性，社会政策の計画化，参画と協働，地域性の重視といったことをキーワードにしており，地方自治体の財政難が強調される中で，とくに少子高齢社会への対応，増大する福祉需要への対応，保健医療福祉サービスのトータルケアシステムの確立，在宅福祉と施設福祉の統合化，介護保険制度の事業計画の策定作業等への実践的・政策的課題への取り組みが行政の重点課題としてとりあげられることを意味している。

(5) 岩田正美監修／野口定久・平野隆之編著（2011）『地域福祉（リーディングス日本の社会福祉6）』日本図書センター，を参照されたい。平野隆之が著した「序論」が本巻全体の理解の道標になる。

(6) ソーシャル・キャピタルは，別名「見えざる資本」と呼ばれている。「見えざる資本」とは，信頼，相互扶助などコミュニティのネットワークを形成し，そこで生活する人々の精神的な絆を強めるようなものを意味する。例えば，住民の非営利組織への積極的な参加，活発な寄付・ボランティア活動等は，ソーシャル・キャピタルを豊かにする重要な要素である。そして，豊かなソーシャル・キャピタルが形成されている地域では，犯罪や児童虐待を減らし，高齢者や障害者の生活の質を改善し，少子化を防ぎ，さらに地域経済の成長を促すという調査結果も示されている（内閣府国民生活局編（2003）『ソーシャル・キャピタル——豊か

な人間関係と市民活動の好循環を求めて』)。

引用・参考文献

阿部志郎 (1980)「今日の社会福祉の諸問題」『ソーシャルワーク研究15 (4)』。
井岡勉 (1973)『社会福祉の基礎知識』有斐閣。
右田紀久惠 (1973)「地域福祉の本質」住谷磐・右田紀久惠編『現代の地域福祉』法律文化社。
右田紀久惠 (2005)『自治型地域福祉の理論』ミネルヴァ書房。
大橋謙策 (2006a)「地域福祉の主体形成と地域福祉計画」日本地域福祉学会編『新版地域福祉事典』中央法規出版。
大橋謙策 (2006b)「地域福祉理論の系譜」日本地域福祉学会編『新版地域福祉事典』中央法規出版。
岡村重夫 (1974)『地域福祉論』光生館。
岡本栄一 (1997)「地域福祉研究の動向と課題」日本地域福祉学会編集『地域福祉事典』中央法規出版。
岡本栄一 (2015)「日本における地域福祉とボランティア活動の研究」『社会福祉研究　第123号』鉄道弘済会。
小倉襄二・小松源助・高島進編 (1973)『社会福祉の基礎知識』有斐閣。
鈴木五郎 (1983)『増補　地域福祉の展開と方法——地域福祉活動実践の手引き』筒井書房。
武川正吾 (1999)『社会政策のなかの現代』東京大学出版会。
武川正吾 (2006)『地域福祉の主流化』法律文化社。
田端光美 (1997)「地域福祉の構成要件」日本地域福祉学会編『地域福祉事典』中央法規出版。
野口定久 (2006)「東アジア福祉社会の形成基盤——日本の地域福祉と韓国の参与福祉」野口定久編『福祉国家の形成・再編と社会福祉政策』中央法規出版。
野口定久 (2007)「地域福祉の新たな展開と協働の経営・運営」宮城孝編『地域福祉と民間非営利セクター』中央法規出版。
前田大作 (1976)「地域福祉の概念とその推進方策」『現代社会福祉学』八千代出版。
牧里毎治 (1984)「地域福祉の2つのアプローチ論」阿部志郎・右田紀久惠・永田幹夫・三浦文夫編『地域福祉教室』有斐閣。
三浦文夫 (1977)「公私の役割と参加の展開」『地域福祉論』全国社会福祉協議会社会福祉研修センター。

第Ⅱ部

地域福祉の計画と実践

第6章

経済・社会計画から地域福祉計画へ

1 戦後日本における経済・社会計画の動向

経済計画から社会計画へ（1950年代～70年代）

　国家的な経済に関する計画は，戦争遂行のための物資の需給統制を中心とする兵站物動計画が戦前にあったが，今日のような経済計画がつくられるようになったのは戦後である。戦後数多くの経済計画がつくられてきたが，計画の目的からみれば，①占領初期の計画（目標：生活水準の復興・1948年まで），②アメリカの対日政策転換から日米経済協力開始期（目標：自立経済達成・1954年まで），③国家独占資本主義再構築による高度経済成長期の計画（目標：経済自立，完全雇用・1955年以降）に分けることができる。[1]

　戦後日本資本主義は，1955年から高度経済成長に突入した。鉱工業生産が戦前水準に達したことで，「もはや戦後ではない」（『1955年度 経済白書』）といわれ，政府が公式に発表した最初の計画が「経済自立5カ年計画」（1955年）で，続いて2年後には，「新長期経済計画」を発表し，資本の世界的自由化のなかで経済的進出をはかるため，金融・財政機構をつうじ，重厚長大型の産業基盤の整備を軸にした高度成長の実現が中心課題となった。「国民所得倍増計画」（1960年），その典型的なものである。しかし高度成長政策の推進は，物価騰貴，国際収支の悪化，地域間や所得格差の拡大など，多くの歪みをもたらした。

　これらの歪み是正のため「中期経済計画」（1965年）がつくられ，それ以後の計画では，社会的側面を重視した「経済社会発展計画」（1967年），「新経済発展計画」（1970年），「経済社会基本計画」（1972年）と計画の期間も2～3年という矢継ぎ早に出されている。この期間の特徴は「経済社会」と称して，「均衡のとれた経済社会への発展，国民福祉の充実と国際協調の推進の同時達

成」を目標に掲げ，安定成長をめざすことになった。しかし，その内容は公共事業投資中心の高度経済成長志向型の計画であることには変わりなく，この間，国土総合開発法に基づく産業基盤整備を目途とした全国総合開発計画（1962年），新全国総合開発計画（1969年），第三次全国総合開発計画（1977年）や道路整備計画などの地域開発ブームが生じた。その結果，日本列島のいたるところで公害や環境破壊をもたらすことになった。こうした経済計画で生じた社会のひずみを是正するために社会計画との調整が必要となったといえよう。

1970年代から不況期にはいり，1973年に起こったオイルショックは「昭和元禄」と謳われた高度経済成長に幕を引いたばかりでなく，それまでの重化学工業化を主軸とした大規模工業開発の反省も迫ることになった。したがって，この時期には，「経済の安定的発展と同時に充実した国民生活の実現，国際経済社会発展への貢献」を目標に据えた「昭和50年代前期経済計画——安定した社会を目指して」（1976年），「新経済社会7ヵ年計画」（1979年）が出され，国民の目を質的な充足へと向けさせることになった。

社会計画と地域開発

ウェッブ夫妻（Webb, S. and Webb, B.）は，その著『社会調査の方法』（Method of Social Study, 1932）のなかで，社会計画と社会制度の関連について，次のように述べている（ウェッブ，S. & ウェッブ，B. 1982：22）。

「近代的な社会制度を考えてみると，それらの大部分は，自らはその本性に無関係な，あらかじめ定められた一般的な理想あるいは目的を特定の空間内でより効率的に実現するために，意識的に，熟練されて採用された工夫ないし手段たる性格をもっていることがわかる。このようにして目的は背景にしりぞき，人びとの心は用いられる機構の完全性に集中する。この種類に属する社会制度の唯一の目標は効率であり，また効率こそ最終的な基準である」

すなわち計画とは，所与の目的の達成にたいして，最適な技術的・組織的手段を選択し，偶然的・恣意的・非合理的な諸要因を，最大限排除していくことなのである。

いずれの社会体制にかかわらず，計画化の方向性がみられることは，近代社会以降の合理化過程の一環とみることができる。ウェーバー（Weber, M.）やマンハイム（Mannheim, K.）が予期した現代社会における2つの合理性の乖

離を埋め合わせていく過程こそが，現代の混迷した「計画化社会」を生み出したといえる。近代社会において，家族計画や公衆衛生の計画化が不可欠であるのと全く同様に，国民の経済生活，教育，地域等など，社会生活のあらゆる分野で，計画化の趨勢は不可避である。『新社会学辞典』（森岡他，1993）によれば，社会計画とは，「経験的知識に基づき，方法自覚的で合理的に目標設定ならびに手段選択を行い，社会システムの維持・変革を意図的・長期的に制御していく行為であり，"計画化された社会変動"といえる。

　社会計画は，具体的にはその制御の水準や範囲により分類されるが，範囲に着目した場合，全体計画，部門計画に分けられ，後者はさらに，経済計画，人口計画・教育文化計画・社会福祉計画，地域開発計画・都市計画・環境計画など分野別に細分化される」（森岡他，1993：607-608）との定義づけがなされた。社会計画の責任主体は，一般的には中央政府や地方自治体などの行政体であるが，計画の価値や理念，意思決定の手続き，知識および策定の技術面などの限界から，策定段階における多様な行為主体との相互作用，とりわけ住民運動や住民参加との行為連関のあり方が注目されている（野口，2006：360-361）。

地域開発と日本型福祉社会（1980年代）

　1985年（プラザ合意）以降，急激な円高がおこり，今度は「軽薄短小」型の産業基盤優先政策がとられた。この間の経済社会計画は，中曽根内閣による「1980年代経済社会の展望と指針」(1983年)，竹下内閣による「世界とともに生きる日本──経済運営5カ年計画」(1988年)が出され，活力ある経済社会を基盤にした国際社会への「貢献」が謳われ，国民生活の質的向上は後退していった。そして80年代後半の空前の「バブル」景気による未曾有の好況となった。その勢いで，政府は「生活大国5カ年計画」(1992年)を策定し，従来の計画とは性格を異にした本格的な「社会計画」の発表をおこなった。この計画の特質は，①個人の尊重，②生活者・消費者の重視，③特色ある高い生活空間の実現を掲げたことである。しかし，一転「バブル」が弾け，今も不況の中にあり，生活大国への海路は，かなり難航している。日本経済にとっては，1990年代の「失われた10年」の長いデフレ不況の時代に突入することになる。

　わが国において経済計画から経済社会計画への展開においてとりあげられた諸課題のうち，社会福祉および地域コミュニティとの関わりにおいて指摘して

おきたい重要なことは,「地域開発」と「日本型福祉社会論」である。

わが国の地域開発をめぐる地域政策の動向を概観することは,地域福祉およびコニュニティワークの実態を踏まえた概念を明確にするために欠かすことのできない前提作業である。地域政策の使われ方には二通りあり,ひとつは,中央集権的性格の強いわが国の行政のなかで政策主体の地域性を意味するもので,時期的には1970年代まで,この性格が強く打ち出されていた。もうひとつは,地域の変化を推進しようとする政策内容の地域性を意味するもので,近年(1980年代以降)の地方分権化や市町村重視の福祉政策動向にみることができる。

前者の地域政策は,所得倍増計画によって積極的に高度経済成長を推進し,重化学工業化を中心とした産業構造の再編をめざし,太平洋ベルト地帯構想や「全国総合開発計画」(一全総)にみられる地域開発からはじまる。経済開発優先の地域開発方式に行き詰まりをみせた1960年代半ばに,政府の地域対策として打ち出された社会開発によって輪郭が与えられることになる,いわゆる「福祉見直し論」から「日本型福祉社会論」につながる側面の,ごく主要な点について概観してみる。

1973年秋のオイルショックにはじまる経済危機は,政府や財界の地域政策をこれまでになくラディカルに推し進める契機となった。経済成長の減速化,国・地方自治体にわたる財政危機が直接の誘因となってにわかに登場した,いわゆる「福祉見直し論」がそれである。それらの内容は多くが,たとえば,①財政負担を伴う福祉需要をスクリーニングし,公的負担によってなされる福祉の範囲を,市場メカニズムでは自らを賄うことのできない層に限定する。②今後の施策の取捨選択を行う。③受益者負担制度の導入をはかる。④中央と地方の分担関係の再検討を行う。⑤自己責任ならびに相互扶助を強調する,など徹底した財政合理化の視点に立っていた(「今後の老齢化社会に対応すべき社会保障のあり方について」社会保障制度審議会,1975)。

「福祉見直し論」は,オイルショックによる財政危機が直接のひきがねとなって噴出したものであるが,その根底には高度経済成長期を通じて累積された生活問題の深刻化と住民運動の激化,それに対する政府・財界の対応方針が貫かれている。

社会福祉にかかわるこのような動向は,その後,確実に国家の政策として定着するに至った。1977年に策定された「第三次全国総合開発計画」(三全総)

は,「福祉型」の開発を装いながら「新全国総合開発計画」(新全総, 1969年)の巨大プロジェクトを引き継ぐものであった。三全総の中心は, 大都市への人口と産業の集中を抑制し, 地方を振興し, 過密過疎問題に対処しながら, 全国土の利用の均衡を図りつつ, 人間居住の総合的環境の形成をはかるという定住圏構想」を確立することにあった。この計画のねらいは,「民間部門の準公共的事業への投資の誘導を図る」とあるように, 財界の新た投資分野の開拓を積極的に後押しするところにあったといえる。この考え方は, 1979年に出された「新経済社会7ヵ年計画」にひきつがれ,「欧米先進国へキャッチアップした我が国経済社会の今後の方向としては, (中略) 個人の自助努力と家庭や近隣, 地域社会等の連帯を基礎としつつ効率のよい政府が適正な公的福祉を重点的に保障する」という自由経済社会を原動力とした, いわば日本型ともいうべき「新しい福祉社会の実現を目指す」とする「日本型福祉社会論」として定着することとなった。

　日本型福祉社会論は, 公的福祉支出の縮小・切り捨てをもとめるものであって, 経済界の立場からみると, 経済成長の政策装置としての福祉政策は役割を終え, かえって経済成長の足かせとなっていた。つまり, 社会保障制度の整備によって産業基盤整備が行われてきたものの, すでに経済構造は重厚長大型産業からの転換を必要としていた。また社会保障制度と軌を一にして拡張してきた社会福祉は, サービス受給者を増加させ税負担を企業にしわ寄せし, 産業構造の転換に必要な投資を遅らせている, という見方が説得力をもつ。したがって政府や財界は, 企業活力の向上によるさらなる経済的パイの拡大のために, 福祉資本としての家庭や地域社会の連帯を強調したのである (新藤, 1996：64)。

2　そして, 社会福祉計画の時代へ

社会福祉計画の位置 (1990年代)

　社会計画は, 一応経済計画とは区別され, 非経済領域としての公共施設, 住宅, 環境保全, 保健・医療, 社会福祉サービス, 教育・学術, 雇用保障, 人口政策, 家族計画, 消費者政策など, 市民生活に対する計画である (橋本, 1996：5)。したがって社会生活は非常に広範な人間生活を, 人口計画・教育文化計画・社会福祉計画, 地域開発計画・都市計画・環境計画など分野別に細

分化される。①人口構造，②家族構造，③就業構造，④生活構造，⑤地域構造今日，このような観点にたつ包括的・総合的な計画として，自治体における「総合計画」や「総合福祉計画」，「地域福祉計画」をあげることができる。

　前述したように，わが国では，経済の自立から生活水準の向上，完全雇用をめざす「経済計画」が先行し，ついで，その経済優先政策のひずみ是正としての「経済社会計画」，そして国民生活の質的充実など生活関連領域を含めた「総合福祉計画」や「社会福祉計画」へと展開してきた。この経緯については，橋本和孝がアメリカのガンズ（Gans, H. J.）がいう「社会計画はあらゆる非経済的で非物財的な残余の概念」を援用しながら，「しかし社会計画がなぜ活動の計画で，人口や教育や保健，福祉，文化に限られ，経済的なものであるが雇用や賃金が排除されるかわからない」と指摘している（橋本，1996：6）。つまり市民生活という観点からすれば当然その一部であるべき分野が，社会計画が残余の概念として捉えられることによって経済計画や物財的（物財計画）が優先されことになったと論理づける。いうまでもなく，今日では，経済開発と社会開発は車の両輪の如く相互補完の関係でしか成立せず，両者の関係についての残余か包括かの問題には決着がついている。

　今日，社会福祉の領域では，現実の問題解決を迫っている課題がたくさんある。疾病構造の変化による慢性疾患の増加，高齢化の進展に伴うケアを要する人々の増大が今後とも予想されるほか，医療や福祉の高度化・専門化，医療・福祉・介護のネットワークと連携，ソーシャルケア・サービスの重要性，医療費の増大，情報システム化の進展など医療・福祉・介護領域をとりまく環境条件は大きく変化してきている。とりわけ，家族形態の多様化と規模の縮小，女性の社会進出，扶養意識の変化等による家庭の介護力の低下は，かつて家庭内で完結させてきた高齢者等の扶養の問題を大きな社会問題としてクローズアップさせ，さまざまな福祉ニーズの社会的な顕在化を促進している。とくに「少子高齢社会」のインパクトは，個人生活から地域生活にわたる社会のあらゆるところに影響が及んでおり，その全体的な問題に対応するには，これまでのあり方を越えて，より有効かつ総合的で計画的な取り組みが求められている。

　戦後日本の経済は，大きく「30年成長，20年衰退」の時期区分できる。1960年6月の岸信介内閣による日米安保条約の改訂，同年12月の池田隼人政権での「所得倍増計画」に基づく輸出立国へと歩み出し，驚くべきスピードで成長の

第6章 経済・社会計画から地域福祉計画へ

図表 6-1 社会福祉計画と地域福祉計画の位相

	経済計画	社会計画	社会福祉計画	地域福祉計画
課題・領域	経済開発 経済全体の領域 経済政策 経済の安定的成長 物価の安定 国際強調 生活水準の向上 完全雇用	社会開発 非経済領域 社会政策 教育 住宅 保健医療 ジェンダー 社会保障 雇用 日本型福祉社会論	社会福祉 社会生活の領域 社会福祉政策 福祉国家の再編 社会サービスの基盤整備 公共的諸問題の解決 地方分権 地域ケア 福祉社会の開発	地域福祉 地域生活の領域 地域福祉政策 ローカルガバナンス 地域主権 社会サービスの開発 セーフティネットの張り替え ソーシャルキャピタルの蓄積 地域包括ケアシステム 新しい公共の拡充 新しい共同の創造 地域居住資源の発見

1960 ─── 成長の30年 ─── 1990 ─── 衰退の20年 ─── 2000 ───

社会開発 ─── 社会福祉 ─── 地域福祉 ─── 居住福祉 ───

出所：高田真治「社会福祉の計画技術」『社会福祉援助技術各論Ⅱ』中央法規出版，1992年をベースにしながら，近年の社会福祉や地域福祉計画の動向を踏まえ，筆者が再編集した。

階段を駆け上がった。その間，2度の石油危機（1973年，1979年）を乗り越えて競争力を向上させてきた。日経株価平均が史上最高値を付けた1989年までの30年を成長期と呼ぶことがいえる。その要因は，①繊維，鉄鋼，電気，自動車といった基幹産業の技術革新，②政治の安定，③金融システムの安定，④官主導の計画的な産業育成をあげることができる。

そして，1990年以降のバブル崩壊から20年が衰退期にあたる。この「失われた20年」の特長は，①市場主義とグローバリゼーションという世界の大潮流のなかで，②少子高齢社会が急速に進行し，③生産年齢人口の減少に伴う内需の縮小，デフレ不況と円高による輸出産業の停滞，④この円高・デフレ不況から脱出する新たな国家ビジョンや成長メカニズムをつかみ切れなかったことによるところが大である。この「30年成長，20年衰退」の50年程度の景気循環の流れを「コンドラチェフの波(3)」と呼ぶ。

この概ね50年の景気循環の中で，経済計画から地域福祉計画までの位相を示したのが，**図表 6-1** である。1960～89年までが「成長の30年」で，この時期が経済計画と社会計画が主流の時期にあたり，1990年から2010年までが「衰退の20年」で，この時期は，いみじくも社会福祉計画及び地域福祉計画と相対して

いる（野口，2015：105）。この表を少し解説すると，経済計画は，経済開発に関わるさまざまな課題をもっているが，経済成長のマイナス面を補完するものとして，社会開発がとりあげられた。社会計画は，非経済領域の社会政策（教育，住宅，保健医療，少子高齢化，ジェンダー，社会保障，雇用等の範囲）から社会福祉へと接近していくことになる。社会政策からの要請を受けた社会福祉は，生活関連領域の質的向上，福祉国家の再編，社会サービスの基盤整備という1990年代における社会保障・社会福祉の課題を解決するために，2000年以降，とくに地域を基盤にした社会福祉へと大きく舵を切っていくことになる。一方，地方分権下において福祉サービスの地域間格差や地域共同体の崩壊によって生起する社会的排除や相対的剥奪といった公共的諸問題は，主として地方自治体が担うべき地域福祉サービス，施設ケアと在宅ケアを内在化した地域包括ケアを内容とする地域福祉計画の策定とともに住民参加を得て，その解決をいやおうなしに迫っている。

社会福祉基礎構造改革と社会福祉計画

わが国においては，従来，社会福祉計画が課題とする領域は経済計画を補完するものとして考えられてきた。しかし，今日では，「構造改革のための経済社会計画」（活力ある経済・安心できる社会，1995年12月）のように，国民福祉の観点から総合政策の一環として社会福祉計画が展開されている。具体的には，「地域福祉計画」，「高齢者保健福祉推進10カ年戦略の見直しについて（新ゴールドプラン）」，「障害者プラン（ノーマライゼーション7か年戦略）」，「子育て支援総合計画（エンゼルプラン）」等各領域において具体的な政策目標を提示し，いっそうの地方分権化と計画化を提起している。このことは今後，「高齢者保健福祉計画」と同様に法定計画化の必要性を示唆しているが，さらに行政機能の連携やタテ割のマイナス緩和を方向づけるであろう。しかし，高齢者保健福祉計画やゴールドプランさえも，その具体化が地方自治体の財政事情や優先政策により遅延しがちである。

この間の政府・審議会の動向は，「21世紀福祉ビジョン」（1994年3月）が新介護システムの構築を提言し，それをうけて厚生省が「高齢者介護対策本部」（1994年4月）および「高齢者介護・自立支援システム研究会」（1994年7月）を設置，同年9月には「社会保障制度審議会・社会保障将来像委員会第2次報

告」が公的介護保険制度の創設を提起し，12月には「新ゴールドプラン」の策定とあわせて，「高齢者介護・自立支援システム研究会」が新介護保障システムの設計を提示し，その中でやはり社会保険方式の導入を提言している。1995年にはいってからは「高齢者保健福祉審議会」が新介護システムの審議を開始し，7月4日，まず，「社会保障制度審議会」が公的介護保険制度の創設を内閣総理大臣に勧告し，7月26日には，「高齢者保健福祉審議会」が新介護システムの基本的考え方に関する中間報告をまとめ，「新たな高齢者介護システムとして，公的責任を踏まえ，適切な公費負担を組み入れた社会保険方式によるシステムについて，具体的な検討を進めていくことが適当である」とした。

① ゴールドプラン

こうした状況を背景に，1989（平成元）年の「高齢者保健福祉推進10カ年戦略（ゴールドプラン）」では，在宅福祉対策（ホームヘルパー，ショートステイ，デイ・サービスセンター，在宅介護支援センターなど）の整備や施設の緊急整備（特別養護高齢者ホーム，高齢者保健施設，ケアハウス，過疎高齢者生活福祉センターなど）をあげている。

② 新ゴールドプラン

そして，1995（平成6）年の「高齢者保健福祉10カ年戦略の見直しについて（新ゴールドプラン）」（平成6年12月18日，大蔵・厚生・自治3大臣合意）において在宅と施設両面のサービス基盤の整備（在宅サービスにおけるかかりつけ医の強化，ケアプランの策定，配食サービス，緊急通報システムの普及等／施設サービスにおける特別養護高齢者ホームの基準面積の拡大・個室化の推進，充実した介護力を整えた高齢者病棟の整備推進，福祉用具の積極的導入による施設機能の近代化／地域リハビリテーション事業の実施，市町村保健センターの整備等による新寝たきり高齢者ゼロ作戦の展開／痴呆性高齢者対策）など具体的な数値を提示し，新ゴールドプランの最終年（平成11年度）までに特別養護高齢者ホーム等を大幅に整備することとなっている。その整備状況は，目標数値におおむね接近しているものとみられ，この間の自治体等の努力がうかがえる。このような事態のなかで，新たな介護システムの構築をめざして登場してきたのが介護保険制度である。

③ ゴールドプラン21

新ゴールドプランの終了や介護保険の施行を踏まえて，1999（平成11）年に

は「今後5か年間の高齢者保健福祉施策の方向――ゴールドプラン21」が発表され，2004（平成16）年までの介護サービス量が示されている。施設系サービスの目標量は，「介護老人福祉施設」が7万人増の36万人分，「介護老人保健施設」は1万7000人増の29万7000人分という数値を示している。また，生活支援系サービスでは，認知症対応型共同生活介護（グループホーム）が3200か所，ケアハウスは微増の10万5000人分であるが，高齢者生活福祉センターは1800か所と大幅に増える見込みである。また，2002年からは，全室個室ユニットケア型特別養護高齢者ホーム（新型特養）の施設整備補助制度がスタートすることになった。

福祉行政計画と地域福祉計画

今日にみる福祉行政計画や地域福祉計画の流れは，1980年代後半の社会福祉改革論議に伴って登場してきたものである。この時期の地域福祉計画策定の考え方として，東京都地域福祉推進計画等検討委員会が1989（平成元）年「東京都における地域福祉推進計画の基本的あり方について」（答申）を契機に，新たな転機を迎えることになる。それは，都のレベルで策定する地域福祉推進計画，区市町村が策定する地域福祉計画，社会福祉協議会等を中心に住民が主体的に策定する地域福祉活動計画の3種類を用意し，その相互が連携して地域福祉システムを構築しようと考えたのである。これが，今日の「高齢者保健福祉計画」から「地域福祉活動計画」にみられる行政計画と社協の強化発展計画の協働計画化への流れである。

これまで社会福祉の公私関係は，主として国が法律に基づいて施策を策定し，地方自治体が機関委任事務として事業を執行するという中央集権体制を反映して，公とは国の役割をさし，地方自治体は国からの機関委任事務を遂行していればよいというように，さしてその役割を問われることはなかった。しかし，近年の社会福祉「改革」の動向により，地域福祉活動や在宅福祉サービスの展開をめぐって，地方自治体の役割がますます大きくクローズアップされてきている。したがって，行政の果たす役割も，各々のレベルによって当然異なってこなければならないが，ここでは，地域福祉・在宅福祉サービスを展開していくうえでの，新たな課題を例示しながら，地方自治体の果たすべき役割を整理しておこう。

① 地域福祉活動・在宅福祉サービスのための基礎的条件の整備

保健・福祉の地域の拠点施設の設置／既存施設の複合機能化／日常生活圏域での住民の自主活動の拠点整備

② 専門職人材の確保

在宅ケアの総合的マンパワー確保の体制づくり／民生児童委員や保護司，福祉委員など地域福祉をすすめるさまざまな主体の活動との連携と支援

③ 民間福祉活動に対する財政的支援と専門的技術の提供

当事者活動やボランティア活動への専門的技術の提供と，その民間性を損なわない範囲での財政的援助

④ 総合福祉計画・地域福祉総合システムの策定

住民ニーズや福祉の現場の実態に基づいた事業・サービスの推進／現行サービスの徹底活用とサービスのアセスメント／施設と在宅福祉サービスの一元化／福祉サービスを利用することへの偏見を無くすとともに，福祉コミュニティ創成の土壌となる福祉教育の推進

⑤ 情報システムの整備

保健・福祉ニーズの発見システムの強化／相談窓口機能の充実／保健・医療・福祉の情報システムの整備

3 地域福祉の政策と計画

ここからは，社会福祉と地域福祉の政策課題を中心に地域福祉政策化への潮流を描いてみることにする。まず，社会福祉の分野で戦後からの流れを一応整理しておくことにする（野口，2007：99）（**図表6-2**）。

社会福祉と地域政策の流れ
（1） 工業化の時代

日本は明治維新以来，欧米先進国を希求すべきモデルとして近代化・工業化・産業化に努め，近代的都市化社会の形成をめざしてきた。第2次世界大戦による廃墟からもたちあがり，すでに1956年の『経済白書』では，「もはや戦後ではない」との宣言がなされた。

しかし，国民生活の衣食住の不足感は強く，1960年に池田内閣は「国民所得

第Ⅱ部　地域福祉の計画と実践

図表 6-2　地域政策から地域福祉政策へ

1960年代　工業化の時代
・全総，所得倍増計画，大量生産・大量消費社会の実現
　経済的貧困からの脱出期(福祉事務所の生活保護)

1970年代　脱工業化の時代
・シビルミニマム，コミュニティ政策
・1978年のブレトン・ウッズ体制の崩壊
　入所型社会福祉(措置)施設整備期

1980年代　市場経済拡大化の時代
・グローバリゼーション，市場原理による都市再生
・大都市重視の国土政策，四全総
　在宅福祉サービス萌芽期

1990年代　地方衰退の時代
・失われた10年，バブル崩壊，雇用の不安定化，地域共同体の瓦解在宅福祉，個別福祉計画，高齢者ゴールドプラン
　市町村在宅福祉型サービスの整備期

2000年代　地域福祉政策の時代
・社会福祉法，地域福祉の推進，人間回復と地域再生，市町村合併と地域福祉計画，社会的排除との闘い，地域間格差の是正
　地域福祉の主流期

出所：筆者作成。

倍増計画」を発表し，日本経済は高度経済成長期へと離陸していく。この時期から衣食住での量的な充足をめざして，「重厚長大」型の工業化政策を推し進め，国際社会で「エコノミックアニマル」といわれながらも経済優先の開発に努めてきた。1964年の東京オリンピックの開催，同年の OECD 加盟，1967年の資本自由化，そして1970年に大阪万博を開催し，日本の経済的繁栄はクライマックスを迎える。まれにみる急速な工業化は急激な生活環境の変化をもたらし，生活環境が整備されたのと同時に，一方では公害問題が発生し自然環境が大きく破壊された。そして，この時期から工業化社会への反省も迫り，「軽薄短小」型産業の時代へ，いわば脱工業化社会へと突入するに至ったのである。

（2）　脱工業化時代

脱工業化時代の課題は，われわれが創り，また破壊してきた生活環境の質を問うことである。地域の環境と自然は，そこに暮らす住民にとって真に快適なものとなっているのだろうか。多様な生き方や価値観を受容しながら，個々人の求める生活様式の適当なバランスが追求されているのだろうか。

子ども・高齢者・障害者，そして社会的弱者のことまで十分考えて，まちや住宅が設計されたものとなっているか，などの問題について住民の側から点検することである。つまり，住む人々にとってより快適な環境を求め，その生活の質の向上をめざす努力である。経済開発優先の反省から地域再生の時代への転換期にある今こそ，地域の生活環境とそこに住む住民の社会生活に働きかける地域福祉政策，およびコミュニティ・ソーシャルワークの取り組む課題は大きなものとなるといえよう。

（3） 高度経済成長期

戦後の社会福祉制度は，生活困窮者に対する金銭的援助や，戦災などによる孤児や傷痍軍人の保護対策などを中心として出発した。第1の流れは，1945年から1950年代にかけて，国民全体にわたって貧困化が進行し，低所得層の存在が問題とされた時期である。また同時に，社会福祉制度の基盤となる諸法令が整備され，憲法によって福祉が国民の権利（生存権）であることが保障されたが，福祉施策は，まだ収容施設の数も少なく，生活保護法による社会的弱者の救済・保護が主眼であった。

第2の流れは，1960年代に，日本国中を巻き込んで展開された高度経済成長期である。高度経済成長政策のもとでの資本の高蓄積や技術革新を伴う急激な社会変動は，急激な人口の都市集中による地域「共同体」社会の崩壊，若年労働者世帯や高齢者世帯の増加による核家族化現象をもたらした。このような社会的背景のなかで，新たに形成された貧困層＝不安定就労層の存在とともに，国民全体にわたる生活問題が発生した。

一方で，女性就業の一般化などによって，家庭や地域社会のもっていた介護や養育の機能が変化し，これらに対応するため，社会保障の制度的拡大と同時に障害者や高齢者のための入所福祉施設や保育所などの整備が進められた。また，住民としての生存権，生活権要求を真に充足するものであるように絶えず検討がなされ，さまざまな福祉要求を反映した自治体の施策が先行して高齢者医療費の無料化，各種手当の給付など対象者ごとの施策が充実された。この時期は，潤沢な財政状況を背景に，福祉の対象が低所得者中心だけでなく高齢者一般，児童一般へと広がりをみせた時代である。

地域福祉の視点からいうと，この時期には，要援護者の地域生活を尊重するという発想はほとんど存在しなかったといえるだろう。地域福祉としてはコミ

ユニティ・オーガニゼーションを背景に社会福祉協議会の仕事として，地域における保健と福祉活動の振興がはかられてきたものの，それは政策主体としての国や自治体の福祉施策の視野外におかれた，いわば補助的なものでしかなかった。

社会福祉政策から地域福祉政策へ
（1） 地域福祉の萌芽期

第3は，1970年から80年代中盤までの動向である。イギリスにおいて1968年に，「シーボーム報告」がコミュニティケアの発想を軸に社会福祉制度の改革をめざし発表された。わが国においても，この報告をうけて自治体の社会福祉行政改革，国民保健サービスの再編成が行われたが，国民生活審議会が「コミュニティ——生活の場における人間性の回復」を，また東京都社会福祉審議会が「東京都におけるコミュニティケアの進展について」などを提出し，コミュニティケアをめぐるひとつの画期を形づくっている。

この時期は，福祉における新しい施策への模索の時期であり，在宅福祉の登場や，行政主導の福祉施策から住民の自律的な活動を重視した地域福祉が主張され，コミュニティの役割が注目されるようになった。社会福祉におけるコミュニティの重要性が強調されてきた背景には，高度経済成長の時期を通じて，社会福祉のニードが国民諸階層に拡大するなかで，多様化かつ高度化し，社会福祉に対する利用主体の拡大が図られ，これまでの入所施設に加えて通所施設の整備や在宅福祉サービスの制度化が進められるようになった。

（2） 在宅福祉サービスの整備期

第4の流れは，1990年の「社会福祉関係8法の一部改正」等にみる社会福祉制度改革の動きと，地域福祉・在宅福祉サービスの積極的な推進がうたわれた社会福祉法の最近の動きである。今日，低所得者や貧困者に対する福祉政策（主として所得再分配）の重要性はいささかも薄れていないが，福祉の対象として経済的には必ずしも困窮していなくとも，社会的にさまざまな障害や生活の諸困難を抱える人々の存在が重要性を増してきている。すなわち，貧困—心身の障害・不安にかかわる福祉問題である。

このことから，障害を負った人々への配慮が特別なことではなく，あたりまえの社会が「福祉社会」であることが認識されるようになってきた。いわばノ

ーマライゼーションの実現へむけて、地域の生活者である住民の福祉ニーズに包括的に対応するため、福祉行政だけでなく、行政の各分野はもちろんのこと、住民の活動や参加をえながら、バリアフリーのまちづくりが強調されるようになってきたのである。福祉政策の考え方でいうと、所得の再分配（貧困・低所得）とノーマライゼーション（人身の障害・不安）による対応ということになる。

(3) 地域福祉政策の登場

そして、1990年代後半からの介護保険制度の導入や社会福祉法成立期にみる福祉問題、つまり、社会的排除・差別―社会的孤立・孤独の問題群の登場である。たとえば、大量の失業者や中高年のリストラと結びつきやすいホームレス問題、在日外国人の社会的排除・差別の問題、また、精神障害、薬物依存、暴力・虐待などにみられる社会的孤立・孤独の問題が地球規模（グローバリゼーション）で、さらに、地域（ローカリティ）レベルで、複合的に現れてきているのが特徴であるといえる。これらの問題群に対応する福祉政策の考え方でいうと、ソーシャル・インクルージョン（すべての人を包み込む社会）とソーシャル・エクスクージョン（マイノリティの人を排除する社会）への対応ということになる。

またこの時期から、全国的な地域間格差や自治体内のサービスアクセスの地域間格差が財政難によって表面化し、地域福祉政策や計画づくりが自治体に求められるようになった。

このように21世紀に向けた高齢社会への対応、地域を基盤にした福祉社会の実現、ノーマライゼーション（社会的常態化）の実現、ソーシャル・インクルージョン（社会的包摂）を中心課題に、市行政・市社協・市民が協働してすすめる社会福祉の進路を射程に含めながら、あらためて地域社会の現実に立ち、これからの指針をつくることが地域福祉計画策定のねらいであるといえよう。

自治体の福祉サービス基盤整備計画

地方自治体にとって社会計画の策定が求められている理由は3つあると考える。第1には、自治体の財政危機状況のなかで従来のような社会資本基盤整備型の施策積み上げ方式では、担当者や当事者の利害が絡んで政策や施策に優先性がつけられないからである。第2の理由は、中山間地の集落の約2割が消滅

の危機（国土交通省調査，2005）にあり，まさに中山間地にとっては待ったなしの状況におかれていること。第3には，政府が「日本21世紀ビジョン」（内閣府経済財政諮問会議）の最終報告書を発表したことによる。この2030年の日本像が示すビジョンの中で，地方自治体の将来像にかかわる重要な内容が提案されている。つまり，これまで"国是"としてきた「国土の均衡ある発展」を否定し，「特定地域への人口集約化」を促進するという内容である。

　社会資本基盤整備型の行政計画（社会福祉計画としてのゴールドプラン21，高齢者保健福祉計画，介護保険事業計画など）のもとで全国くまなく福祉サービスが整備されたけれども，介護保険事業をはじめとする介護・福祉サービスの市場経済への移行に伴い，サービスへのアクセスの距離がコストに影響するようになると地域格差が拡大した。全国的な地域間格差や自治体内のサービスアクセスの地域間格差が現れているところもある。こうした自治体間格差，地域内格差の是正に求められるのが地域福祉計画である。地域福祉計画に求められるのは，まさに地域社会の希少資源を有効に活用しながら新しい公共を創造して，公共性の構成要件である「公正」と「効率」を積極的に両立させることにある。現実として，高齢者・障害者・児童の保健福祉分野における公共サービスの基盤整備をねらいとした「高齢者保健福祉計画」，「障害者長期行動計画」，「子供の未来21プラン」などの策定にみられる国・都道府県・市町村の施策展開など，最近の社会福祉の改革論議を踏まえた計画化が必要となってきている。

　今日にみる福祉行政計画は，1980年代後半の社会福祉改革論議に伴って登場してきたものである。この時期では，社会福祉関係8法の法律改正案に示されるように，社会福祉行政が国の機関委任事務から市町村の団体事務になること，在宅福祉サービスが市町村の業務として明確に位置づけられるようになったこと，高齢者保健福祉計画が市町村に義務づけられたことなどにみられるように，その結果，市町村レベルでの地域福祉計画づくりが不可欠の課題となった。さらに介護保険制度の導入に向け，各自治体が「介護保険事業計画」と「高齢者保健福祉計画」を一体的に策定する流れがつくられるなかで，社会福祉法にみる「市町村地域福祉計画」・「都道府県地域福祉支援計画」（2003年4月1日施行）が位置づいているのである。

　1993年から始まる第1次高齢者保健福祉計画から近年の市町村地域福祉計画，そしてその後の障害者福祉計画及び介護保険法の改正に基づく第3次介護保険

事業計画並びに第3次高齢者保健福祉計画への流れを，その評価点と問題点を中心に**図表6-3**に整理した。

　高齢者保健福祉計画と介護保険事業計画は，その根拠法に義務づけられることによって，わが国の景気不況期にもかかわらず，地方自治体による社会福祉サービスの量的な基盤整備が飛躍的に進展したことは評価できる。また，地方自治体が保険者となる介護保険事業計画では，行政が介護サービス見込み量と供給量を財政的に運営管理することによって市町村の介護政策の科学化が進展したこともあげておく必要があろう。それに比して障害者計画及び地域福祉計画は，むしろその内容面において計画策定の理念や哲学が求められ，行政・社会福祉協議会・NPO・住民等の参加と協働と分担が求められているところに特徴がみられる。

地域福祉計画と障害者基本計画

　2002年からは，地域福祉計画と障害者基本計画が同時に進行し，地域福祉計画の総合性と障害者基本計画の整合性が問われるようになった。2007年は，福祉行政計画のひとつの転換期になると思われる。それは，ひとつに2006年3月31日に旧市町村合併特例法の時期が切れ，新合併特例法が適用される市町村再編の第2幕の火蓋がきって落とされる時期の地域福祉計画の性格の変化である。合併によって，地域間の格差や福祉サービスの空白地帯が出始め，人口流出が止まらないという地方自治体の悩みは深刻である。その地域内格差や人口流出の問題を解決する自治体の政策として地域福祉計画への期待が高まっている。さらに住民の参加は質的な変化が求められるようになった。すなわち，従来のような計画策定への参加や福祉サービス提供の担い手としての参加にとどまらず，介護や子育ての支えあい，高齢者や障害者の雇用，防災ネットワークの形成といった地域の問題を共有化し，その問題解決に住民自身が行政や社会福祉協議会，NPOや企業などと協働して取り組むプロジェクト型の事業化が求められている。

　障害者自立支援法（2005年）に基づく，市町村障害者福祉計画の特徴は，まず法の中で計画の義務化が図られたことである。障害者福祉施策は，措置制度から支援費制度へ，そして自立支援法へと転換する最中にあるが，制度の変遷に対応できる自立支援のシステム作りが追いつかないのが現状である。次のよ

図表6-3 市町村福祉個別計画から地域福祉計画までの展開

策定時期	福祉計画名	根拠法	評価点	問題点
1993年 5年間	老人保健福祉計画(第1次)	老人福祉法 老人保健法	・計画の義務化 ・在宅福祉サービス及び施設福祉の目標設定と実施	・住民や当事者の参画不要 ・計画の公表不要 ・人的資源確保策に難点
1996年 7年間	障害者計画	障害者基本法	・当事者及び関係者の参画の一部義務化 ・計画の公表の一部義務化 ・総合的,包括的概念 ・精神障害者福祉の位置づけ ・施策課題の整理 ・目標数値の掲載	・市町村計画の義務なし ・人的資源確保策に難点 ・福祉以外の数値不明示
2000年 5年間 3年で見直し	介護保険事業計画	介護保険法	・計画の義務化 ・老人保健福祉計画との調和 ・住民及び当事者の参画の義務化 ・サービス見込量と供給量の設定 ・市町村介護政策の科学化	・生活環境や権利擁護との関係不明確 ・在宅ケアへのシフト
2002年 約5年間	市町村地域福祉計画	社会福祉法	・住民,当事者,関係者の参画 ・計画の公表 ・総合的,包括的概念 ・評価システムの導入 ・地域性の重視	・計画の義務化なし ・基盤整備,数値目標の義務化なし
2002年 約5年間	市町村障害者基本計画	障害者基本法の一部改正	・基本的理念(差別及び権利利益侵害行為の禁止)の追加 ・市町村障害者基本計画の策定 ・情報のバリアフリー化	・計画の義務化なし ・基盤整備,数値目標の義務化なし
2007年 3年をI期	市町村障害福祉計画	障害者自立支援法	・計画の義務化 ・福祉サービスの数値目標の設定 ・就労移行支援事業の創設 ・手続きや基準の透明化 ・国の財政責任の明確化	・利用者の応益負担の発生 ・「施設から地域へ」地域移行の強要 ・日額制による現行施設への減収 ・障害程度区分の認定

出所:北野誠一・大谷悟・西岡勉(2003)『障害者ケアマネジメント実践事例集』中央法規出版,北野誠一の基本的枠組みに依拠し,筆者加筆。

うな問題点もみられる。①利用者の応益負担の発生です。利用者負担を求めるため，一部の障害者や家族にサービス利用の自己抑制が働いていることです。②日額制による現行施設への減収により，施設の経営や運営に支障が現れていることです。③障害程度区分を同じ尺度によって認定するため，障害のある人たちの個別の特性が認定からはずれること，などである。もちろん，法律や制度には両面（プラス面とマイナス面）がある。その意味では，障害者福祉基本計画はその両面を調整する計画でもある。

　2009（平成21）年の政権交代後，障害者制度の集中的な改革を行うために，同年12月には内閣総理大臣を本部長とする「障がい者制度改革推進本部」が内閣に設置された。またその下では，障害者施策の推進に関する事項について意見を求めるために，障害当事者や障害者福祉に関する事業に従事する者及び学識経験者等で構成される「障がい者制度改革推進会議」が開催され，障害者制度の見直しに向けた検討が始められた。この会議では，障害者に関するさまざまな制度の改革について議論が行われ，その意見として「障害者制度改革の推進のための基本的な方向（第1次意見）」が取りまとめられました。そして，この意見を踏まえ，政府は「障害者制度改革の推進のための基本的な方向について」を，2010（平成22）年6月29日に閣議決定がなされた。

　この閣議決定では，「応益負担を原則とする現行の障害者自立支援法を廃止し，制度の谷間のない支援の提供，個々のニーズに基づいた地域生活支援体系の整備等を内容とする「障害者の日常生活及び社会生活を総合的に支援するための法律（障害者総合支援法）」(2013年)が制定された。この障害者総合支援法については，障害者の定義に難病等が追加され，重度訪問介護の対象者の拡大，ケアホームのグループホームへの一元化などが盛り込まれている。

注
(1) 合理化は一定の目的を達成するために必要な諸手段を理知的に識別し，現実の諸条件下で可能な最も効果的な手段を選択して実行に移すための行為である。したがって，このような目的合理化が進めば進むほどウェーバー（Weber, M.）のいう官僚制化をいっそう促進することになり，社会生活の全体と部分の関係に視点を据えた実質合理性を消失させ，社会の諸領域における形式的な合理化による対立や緊張，人間そのものを物質手段化する疎外現象を生み出す。マンハイム（Mannheim, K.）は現代の高度産業社会における機能的合理化の増大が実質的非

合理化をもたらしていることを指摘し，機能合理性を実質合理性に合致させる社会計画化の必要を強調した（森岡清美他編（1993）『新社会学辞典』有斐閣，445頁）。
(2) オーダム（Odum, H. W.）によれば機能的計画のうち物財的計画は，利用する資源と人々が条件づけられる自然環境の間の均衡と平衡とを追求する計画である。経済計画は政治と経済の関係を内包する特殊計画のことであり，社会計画は農村計画，レクリエーション計画，公共福祉計画，公共保健計画，公共教育計画，人口計画からなるとしている（橋本和孝（1996）『ソーシャル・プランニング』東信堂，7頁）。
(3) 景気循環には3つの周期がある。①3～4年の短期周期でキッチン循環，②10年周期の設備投資でジュグラー循環，③50年周期でコンドラチェフ循環である。「コンドラチェフの波」とは，最も長い景気循環をさし，新しい技術の芽生え，発展，普及と成熟，陳腐化が経済盛衰の大きなうねりをつくる。その周期を50年程度する考え方。

引用・参考文献

ウェッブ，S. & ウェッブ，B./川喜多喬訳（1982）『社会調査の方法』東京大学出版会。
新藤宗幸（1996）『福祉行政と官僚制』岩波書店。
野口定久（2006）『新版　地域福祉事典』中央法規出版。
野口定久（2007）「地域再生と地域福祉」牧里毎治・野口定久・武川正吾・和気康太『自治体の地域福祉戦略』学陽書房。
野口定久（2015）「経済・社会計画から社会福祉計画そして地域福計画へ」市川一宏・宇野裕・野口定久『福祉行財政と福祉計画』ミネルヴァ書房。
橋本和孝（1996）『ソーシャル・プランニング』東信堂。
森岡清美・塩原勉・本間康平編（1993）『新社会学辞典』有斐閣。

第7章

地域福祉計画を支える理論

1 地域福祉計画策定の論理

地域福祉計画はなぜ必要か

　自治体にとって地域福祉計画の策定が求められている理由は3つあると考える。第1には，自治体の財政危機状況のなかで従来のような社会資本基盤整備型の施策積み上げ方式では，担当者や当事者の利害が絡んで政策や施策に優先性がつけられないからである。第2の理由は，中山間地の集落の約2割が消滅の危機（国土交通省調査，2005年）にあり，まさに中山間地にとっては待ったなしの状況におかれているからである。第3には，政府が「日本21世紀ビジョン」（内閣府経済財政諮問会議）の最終報告書を発表したことによる。この2030年の日本像が示すビジョンの中で，地方自治体の将来像にかかわる重要な内容が提案されている。つまり，これまで"国是"としてきた「国土の均衡ある発展」を否定し，「特定地域への人口集約化」を促進するという内容である。

　1990年代は，社会福祉関係8法の改正にはじまり，中央集権的手法でもって，全国の市町村行政が実施主体となった社会福祉資源の拡充を図るための各種の分野別計画が作られた。どちらかというと中央政府がガイドラインや必要なサービスの量を測定する調査票を定め，それらを全国的規模で画一的に実施するという社会福祉資源基盤整備型の計画が多数策定された。代表的なものとしては，ゴールドプランに始まる高齢者保健福祉計画，さらに介護保険事業計画につながっていく。このように社会福祉資源基盤整備型の量的計画によって，全国に普遍的な社会福祉サービスの整備が行き届いた（野口，2003：37）。しかし，他方では，介護保険事業をはじめとする介護・福祉サービスの市場経済への移行に伴い，サービスへのアクセスの距離がコストに影響するようになった。こ

のように，中央政府や地方自治体の主導，そして市場化のもとでの福祉サービス供給の拡大政策は，介護保険制度などの介護サービスの全国的な基盤形成という数量的なサービス供給という目標の達成はみたものの，地域間格差や自治体内のサービスアクセスの地域間格差が現れているところもある。こうした自治体間格差，地域内格差の是正に求められるのが地域福祉計画である。地域福祉計画に求められるのは，まさに地域社会の希少資源を有効に活用しながら「豊かな公共」を創造して，公共性の構成要件である「公正」と「効率」を積極的に両立させることにある。

　他方，地域福祉計画は，市場化と分権化の進行の中で，協働と参加の質が問われていることが特徴である。地域福祉計画が従来の基盤整備型計画とその性格を異にしていることには違いない。その大きな原因は，地域福祉計画とこれまでの社会福祉資源基盤整備型計画の目標設定の置き方にあるのではないだろうか。すなわち，後者の目標設定は，それぞれの地域のニーズ総量に見合った福祉サービスの量を確保することに向けられている。それに比して地域福祉計画は，その目標を「福祉コミュニティの開発」や「持続可能な福祉社会の実現」という地点に据えることになる。そこで大事なことは，社会福祉資源の基盤整備は経済発展，経済成長が前提あるいは目標で，それによって整備状況が左右される。ところが地域福祉計画はそこに居住するすべての住民が本人の意志の下に思いっきり生きられるような福祉社会をめざすことである。そうすると経済成長は条件であって，指標ではない。ゆえに，住民参加や協働という概念は，地域福祉計画の目標を達成するための重要な条件となるのである。

　過疎に悩む地方自治体にとって地域福祉計画は，本書の第3章1で述べたように人口流出をくいとめ，人口減少に見合った社会システムを構築するための戦略である。

　第1の戦略は，人口減少への対応である。

　第2の戦略は，人口流出への対応である（**図表7-1**）。これらは，「政府（中央・地方）と市場と準市場」を結びつけた新たな公共をつくり出す必要がある。そして，これらの2つの戦略を同時に進行し，従来までの「公平と効率」の二項対立関係を，社会的弱者を排除せず，一定の地域の範囲において「公平と効率」の両立を可能にするのが地域福祉計画である。

図表 7-1 地域に住み続けるための構図

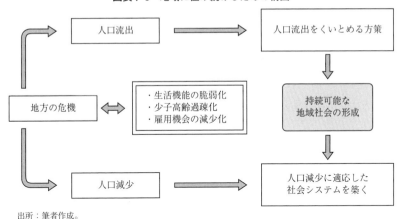

出所：筆者作成。

福祉行政の転換と地域福祉計画

　福祉行政の転換点は，従来の現金給付型から現物給付型への福祉供給方法の移行期といえる。——もちろん，この移行は重点的な政策の変化であって，移行へのタイムラグが生じるし，現実的には両方の供給方式が併存しているとみることができる。この時期には，低成長時代の社会福祉政策研究に先鞭をつけた三浦文夫の研究の論点を示しておく必要がある。1973年の「福祉元年」は，高度経済成長基調の破綻，低成長，安定成長への移行期にあたる。その論点のひとつは，福祉見直し論と対人福祉サービスの論議である。三浦は，「福祉見直し」の２つの論議（従来のソーシャルワーク的社会福祉 VS 社会サービスとしての対人福祉サービス）を提示し，「内在的」視点から社会福祉の対象拡大に対して社会サービス，とくに対人社会サービスの必要性を説く立論を展開した。第２の論点は，1970年代中頃から現れ始めた財政の行き詰まり状況に対応するための新しい社会福祉サービスやその経営のあり方に関する論議である。『在宅福祉サービスの戦略』（全国社会福祉協議会，1979年）は，1975年以降の在宅福祉サービスへの展開を切り拓き，社会福祉協議会活動の軌道修正を促すことになった。また，1981年12月の「当面の在宅高齢者福祉対策について」では，在宅福祉を施設ケアも含めたより広い概念へと導いた。第３の論点は，社会福祉の「普遍」化をめぐる議論である。社会福祉の普遍化あるいは一般化の論議は，社会保障長期展望懇談会「社会保障の長期展望について」において在宅福祉を

軸とする地域福祉，救貧的選別主義的福祉から普遍主義的福祉への転換を主張した。

　この論点は，ティトマス（Titmuss, R.）を参考に，社会福祉行政上の運営問題と関連させ，措置制度とのかかわりに進展した。この論点は，さらに社会福祉の費用負担論及び社会福祉供給システム論へと展開を見せ，ゴールドプランや福祉 8 法改正に連動し，一連の社会福祉基礎構造改革につながっていくことになる。

　そして，2000年 6 月の社会福祉法成立により，地域福祉は，ますます社会福祉の中核的な位置を占めるに至り，他領域からも学際的な研究領域として注視されるにいたった。

　誰もが，住みなれたところで，人々が交流しながら自立し，生きがいを持って生活できるようにする。地域社会を基盤とした生活条件づくりを社会福祉の考え方とする取り組みの広がりの中で，生活に最も身近な市町村ごとに，住民の参加によって福祉を考え，実施するしくみづくりが急速に進んでいる。現実として，①ホームヘルプ・サービスなど在宅福祉サービスの受託化が要請されている社会福祉協議会や社会福祉施設の実状，福祉のまちづくりを自らの課題とした住民自身の共同活動のひろがり，さらには福祉人材の確保など，この間の実践や施策の推進過程で明らかになった課題，②高齢者・障害者・児童の保健福祉分野における公共サービスの基盤整備をねらいとした「高齢者保健福祉計画」，「障害者長期行動計画」，「子どもの未来21プラン（エンゼルプラン）」などの策定にみられる国・都道府県・市町村の施策展開など，最近の福祉行財政改革の論議を踏まえた計画化が必須の事項となってきている。

地域福祉政策の長期ビジョン

　ここでは，中山間地における地域福祉計画の研究事例として取り組んだ山形県最上町の地域福祉政策長期ビジョンを紹介する。

　この地域福祉計画研究は，日本福祉大学 COE プログラム（福祉社会開発の政策科学形成へのアジア拠点）の「中山間地域における福祉社会開発モデル研究（地域福祉計画研究）」に位置づくプロジェクトでもある。日本福祉大学と事業提携協約を交わしている最上町より正式には，2004年10月に地域福祉政策長期ビジョン及び地域福祉計画策定にむけた協力要請を受ける形で，最上町と本学

との共同研究の体制をとった。そして，具体的には，①地域福祉政策長期ビジョン委員会（25年後を視野に入れた長期ビジョンの検討），②地域福祉計画策定委員会，③部会（調査・分析作業に取り組む。町職員，住民，専門職で構成）の組織体制を敷いた。

　地域福祉政策長期ビジョンを構想した理由は３つある。第１には，自治体の財政危機状況のなかで，目前の２年，３年の話をするとやはり利害が絡んで担当者は萎縮してしまいがちで，20年，30年後のことだから，皆が冷静に議論できるのではないか，しかも今できないこともその長期ビジョンの中に織り込むこともできるのではないかという発想からである。第２の理由は，2006年国土交通省調査によれば，中山間地の集落（コミュニティ）のうち，高齢者（65歳以上）が半数を占める集落が12.6％，機能維持が困難となっている集落が4.7％，約２割が消滅の危機にあり，さらに人口10万人の都市から１時間圏外の自治体の約６割が集落消滅の可能性が高いという結果が示されている。第３には，「日本21世紀ビジョン」によると，2000年から30年の間に人口が20％以上減少すると見込まれる地域として，①地方の中核，中枢都市の通勤１時間圏外，②人口規模３万人未満の市町村などを挙げ，他地域への人口の集約化などの地域再編を提言している。すなわち，この構想は，今回の平成の大合併に組せず，独自路線を選択した自治体を再編成し，人口30万人都市を中核都市とした効率的自治体運営をめざしていることである。地方圏域の特定都市に人口を集約させ，そこで効率的な社会サービスを提供するシステムを構築しようとする構想である。この構想の中に，最上町も該当し，個々の集落から高齢者などが中枢地域に移住させられることを意味している。最上町や集落にとっては，重大な意味を含んでいる報告書なのである。こうした国の地方自治体再編の政策に対抗するためには，最上町がいずれ合併する，しないにかかわらず最上町としての長期ビジョンを持っておく必要があると考えたからである。

　最上町の地域福祉長期ビジョンの策定から10年後の2014年５月に，民間の日本創成会議（座長・増田寛也元総務相）が発表した試算は，地方から都市への人口移動が続く場合，市区町村の49.8％に「消滅可能性がある」とし，自治体などに衝撃を与えた。出産年齢の中心である20〜39歳女性が2010年からの30年で５割以上減少する都市を「消滅可能性都市」と定義した。この創成会議の報告書は人口移動が収束しないという前提で，地方から大都市への若年層の流出防

止や東京一極集中是正を強く求める内容である（増田，2014）。

　さて，2030年の最上町地域福祉政策長期ビジョンの目標には，「持続可能な福祉社会の実現」を掲げた。最上町の地域福祉計画の発展マトリックスを描くについては，2つの軸を設定した。「ソーシャル・キャピタル」(1)と「ソーシャル・ガバナンス」(2)の軸である。この2つの概念については，後述する。「持続可能な福祉社会の実現」に向けて5つの戦略プログラムを立て，ひとつの戦略プログラムのなかに，①短期（5年後）・②中期（10年後）・③長期（20年後）に時期区分した達成目標の施策を配列した。

　戦略マトリックスの構図は，「定住と交流のまちづくり」戦略プログラムを中心に描いた。何よりも住民が定住できる条件を整備し，人口の流出をくいとめるための定住と交流のプロジェクトを立ち上げることを構想した。「自然と福祉と観光のまちづくり協議体」はローカル・ガバナンスの具現化である。

　「ソーシャル・キャピタル」系には，「健康寿命の伸張」（短期には医療と介護の給付費の抑制，中長期には健康寿命90歳の実現をめざした）と「地域で支えあうネットワークの形成」（短期には新しい住民活動と地縁組織の結合，中長期には排除のない安全な町の実現をめざした）を配置した。持続可能なインフォーマルケアとフォーマルケアの融合システムの構築（家族介護負担率を軽減させ，在宅ケアを可能させる環境を創造する）などを積極的に推進し，結果としてソーシャル・キャピタル指数の上昇を促す。

　「ソーシャル・ガバナンス」系には，「地域包括ケアシステムの開発」（短期には小学校区ごとに既存施設を活用した小規模多機能施設の設置，中長期にはエリアごとの地域包括ケアシステムの実現めざした）と「地域福祉の協働経営と運営」（短期には全集落にコミュニティバスの運行，中長期には市場の活性化とよき政府の統合の実現をめざした）を配置した。持続可能な地場産業の発展と地方財政の安定的収支システムの構築（自治体の歳出を削減し，租税と企業収益と家計の三位一体の最上型地方自立安定財政モデルを構築する）といった公セクター，民間セクター，住民・市民セクターの協働による地域福祉のガバナンス（協働統治）方式を提案した。

　以上のように，最上町地域福祉政策長期ビジョンでは，ソーシャル・キャピタルの蓄積（豊かな公による準市場の形成，安全な町のイメージの定着）とソーシャル・ガバナンスの形成（新たな市場の開拓と雇用の場の創出，安定財政の確立）

第7章 地域福祉計画を支える理論

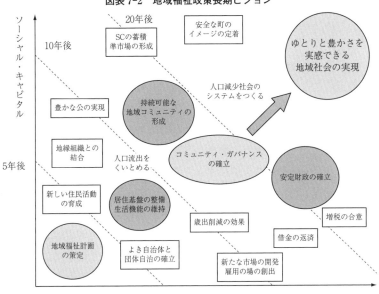

図表7-2 地域福祉政策長期ビジョン

出所：筆者作成。

を一対の軸として，最上町の20年後を想定し，持続可能な福祉社会の実現への構図を描いた（**図表7-2**）。ここで3つのことを提起したい。第1は，地域福祉計画の5年間を長期ビジョンの目標設定の中に位置づける。第2は，計画の目標実現にむけて，地域福祉計画策定の軸を設定する。その軸は，住民参加と協働の手法によるワークショップで考案することである。その軸の要素には，ソーシャル・キャピタルとソーシャル・ガバナンスを設定する。そして第3は，ソーシャル・キャピタルとソーシャル・ガバナンスの要素からその地域に適したコミュニティ・ガバナンスを自己創出する。

2　地域福祉計画への応用理論

ソーシャル・キャピタル論

　社会の至るところで，信頼の崩壊が表面化している。家族が個々に孤立し，とりわけ子育て中の若年夫婦世帯や障害者・高齢者の要介護者を抱えた家族の間で，孤立や孤独が意識され，その解決が否応なしにコミュニティの再形成や家族関係の現代的とらえかえしを求める声となって現れてきている。そこで，豊かな地域社会の人間関係を創造する理論としてソーシャル・キャピタルという考え方に注視したい。

　他方，一定の地域内でのソーシャル・キャピタルの強さだけに目標が向く傾向は，ややもすると内向きや排他的なソーシャル・キャピタルが形成されやすいというマイナス面も十分留意する必要がある。異質なものを排除して，同質のものだけでソーシャル・キャピタルを高めるという閉鎖的な共同体を作ることではない。また，それに固執するとコミュニティの分断や対立を招く恐れもある。地域福祉計画でソーシャル・キャピタル論を応用するねらいは，単に集落のソーシャル・キャピタル数値の高低を測ることではない。したがってその項目には，一般的なソーシャル・キャピタルの構成要素である「信頼・規範・ネットワーク」の3要素に，「連帯・包摂」の要素を加える必要がある。

　ただし，ソーシャル・キャピタル論には，2つの側面があることを認識しておかねばならない（宮川, 2004）。ひとつは，社会の健全性・安定性・安全性，経済の成長・発展，イノベーションの創造，公共政策などプラスに機能し，包摂的社会の実現に貢献する。これは，「接合型」（bridging）ネットワークと呼ばれ，非排除的・浸透的で，異質的集団の結びつきの橋渡しに有用な側面であり，福祉コミュニティ形成への有力な方法論として応用できる。豊かなソーシャル・キャピタルが蓄積されたコミュニティといえる。もうひとつは，ソーシャル・キャピタルからの受益の範囲限定性や排他性から，排除的社会あるいは分断的社会の形成につながるおそれがある。これは，「結束型」（bonding）ネットワークと呼び，同質的メンバーの集まり，外部者を排除するような性格をもち，伝統的共同体コミュニティに見受けられる側面である。現在では，犯罪や事件，自殺などが多発するアノミー型コミュニティに現れ始めている。貧

しいソーシャル・キャピタルのコミュニティといえる。

　持続可能な福祉コミュニティを形成するための地域福祉活動の特徴は，従来相容れなかった伝統的な地縁組織とNPO等の市民・住民活動の接点をつくり出すことである。その結節は，地域社会が抱える日常的な必要であり，福祉や介護の需要ニーズである。そのためには，地域社会の地縁組織の社会統合とNPOやボランティア活動の社会連帯が連携・融合して新たなソーシャル・キャピタルの形成への循環を意識的につくり出すことである。これらの動きは，「互酬の制度化」と言い換えることができる。このことは，農耕社会で普及した結（ゆい），講（こう）のような伝統的な互酬のしくみを，新たな市民・住民活動やNPOに結合させ，地域の自然や伝統文化などの資源と新たな市場を結びつけ，現代的な市場経済の中でも機能するように制度化していく試みであるといえる。すなわち，ソーシャル・キャピタルと市民・住民活動の関係とは，一般市場で交換されにくい地域内の介護や子育て支援といったボランティアや相互扶助的なサービスの交換形態を，伝統的な互酬慣行の再活用によって，現代社会に適応可能な形で制度化し，一定の範囲の地域社会に準（疑似）市場を形成し，より強固で安定したソーシャル・キャピタルをそれぞれの地域社会で形成する目的指向型の集合的営為である，としておく。

　ひとつの事例を紹介しよう。最上町でのソーシャル・キャピタルのヒアリング調査のために集落の公民館に祖母と母親と幼児たちが集まった。そこでは，祖母や母親が個別に介護や子育てを担っており，お互いに話し合う場がないことがわかった。また，地縁組織では町内会や神社の共同作業等日常的な活動が当たり前のように継続されている。この地縁組織による日常の紐帯活動と介護や子育ての新しい互酬活動が公民館という「場」を中心に結節することによって，新たなソーシャル・キャピタル持続可能な地域コミュニティの形成には，これら両者のソーシャル・キャピタルを結合させていく方法をとる必要がある。まず，地縁組織の活性化である。自治会や町内会，婦人会や高齢者会などの地縁組織が重要な役割を担うことになるが，現在では大都市部や地方の集落においても，その加入率の低下など衰退化が著しい。他方，福祉や環境，教育など多様な市民活動を行う非営利組織（NPO）の台頭の勢いには目を見張るものがある。

　これらの実践活動の共通点は，伝統的な地縁組織をNPOとして再生させる

試みである。地域社会の新たなニーズに応えるNPO法人を自ら設立し，運営するというように，地縁組織とNPOが連携・融合して新たなソーシャル・キャピタルの形成への期待が膨らむ。異質のネットワークをも横断的に橋渡しをするような役割を助長するようなソーシャル・キャピタルのプラスの力を発揮させることである。問題は，自発的な社会的結合それ自体の衰退ではなく，市民社会にプラスの貢献をするようなネットワークの衰退なのである。

ソーシャル・ガバナンス論

社会秩序を維持するための法制度や行政サービスおよび公共政策を政府や地方自治体が運用する際に，その行政運用面でいくつかの問題点が指摘されてきた。①タテ割り行政や硬直化を伴う官僚主義，②利用者の権利ないし選択権の否定，③生活の質に対応できない，最低水準を越えないナショナル・ミニマム（「生活の質」に対応できない），④福祉サービス利用に伴うスティグマ等があげられる。新たな公共性は，こうした行政の運営手続き面の欠陥を克服する概念として主張される側面もある。

新しい公共に求められるのは，まさに地域社会の希少資源を有効に活用しながら新しい価値（公共）を創造して，公共性の構成要件である「公平」と「効率」を積極的に両立させることにある。また，従来の公共性には，社会の上にある国家が社会に向かって救いの手を差し伸べるという印象があったが，現代では国家と社会は水平的関係にあり，むしろ社会を構成する人々が政府を媒介として自ら公共的諸問題（福祉や環境）を解決していく主体として登場している傾向が見られる。したがって，新しい公共では，公セクター（政策），民間セクター（資源），市民・住民セクター（情報）の三者の協働によって，公共的諸問題を解決していく政治・経済・社会システムを地方自治体が中心となって構築していくことになる。これを推進していくための方法として，現在注目されている理論がソーシャル・ガバナンス論である（**図表7-3**）。

ガバナンスには，よき政府という意味のほかに，公共的諸問題の解決に政府のみならず民間セクターや市民（住民）セクターがかかわっていることを意味する場合とがある。後者のガバナンスは，政府や市場と並ぶ社会的諸関係を媒介し，調整するメカニズムを意味する。そのためには，従来の行政運営方式の官僚制的性格を改めて，より敏感に民意を反映し，市民・住民への負担を軽減

第7章 地域福祉計画を支える理論

図表7-3 地域福祉のガバナンス

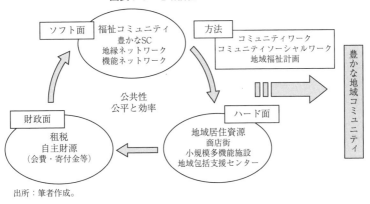

出所：筆者作成。

しながら，急速に変動する現代社会に対応して，他のセクターと連携しながら着実に社会的ニーズを充足し，新しい公共の価値を創造していくことが期待される。このような新しい行政の運営方式が，狭義の意味における公共経営である。公共経営は，地域社会の公共的諸問題の解決や公共目的の達成に関する限り，民間セクターやNPOやボランティアなどからなる市民・住民セクターをも含めて考えるが，行政はそのための主要な役割を果たすものとしてそのまま残ることになる。ただし，その運営方式は，従来の行政管理や官僚制的行政運営から，ソーシャル・ガバナンスのそれに変わらなければならない。

今日のような高齢化社会には，大量生産・大量消費の生活様式になじまない高齢者等社会的弱者の生活ニーズの充足やサービスへのアクセスの方法が求められる。たとえば，御用聞きとか，消費者の好みや消費行動といった個人情報を集め，個人の嗜好に合わせた販売方法などである（ソフト面）。そのソフト面を活かすには，従来のコミュニティが生活機能として保有していた諸資源（たとえば，鉄道の駅舎，商店街，寺社，郵便局，銭湯，街並み，朝市，骨董市等）を再活用し，高齢者等が住み続けられるコミュニティ空間を形成するための居住環境が基盤になければならない。住民が集まれる住まいやまちの空間づくり，よろず相談所，世代間の交流施設，高齢者・障害者・子どもの交流空間をコミュニティの中に生活機能ストックとして蓄積していくことである（ハード面）。そして，ハードとソフトを媒介する財政が必要となる。地方にとって三位一体改革は，国への依存体質から脱却するチャンスとなる。だが，カネを手にする

と同時に責任も負うことになる。自治体がいかに創意工夫して，住民本位の行政を実現するのか。住民を含めた新しい公共の担い手による創造力が求められ，その協働によって，公平性と効率性の両立が問われることになる（財政面）。いわば，地域コミュニティを人間の生活の「場」として再生させるシナリオをどう描くか，その理念と方法，アイデアが求められている。地域コミュニティの維持は，人間の生活の持続可能性を追及することである。

コミュニティ・ネットワーク論

　筆者は，地域福祉計画と地域福祉活動計画を一体的に策定する方法で，これまでも各地の地域福祉計画策定にかかわってきた。地域福祉計画の特徴は，総合性・包括性，社会政策の計画化，参画と協働，地域性の重視といったことをキーワードにしている。また，地方自治体の財政難が強調される中で，とくに少子高齢社会への対応，増大する福祉需要への対応，保健医療福祉サービスのトータルケアシステムの確立，在宅福祉と施設福祉の統合化，介護保険制度の事業計画の策定作業等への実践的・政策的課題への取り組みが行政の重点課題としてとりあげられている。したがって，これらに対応する地域福祉計画と，社会福祉協議会が主体となって作成する地域福祉活動計画は，別個に作成するのではなく，共通の政策・施策・事業を協働分担する関係が重要となる，というのが地域福祉計画と地域福祉活動計画を一体的に作成する優位性である。もちろん，策定の時期に時間差はあると思われるが，要は一体的作成への意思の問題である。

　その上で，地域福祉計画の地域戦略への構想は，1環（個人・家族・親族網）から始まり，2環（近隣），3環（小学校区），4環（中学校区），5環（市町村），6環（広域），7環（国），8環（グローバル）までの8層で構成される。8層ごそれぞれの環には，コミュニティの問題とネットワーク活動を当てはめる。それが**図表7-4**である。そうすると8層の空間とネットワークは，3つのコミュニティに大別することができる。第1のコミュニティ・グループは，1環から3環までで，主として地域福祉活動計画の守備範囲に属することになる。この領域は，住民自治活動が展開されることになる。

　第2のグループは，4環の中学校区と5環の市町村のエリアに位置し，そこでは地域福祉計画の守備範囲である。中学校区では，主として地域包括支援セ

図表7-4 地域福祉計画の地域戦略——コミュニティとネットワーク

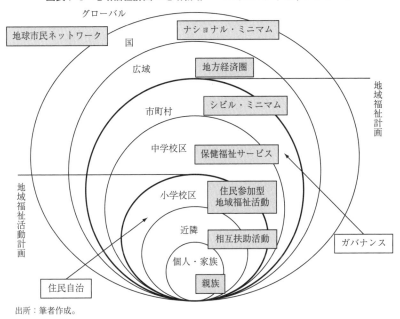

出所：筆者作成。

ンターや介護予防事業，保健福祉のワンストップ・サービス相談等が展開される。市町村のエリアでは，合併自治体も含めて，市町村全域の政策スタンダードの制度設計やシビルミニマムの水準化といったローカル・ガバナンスが展開される。6環の広域は，都道府県の域内で，とくに地域福祉支援計画の守備範囲となる。

3 地域福祉計画の協働と自治

ローカル・ガバナンスとは

これまでのガバナンス論は，大きく「市場によるガバナンス」と「政府によるガバナンス」に分かれていた。ボウルズ（Bowles, S.）は，20世紀のガバナンス思想として自由放任の市場メカニズムと社会エンジニアリングによる広範な政府介入に分類し，前者を自由放任主義とし，後者を社会主義として両者の二元対立的思考に疑義を呈し，両方の失敗を強調した（Bowles, 1999）。そこでボ

ウルズとギンティス（Bowles & Gintis, 2002）は，ソーシャル・キャピタル論をコミュニティの中で位置づけ，コミュニティ・ガバナンス論を主張した。

さらに，「コミュニティは，国家や市場と比較して，信頼，協力，互恵，尊敬，自尊心，報復など共同の活動を調整するために用いられるインセンティブを，より効果的に育み，かつ利用することができる」（宮川，2004：17）とコミュニティの有用性を主張する。コミュニティは，単独で行動する個人にとっても，あるいは市場や政府によっても対処することができないような問題に取り組むことができるがゆえに，良いガバナンスの一環となりうるのである，と（Bowles & Gintis, 2002）。

こうしたコミュニティ有用論から導き出されるコミュニティ・ガバナンス論は，集団への個人の行動契機に依拠することになる。ゆえに，コミュニティ・ガバナンスは，市場が前提とする個人の効率性による利己主義と，国家（政府）が前提とする公平性による利他主義のいずれによってもとらえられないものであり，良い制度設計のためには，コミュニティ，市場，国家は代替的でなく補完的なものとして扱われなければならない（Bowles & Gintis, 2002）。

しかし，コミュニティが万能ではなく，コミュニティの失敗もある。ボウルズとギンティスは，コミュニティの3つの失敗をあげている。第1は持続的な人間関係の保持のために接触する仲間を選り好みしようとする傾向，第2はコミュニティの集団における文化性及び人口特性的に同質的になりがちで，多様性からの利益が失われる傾向，第3は集団の内部者と外部者の区別が厳しくなる傾向，などである（Bowles & Gintis, 2002）。

先のコミュニティ・ガバナンス論を踏まえて，筆者は，政府・市場・コミュニティの失敗を克服するための新たなコミュニティ・ガバナンス論を模索したいと考える。まずは，一般的なコミュニティにありがちな失敗の認識である。すなわち，コミュニティの失敗は，一般的なコミュニティの有する集団の同質性による異質者の排除の論理が働くことへの警告であるととらえる。

ローカル・ガバナンスの実際

ローカル・ガバナンスという考え方を地域福祉の協働経営や運営に応用した場合，どのような政策と実践に焦点を充てることが妥当なのか。最上町の地域福祉計画では，「全集落に毎日1本コミュニティバスを走らせる」という具体

第7章　地域福祉計画を支える理論

的な政策目標を掲げ，集落住民のニーズや必要のデータをローカル・ガバナンス（ここでは地域福祉の協働経営・運営）の論拠でもって，それを実際に運行させるための方策として「NPO法人コミュニティバス運営協議体」の設置を提案した。現在，段階的に集落のコミュニティバス運行の本数を増やしている。

　集落に居住し，車を運転できない高齢者や障害者等の社会的弱者がそこに住み続けるためには生活機能の基盤整備が不可欠である。コミュニティバスは，従来まで町営で運行していたが大幅な赤字をもたらした。いわば政府の失敗である。さらに町はその運営をタクシー会社に委託したが，タクシー会社は採算の取れる路線しかバスを走らせず，また大幅な赤字に対し政府が補助金で賄っている。これは，市場の失敗である。すなわち，政府による「公平の論理」と市場による「効率の論理」では，いずれもコミュニティバス運行の財政的障壁を克服することはできない。では，交通の僻地に住まう人々の，そこに住み続けたいという意志と政府・市場の論理がぶつかる矛盾を克服する方策はないものだろうか。

　そこで登場したのが，ローカル・ガバナンスの論理である。それは，一般市場で交換されにくい地域内の相互扶助的なサービスの交換形態を，行政・企業・社会福祉法人・ボランティア・住民が協働してNPOを設立し，伝統的な互酬慣行の再活用によって，現代社会に適応可能な形で制度化し，一定の範囲の地域社会に準（疑似）市場を形成し，より強固で安定したローカル・ガバナンスをそれぞれの地域社会で形成することにある。従来までの「政府」対「市場」，「公平」対「効率」という二項対立の構図では，走らすことができない住民の「生活の足」をローカル・ガバナンスで可能にしようとする試みである。お互いの利害がぶつかりあう従来の政策決定のやり方では限界があり，それぞれの利害を超えたところに新たな方法論を発見するしかない。

　行政・企業・社会福祉法人・ボランティア・住民それぞれが適正に出資し，それぞれが事業運営へのアイデアと知恵を出し合い，それをもって地域福祉計画のテーブル（課題共有の空間）で実現していくことが可能になる（**図表7-5**）。また，国土交通省は，特定非営利活動法人などによる自家用車での有料送迎を解禁する法律改正や「福祉有償輸送特区」によって，この地方のローカル・ガバナンスの実践を後押している。

図表7-5 ローカル・ガバナンスの実践——コミュニティバス運行事業のしくみ

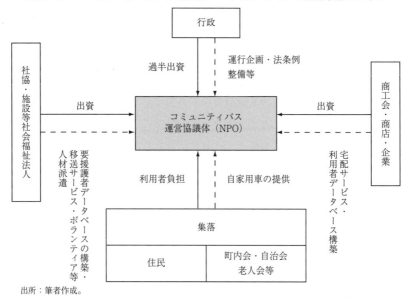

出所：筆者作成。

地域福祉の協働統治と住民自治の循環

図表7-6は，地域福祉計画と地域福祉活動計画の2つの流れを構図化したものである。第1の循環は，住民・住民自治・地域福祉活動計画の関連を示したものである。第2の循環は，市民・協働統治・地域福祉計画の関連である。

まず，第1の循環は，住民の生活課題を通じて地縁組織や当事者組織による相互扶助活動が展開され，さらにその生活課題や相互扶助活動を市町村社協・社会福祉施設の専門職団体・機関が「小地域ケア活動の組織化」に発展させる。これらのプロセスを地域福祉活動計画として循環させる構図である。その方法論は，住民自治論である。

第2の循環は，市民のニーズ・需要の充足から出発することになる。多元的供給体（事業所やNPO・ボランティア等）は，市民の多様なニーズを充足するために良質の福祉・介護サービスを提供し，市場や準市場を形成する。しかし，良質のサービスが適切に提供されているとは限らない。そこで市場や準市場が十全に機能するように指導し，支援するのが行政であり，その行政に対して議会が監視することになる。そこには，市民社会のパートナーシップと契約が成

第7章 地域福祉計画を支える理論

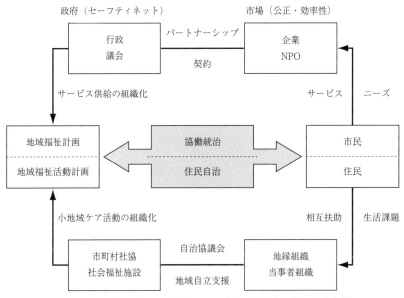

図表7-6 地域福祉の協働統治と住民自治の循環

出所:牧里毎治作成の地域福祉計画策定図を参考に,筆者加筆。

立する。また,行政は地方政府として適切な社会的セーフティネットを設定する任務がある。その社会的セーフティネットが適切であるかどうかを評価し,適切でない場合にはその張替えを提起するのが議会であり,また市民の役割でもある。これらのプロセス全体を通じて地域福祉計画の協働統治(ローカル・ガバナンス)をさす。さらに第1環と第2環は,相互に補完し,循環する必要がある。

このように市民・協働統治・地域福祉計画と住民・住民自治・地域福祉活動計画は,一対のものとして成立することになる。

注

(1) ソーシャル・キャピタルは,別名「見えざる資本」と呼ばれている。「見えざる資本」とは,信頼,相互扶助などコミュニティのネットワークを形成し,そこで生活する人々の精神的な絆を強めるようなものを意味する。たとえば,住民の非営利組織への積極的な参加,活発な寄付・ボランティア活動等は,ソーシャル・キャピタルを豊かにする重要な要素である。そして,豊かなソーシャル・キ

ャピタルが形成されている地域では，犯罪や児童虐待を減らし，高齢者や障害者の生活の質を改善し，少子化を防ぎ，さらに地域経済の成長を促すという調査結果も示されている（内閣府国民生活局編（2003）『ソーシャル・キャピタル——豊かな人間関係と市民活動の好循環を求めて』国立印刷局）。

(2) ソーシャル・ガバナンスの概念については，神野直彦・澤井安勇編著（2004）『ソーシャル・ガバナンス——新しい分権・市民社会の構図』（東洋経済新報社，49頁）。澤井安勇は，ソーシャル・ガバナンスの概念を用いて，その担い手として，任意参加型の第3セクター（アソシエーション）と地縁コミュニティを想定し，結果として政府・市場・市民による協働的統治状態を意味づけている。

引用・参考文献

野口定久（2003）「地域福祉計画策定のコンセプトとプロセス——民意の政策化」『地域政策研究』第24号。

増田寛也編著（2014）『地方消滅——東京一極集中が招く人口急減』中公新書。

宮川公男（2004）「ソーシャル・キャピタル論——歴史的背景，理論および政策的含意」宮川公男・大守隆『ソーシャル・キャピタル』東洋経済新報社。

Bowles, S. Gintis, H., Wright, E. O. (1999) *Recasting Egalitarianism : New Rules for Communities, States and Markets*, Verso.

Bowles, S. & Gintis, H. (2002) *Social Capital and Community Governance*, Economic Journal, 112 (Novenmber).

第8章

地域福祉計画の策定と推進

1 地域福祉計画の枠組み

地域福祉活動計画の手順

　今，世界の先進諸国において少子化社会と高齢化社会の同時進行のもたらす社会問題が深刻化しはじめている。その問題の生成構造と解決課題がグローバル化の中でのローカリティの空間として注視されており，行政，社会福祉協議会，NPO，住民などの協働と参加と役割による問題解決志向としての政策及びシステムの形成が急がれている。ここでは，とくに基礎（市町村）自治体の社会福祉政策と実践及びその評価システムについて，住民参加を基点にした地域福祉計画の策定プロセスとその運用方法の試行案を提示し，参考に供したい。事例には，これまでに筆者がかかわった，いくつかの地域福祉（活動）計画を取り上げ，地域福祉計画の基本的なコンセプトと策定のプロセス，進行管理と評価のしくみづくりを題材に説明していくことにする（**図表8-1**）。

　ここでは，地域福祉計画と地域福祉活動計画を一体のものとして策定する場合の手順（プロセス）を示すことにする。第1段階は，ニーズからの出発である（need oriented）。住民の福祉意識，住民が抱える福祉ニーズや必要，サービスの需要，あるいは住民間や施設と住民間のコンフリクト（葛藤）などの実情把握を行うためにアウトリーチ型の実践活動が求められる。第2段階は，これらのニーズ把握から地域コミュニティの生活指標分類を行う必要がある。たとえば，①安全・交通，②居住環境，③雇用・仕事，④社会参加・教育，⑤健康，⑥社会サービス，⑦情報・コミュニケーションに指標化する作業である。第3段階は，これらの生活指標を計画の政策的視点から整理する必要がある。たとえば，コミュニティの生活環境の指標化，地域包括ケアシステムとコミュ

第Ⅱ部　地域福祉の計画と実践

図表8-1　地域福祉（活動）計画の概念図

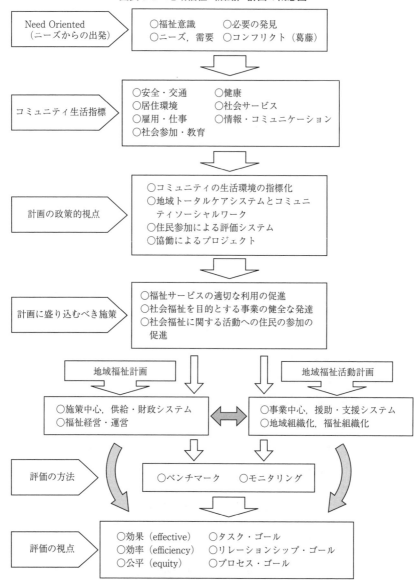

出所：三重県社会福祉協議会（2002）『必携地域福祉（活動）計画ステップ30』28頁。

ニティソーシャルワーク,住民参加による評価システム,住民との協働によるプロジェクトなどを重点的な政策課題化する必要がある。

第4段階は,計画に盛り込むべき施策である。①福祉サービスの適切な利用促進,②社会福祉を目的とする事業の健全な発達,③社会福祉に関する活動への住民参加の促進などを盛り込んでおくことが求められている。第5段階は,地域福祉計画と地域福祉活動計画の役割分担を行う必要がある。地域福祉計画は,①施策中心に,サービス供給や財政システムを,②福祉経営・運営に力点を置くべきである。主として行政や社会福祉法人・施設・事業所の任務である。他方,地域福祉活動計画の場合は,①事業や活動中心に,その援助や支援システムを構築し,②地域の福祉課題の組織化,個別問題の福祉活動の組織化など,主として社会福祉協議会の任務である。第6段階は,地域福祉(活動)計画実行の評価の方法である。ひとつは,ベンチマーキング(住民が計画づくりに参画し,身近なくらしの中からわかりやすい政策や施策の目標化を住民自身がつくる方法)という評価手法がある。2つ目は,モニタリング(定期的にモニターに選ばれた住民が値域福祉計画の一つひとつの項目を評価する)という手法である。いずれも計画の評価法としては実用化されていない。第7段階は,地域福祉計画の視点として効果(effective),効率(efficiency),公平(equity)が適している。地域福祉活動計画には,タスク・ゴール,リレーション・シップゴール,プロセス・ゴールが伝統的に採用されている。

地域福祉活動計画の構成要件

地域福祉計画の構成要件は,次の通りである。

① 目　的

住民の必要やニーズ,意識の把握に基づいて,広義の福祉課題が地域社会に提示され,地域の福祉資源を動員し,地域レベルで福祉課題の解決と必要やニーズの充足をはかることにある。

② 固有の論理と方法

地域福祉(活動)計画は,行政と社会福祉協議会が政策レベルの目標を共有化し,行政が主として施策レベルを,社会福祉協議会が主として事業レベルを分担するといった性格をもち,社会サービスなどの諸社会資源を調達する計画であると同時に,住民のさまざまな社会福祉活動を援助するための方向づけや

調整など地域福祉活動の条件の整備をはかることを任務とする。そして、計画策定の全過程において、また計画の推進過程においても住民の参加・参画機会を積極的に取り入れる方法を採用する。

③　構成と内容
・「基本構想＝政策の目標」では、計画のねらい・性格・基本的な視点が示される。地域福祉の基本的な考え方や現代社会福祉の原理を明記し、これに基づいて地域福祉計画推進の基本的な視点と、また社会福祉の改革や地域社会の背景などを通して計画によって共有される目標が明らかにされる。
・「基本計画＝施策の目標」では、計画の目標を達成するための施策の主要課題の設定と具体的な施策の目標が示される。ここでは地域福祉調査や地域診断などのニーズ分析に基づいて、施策の主要課題が設定され、それに基づいて主要な施策の柱だて（現状と課題、施策の方向性）と施策の優先順位が定められる。
・「実施計画＝事業の推進方法」は、基本構想及び基本計画に示されている基本方策に基づいて、それぞれの地域の特性と実態を考慮しつつ、その具体的な事業の実施プログラムを定めるものである。ここで重要なのは、この具体的な事業の推進に必要な予算、人材等の数字を伴った年次計画に落とすことである。

④　計画の期間
従来までの計画は、おおむね10年を目途に立てられていたが、昨今の急激な社会変動のもとでは、5年程度を目安にするのが妥当である。

⑤　計画の進行管理・評価・修正
計画を着実に進行するにあたって、事業の実施状況について適切な進行管理と事業遂行の達成度の評価を怠らないことである。その際に、市民や住民からの意見の収集につとめ、事業実施の見直しの極力反映するように努めること。

基本コンセプト

筆者が、自治体および社会福祉協議会の地域福祉計画策定にかかわりアドバイスする際に留意あるいは注文することは、①徹底した住民参加、②一人ひとりの住民のくらしやニーズから出発する計画づくり、③地域福祉計画と地域福祉活動計画の一体的作成の3点である。そのうえで、地域福祉計画のコンセプ

トを次のような枠組みで整理してみる。

① 社会政策の計画化

現代の福祉問題の深刻化をくいとめるためには，いまや弱体化している家族機能，希薄化している近隣や親族網を再形成していく必要がある。地方自治体は，家族，地域社会といったインフォーマルなサポートネットワークの基盤強化策を積極的に推進する必要があり，さらに，在宅ケアを可能にする介護保険サービスや地域保健医療福祉サービスを計画的に供給していくことが求められている。

② 参加・協働の重視

住民の福祉意識とニーズ把握調査，地区ごとの住民懇談会，問題別委員会，作業委員会，策定委員会など各段階において当事者や住民，ボランティア，NPOなどの参加・参画を保証しなければならないし，またワークショップの場には，行政側も一緒に参加し，協働して問題解決の方法を検討する必要がある。これからの地域福祉のガバナンスは，行政と住民・市民・事業者等が公共的諸問題の解決方法を協働して考案し，それらの解決に向けた住民やNPOの諸活動を行政が財政面で，またソフト面で，ハード面で支援することが「良きガバナンス[1]」であるということになる。

③ 地域性の重視

それぞれの地域特性を重視する必要がある。今回の地域福祉計画は，国がある一定のガイドラインを提示し，それを地方自治体が画一的に目標数値を入れ込んでいくようなものではない。たとえば，地域の人口変動の状況（年齢構造，地域別，定着別，流入時期）を分析し，地域の強みと弱みを分析したり，政策の焦点化や施策の優先性を選択する。そして，徹底して住民の福祉意識や福祉ニーズの把握に努めることが重要である。地域的課題の解決と個別課題の解決のしくみづくり，地域保健医療福祉システムの拠点づくり（全域的エリアと生活エリアの設定），地域見守り安心ネットワークづくり，早期発見，早期対応のシステムづくり，介護予防・地域包括支援センター（総合相談窓口），日常の役に立つ防災ネットワークのマニュアルづくりなど，地域の実情に適した社会資源やサービスのシステムづくりが求められる。

第Ⅱ部　地域福祉の計画と実践

図表 8-2　自治体の各種計画と地域福祉計画の相関図

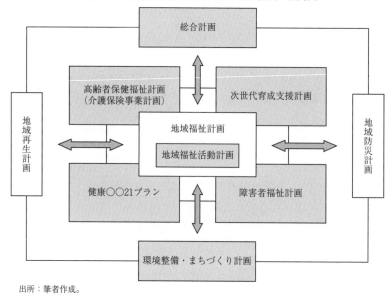

出所：筆者作成。

他の個別計画と地域福祉計画の関係

　地域福祉計画では，**図表 8-2** で示したように，それぞれの自治体で策定された介護保険事業計画，高齢者保健福祉計画，障害者福祉計画，子育て支援計画，健康プラン21など個別計画や総合計画や防災計画等の自治体計画を再度，地域福祉の視点から総合的かつ包括的にとらえなおすことが重要である。具体的な作業としては，作業委員会の過程で，これらの個別計画の施策や事業のなかから地域福祉計画と連動したほうが実効性のあがる事項を取り出し，改めて行政の果たすべき役割として提示する必要がある。

　また，福祉個別計画のうち法定計画（老人保健福祉計画，介護保険事業計画）および法定外計画（障害者計画，児童育成計画）などは主として行政が策定し，それ以外の地域福祉活動や実践の組織化などを社会福祉協議会が担うといった役割分担がなされていた。地域福祉計画は，総合性・包括性，社会政策の計画化，参画と協働，地域性の重視といったことをキーワードにしている。また，昨今の自治体の財政難が強調される中で，とくに少子高齢社会への対応，増大する福祉需要への対応，保健医療福祉サービスの地域包括ケアシステムの確立，

在宅福祉と施設福祉の統合化，介護保険制度の事業計画の策定作業等への実践的・政策的課題への取り組みが行政の重点課題としてとりあげられている。したがって，これらに対応する地域福祉計画と，社会福祉協議会が主体となって作成する地域福祉活動計画は，別個に作成するのではなく，共通の政策・施策・事業を協働分担する関係が重要となる。

2　地域福祉計画策定の要件

「排除」と「孤立」を乗り越えて

　福祉コミュニティの実現を理念に，地域を基盤とした生活条件づくりを社会福祉の考え方とする取り組みの広がりの中で，生活に最も身近な市町村ごとに，住民の参加によって，福祉を考え，実施するしくみづくりが急速に進んでいる。

　地域福祉とは，地域住民の生活空間で生成する福祉問題の解決の場を，生活の基点としての地域社会に置くような制度や援助の体系，いわばその居住環境や地域のフォーマルなサービス及びインフォーマルなサポートネットワークを重視するという問題解決理念の実現にある。すなわち，地域福祉が目標とする福祉社会の実現というのは，人権尊重とソーシャル・インクルージョンの理念に基づき，一人ひとりの生涯にわたる生活を総合的に支えるしくみを，地域を基盤に，住民の主体的な参加を基盤とした公私協働の実践を通じてつくっていく営みそのものであるといえる。

　いまや，解体しつつある家族関係やコミュニティのつながりを再び組織化し，また複雑化・多様化していく福祉のニードにマッチした保健福祉サービス等のソーシャルサービス・システムを構築していくには，住民の主体形成力，自発的な問題解決能力や自治意識の向上の必要性が問われている。そのためには，生活問題の直接的な担い手である当事者，地域の住民，地域ボランティアの参加や協力を欠くことができない。なぜならば，このような住民参加の促進こそが，福祉問題の解決の主体者としての住民意識の向上，近隣関係の希薄化による孤立化の防止，人間の尊厳を侵害している状況の改善など，地域福祉の政策や実践が連動したまちづくりにつながるからである。

第Ⅱ部　地域福祉の計画と実践

図表 8-3　コミュニティの生活環境指標

領　域	個別指標
安全・交通	犯罪の防止，交通安全，火災の防止，災害（地震，台風，水害）からの防止，防災マップの作成，少年非行・暴力・虐待の防止，身近な生活道路（買い物・通学）の安全性，国道・県道などの主要道路の安全性，バスなどの公共交通機関の充足，渋滞の解消
健　康	病院・診療所の利用しやすさ，ゴミ処理，上水道からの水供給，下水・排水の具合，ダイオキシン・CO_2などの環境，病気予防の取り組み，疾病率の減少，食生活の改善
居住環境	スーパー・小売店の利用しやすさ，商店街の活性化，公営住宅の建設，住宅改修の公的援助，バリアフリーの程度，子どもの遊び場の充足具合・安全性，公園のスペース，シックハウスなどの建材の安全度，住居・家屋などの住生活，通勤の便，買い物の便
社会サービス	介護保険の健全な運営，地域保健医療福祉サービスの水準，介護予防・地域自立生活支援事業の充実，在宅ケアと施設ケアの充実，子育て環境の整備，男女共同参画社会の充実度，地域住民の福祉意識の程度，ボランティア活動の参加度，失業対策などのセーフティネット，行政サービスの水準，住民参加型在宅福祉サービスの普及
雇用・仕事	賃金・所得，パートなどの副業の機会，地場産業の活性化，コミュニティビジネス，地域通貨など
情報 コミュニケーション	行政の情報公開，近隣・親族・友人等のつきあい，世代間交流，生活福祉マップの有無，サポートネットワークの強さ
社会参加・教育	グラウンドやプールなどのスポーツ施設の利用しやすさ，図書館など公共施設の利用しやすさ，娯楽施設の利用しやすさ，公園・広場の整備と利用しやすさ，学童保育の充実，幼稚園・保育所の充実，小学校の教育と施設，公民館の利用しやすさ

出所：金子勇（1982）「コミュニティ生活の質の社会指標」奥田道大他『コミュニティの社会設計』有斐閣，205頁を参考に，筆者が地域福祉計画の事例を基に作表。

住民生活の質の指標化

　現代社会の市民生活や住民生活をとりまく問題は，都市や農村を問わず，就労・所得・家庭生活といった個別生活者の日常生活の場面から，地域の居住環境にいたるまで，いわゆる「コミュニティの生活の質」にかかわる地域生活保障のあらゆる面にわたっている。この市民生活や住民生活が円滑に営まれ，地域社会の成員である，一人ひとりの地域生活を保障していくものが地域福祉計画といわれるものである。したがって，地域福祉計画とは，これまでの経済発展計画と一応区別された，また，一般的な地域社会開発計画とも異質な，いわゆる地域生活の質にかかわる指標（安全，健康，居住環境，保健・医療・福祉・

教育サービス，雇用保障，交通アクセス・情報，社会参加等）の基準を目標数値化したものであるといえる（**図表8-3**）。

先述した現代社会における新たな社会問題の登場は，これまで地域社会や企業社会，家族に支えられてきた生活の一応の「安定」の大変換をもたらしている。具体的には，①社会的排除と社会的孤立，②貧困と心身のストレスの問題群が複合化しながら市民生活や住民生活を脅かしている状況である。すなわち，地域福祉計画には，新たな社会政策問題の計画化，総合性・包括性，参加の重視，ナショナル・ミニマムと地域生活保障の複合化，政策・施策・事業の体系化，目標数値と評価などが基本コンセプトとして求められる。

コミュニティの内発性に依拠して

貿易均衡や規制緩和などグローバル化の中で，日本経済に対する世界の論調の厳しさが増してきている。一方，目を地域（ローカリティ）に転じてみると，従来のように公共事業による地域外からの企業誘致や工場立地を推進することによって地域の自立的発展を図ることは容易なことではない。このため，これまで地域に蓄積されてきた技術，人材，文化，伝統，自然，産業集積等の特色ある地域資源を内発的に活用・開発して，地域内から新たな産業を創出するという動きが活発化してきている。地域経済の活性化による雇用の創出は，地域福祉の基礎である。そのためには，市町村や社会福祉協議会等の他に，多様な住民組織が参加し，協働して，コミュニティの生活の質（安全，健康，居住環境，雇用，社会サービス，交通・情報，参加）をキーワードとした地域福祉計画の策定とその実現こそが，コミュニティ再生の礎になるものと考えられる。

3 地域福祉計画策定の視点

住民参加による評価システム

いま，アメリカやイギリスでは，行政評価の方法が進んでいる。事例としては，オレゴン州マルトマ郡におけるコミュニティ・ベンチマーキングが有名である。[2]「行政評価」とは，連邦，州，郡，市町村等それぞれのレベルにおいて存在する政府が，住民（納税者）に対して，自らの達成目標を公表し，それに向けてどのように政策や予算を立て，また，その結果どこまで実行できたかを

説明していくプロセスを言い表している。

オレゴン州ムルトマ郡におけるコミュニティ・ベンチマーキングの手法によると，①事前に立てた目標と実際の達成の度合いが具体的な数値でトレースされており，数字を見るだけで何ができて，何ができていないかが，誰の目にも一目瞭然に分かるようになっている。②行政にとっての顧客である住民の目に見える具体的な成果が何なのかを，行政側が積極的に市民に対して説明することが求められている。③評価のための数値は行政部門がつくるが，評価主体はあくまで第三者中立機関や首長，議会にあり，行政内部の評価に加えて行政の外が行政を監視する，という視点からの運用がなされている。すなわち，行政サービスはいかにあるべきか，税金はどう使われているかという住民の意識，身の回りのごみ収集や小学校の運営，老人福祉，市町村道の整備といったところから生まれているといえる。

米国の行政機関は，常に「バリュー・フォー・マネー（税金の払い甲斐）」を証明することを迫られている。「私の払った税金が，どこで，どう使われているかをうまく説明してほしい，説明できないようなら，税金を払わない」というような哲学が住民に意識化されており，また，行政も情報公開の義務を負っている。納税者にとって大切なことは，よりよいサービスをより安く提供してもらうことであり，行政がやろうとしていることが，わかりやすく説明され，疑問があれば口を挟むことができるということである。

地域福祉計画における協働の視点

多くの地域福祉計画では，住民参加の意義や手法が述べられているが，地域福祉計画を推進していく主体間（住民，当事者，NPO，社協，施設等の事業者，企業，行政等）の協働の必要性やその方法論を論じたものは少ない。地域福祉計画の策定と推進において住民参加が必要条件とするならば，協働が十分条件であるということができよう。

地域福祉計画における協働とは，その推進主体間のパートナーシップと言い換えることもできる。すなわち，政府部門が統治する社会サービス等の資源供給システムから市民セクターを中核とする多元的な資源供給システムへの移行の中で必要とされる資源供給主体間の主体的協力関係を意味する。

これからの地域福祉には，政府セクターと市民セクターによる資源供給主体

図表 8-4　ワークショップ「地域福祉の課題をみんなで共有し，解決しよう」

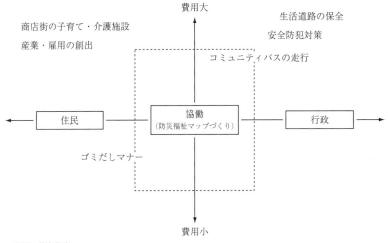

出所：筆者作成。

に加え，住民による地縁・血縁ネットワークの主体的参加システムの再構築が必要とされる。いわゆる，地域生活課題を住民間で共有化する方法である。地域福祉計画の策定と遂行・評価のプロセスにおいて，3つのセクター間の主体的協働関係に基づく，推進主体間のパートナーシップが形成されることを期待する。地域福祉計画の策定プロセスにおいて，住民の生活課題やニーズ，必要のデーターを収集し，それらを具体的に政策・施策・事業に組み立ていく方法論が必要となる。そのために，まず求められるのは，住民懇談会や意見カードで吸い上げた住民の日常生活の課題を住民自身が共有化する方法である。すなわち，住民の参加と協働を求める方法論といってもよいだろう。この方法は，ワークショップで行うのが適している。すなわち，地域福祉計画の政策領域として設定した5つの領域（A．保健・医療・福祉・教育，B．交通・安全，C．自然・居住環境，D．まちづくり・雇用，E．地域コミュニケーション）ごとに，住民と行政職員，そして社協職員が分かれて，以下に示す方法で作業を進める。

　このワークショップのテーマは，「地域福祉の課題をみんなで共有しよう」と題する（**図表 8-4**）。この図の使用法を解説しよう。まず第1段階では，それぞれの政策領域（ここでは上記の5領域）ごとに，一つひとつの生活課題を，「行政―住民」と「費用大―費用小」の対立軸からなる4つの象限の中に，参

第Ⅱ部　地域福祉の計画と実践

図表 8-5　地域福祉計画の政策・施策・事業の構図

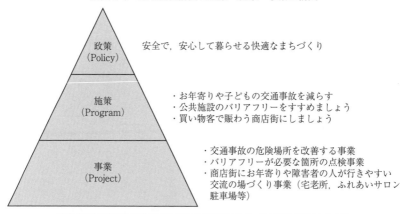

政策（policy）のレベル
住民の思いや願い，必要やニーズに基づく行政課題への基本方針
施策（program）のレベル
政策目標を実現するための具体的な方法やツール
事業（project）のレベル
各施策を推進するための個別事業

計画策定の逆手順──民意の政策化
①住民の思い，必要
・何事も排除せず　・異質な価値のぶつかりあい
②政策化
・7つの領域　・コミュニティの生活の質
③施策化
・わかりやすい項目　・住民，行政，社会福祉協議会
④事業化
・3つのレベル　・プロジェクト　・コミュニティ資源の活用
⑤重点目標
・3つの目標　・住民の意識統合　・地区で取り組みやすい目標
⑥基本理念
・民意の表現　・子ども世代への継承　・創造性

出所：筆者作成。

加者で合議をしてはめ込む作業をする。そして、第2段階において、「協働」という概念を用いて、第1段階で仮に配置した生活課題を、再配置するわけである。そうすると、たとえば、第1段階では「行政・費用大」の象限の右上に位置していた課題が、「協働」という概念を入れた場合、同じ「行政・費用大」象限の中でも、破線の中に移動することになる。そこで、その課題は、協働という概念を通して、参加者の中で共有化されることになる。

さらに、協働化された課題は、それを事業化していくためのアイディアを模索することにつなげていくことができる。

地域福祉計画策定の要点
（1） 民意を政策化する

政策には、3つのレベルがある。政策とは意図した目標を達成するために行われるさまざまな介入のまとまりをさし、レベルの高さにより3つに分けて考えることができる。政策に関する3つのレベルを図解したのが**図表8-5**である。また、計画策定の手順を示したのが、次の表である。従来の政策化と異なり、今回は、民意を政策化する、という目標に従い、「逆手順」の手法をとった。

（2） ソーシャル・インクルージョンを計画化する

何人をも排除せず。地域福祉とは、地域住民の生活問題や福祉問題の解決の場を、生活の基点としての地域社会に置くような制度・援助の体系、いわば、その居住環境や地域の社会関係を重視するという問題解決主体の創生にある。すなわち、地域福祉が目標とする福祉コミュニティ社会の実現というのは、何人をも排除せず、人権尊重とノーマライゼーションの理念に基づき、一人ひとりの生涯にわたる生活を総合的に支えるしくみを、地域を基盤に、住民の主体的な参加を基盤とした公私協働の実践を通じてこしらえていく営み、そのものであるといえる。

（3） コミュニティ資源（人、財、空間、文化）を活用する

地域福祉の課題は、地域の共同消費財の総体として、コミュニティ生活に必要な社会資源の質量をともに担っていくという視点を見失ってはならず、生活課題の拡がりを総合的に地域で解決していく営みに他ならない。とするならば、現に、そのコミュニティが保有している人材（住民そのもの）、財（地域の共有財産等）、空間（コミュニティそのもの）、文化（伝統的文化や風習等）は、地域福

第Ⅱ部　地域福祉の計画と実践

図表8-6　地域福祉計画の評価と進行管理に関する組織構想図

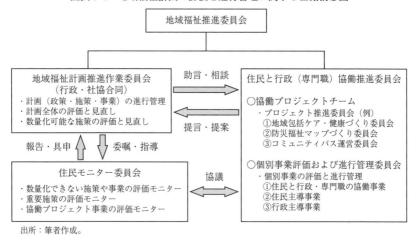

出所：筆者作成。

祉計画づくりの重要な資源となりうる。

（4）　計画の進行管理と評価まで含める

　政策評価や活動評価への住民参加を，施策の中に含めることである。地域福祉計画の評価と進行管理に関するシステムを提示しておく（**図表8-6**）。まず，「地域福祉計画推進委員会」の設置である。住民会議を核にして，進行管理を行うための委員会を設置する。年1回開催し，計画の推進についての進行管理を行う。またそのなかで，必要に応じて計画の変更を提言する。地域福祉計画推進委員会の下に，3つのサブ委員会を置く。第1に，行政と社会福祉協議会合同による「地域福祉計画推進作業委員会」，第2が「住民モニター委員会」である。第3が住民と行政や専門職による「住民・行政・専門職協働推進委員会」である。地域福祉計画の評価とその進行管理を担う組織やシステムの構築は，計画策定の体系の中にあらかじめ埋め込んでおくことが重要である。

注
(1)　「良きガバナンス」とは，政府・市場・市民による協働的統治状態を意味する。そして，地域福祉計画には，この「良きガバナンス」の関係構築が必須となる。なぜならば，「市場によるガバナンスも政府によるガバナンス，どちらも現実には単独で良いガバナンスの理想を実現しえず，市場によるガバナンスには市場の失敗が，そして政府によるガバナンスには政府の失敗が，例外ではなく原則とし

てつきまとい」(宮川公男・大森隆 (2004)『ソーシャル・キャピタル』東洋経済新報社, 15頁), それぞれの失敗を克服するためには政府と市場に, 市民ファクターの参加が重要な位置をしめることになる。

(2) ここの記述は, ポートランド・ムルトマ改革委員会・ムルトマ郡理事会／上山信一・玉村雅敏・吉川富夫監訳 (1999)『行政評価による地域経営戦略——ムルトマ郡におけるコミュニティ・ベンチマーキング』東京法令出版, によるところが大きい。コミュニティ・ベンチマーキングの特徴は, 住民や地域にとって重要なテーマごとに, 計測可能な数値目標を時系列に提示することにあるが, 本計画では, 100項目の施策を提示するにとどめた。具体的な数値目標は, 住民モニターによる評価制度を設置し, その進行管理の過程で, できる限り数値化を試みたい。

参考資料

「岩倉市地域福祉計画」2013年。
「大井川町地域福祉計画」2007年。
「第2期桑名市地域福祉計画」2009年。
「第2次山県市地域福祉推進計画」2013年。
「富士川町地域保健福祉計画」2003年。
「最上町地域福祉政策長期ビジョン」2006年。

第9章

福祉施設と地域福祉

　2000年の介護保険制度の施行や社会福祉法の成立によって，社会福祉法人の経営は措置型から契約型へ，そして選ばれる施設への転換が迫られている。これからの社会福祉施設には，社会的使命（ミッション性）と社会福祉実践，福祉サービスの質とコストの費用対効果等，施設経営の理念と実践の統一的理解が求められている。いま，各地で社会福祉施設の居住施設化，施設福祉サービスの質の向上，サービス評価といった試みが始まっているが，本章では，それらの実践を踏まえながら，福祉施設サービスと在宅福祉サービスの統合的地域ケアシステムづくりの方向性を提示し，その道筋への諸課題を考察してみる。

1 社会福祉施設の運営形態の変遷

社会福祉施設とは

　旧来の社会福祉の援助の方法は「在宅（居宅）福祉」か「施設福祉」か，どちらかを選択するというものであった。それは施設が在宅とは異なったシステムとして考えられてきたからで，施設福祉の中心的役割は在宅ではケアが困難となった人々のためのものであるとされてきたのである。しかしながら，今日の社会福祉の援助の方法は，施設を在宅福祉推進のための社会資源としてとらえるという方向に変化しつつある。

　今日の社会福祉施設は分野別の法体系のもとに整備されており，法と各社会福祉施設との関連については，**図表 9-1** に示す通りである。たとえば，老人福祉法において規定されるところの老人福祉施設とは，養護老人ホーム，特別養護老人ホーム，軽費老人ホーム，老人福祉センターである。また生活保護法下の生活保護施設，児童福祉法下の児童福祉施設などとなっている。社会福祉施

図表 9-1　社会福祉施設の一覧

根拠法	施設・機関	根拠法	施設・機関
生活保護法	保護施設 　救護施設 　更生施設 　医療保護施設 　授産施設 　宿所提供施設	児童福祉法	児童福祉施設 　助産施設 　乳児院 　母子生活支援施設 　保育所 　児童養護施設 　障害者入所施設 　児童発達支援センター 　情緒障害児短期治療施設 　児童自立支援施設 　児童家庭支援センター 　児童館 　児童遊園
老人福祉法	老人福祉施設 　養護老人ホーム 　特別養護老人ホーム 　軽費老人ホーム 　老人福祉センター		
障害者総合支援法	障害者支援施設等 　障害者支援施設 　地域活動支援センター 　福祉ホーム	母子及び寡婦福祉法	母子・父子福祉施設 　母子・父子福祉センター 　母子・父子休養ホーム
身体障害者福祉法	身体障害者社会参加施設 　身体障害者福祉センター 　補装具製作施設 　盲導犬訓練施設 　点字図書館 　点字出版施設 　聴覚障害者情報提供施設	その他の社会福祉施設等	授産施設 宿所提供施設 盲人ホーム 無料定額診療施設 隣保館 へき地保健福祉館 へき地保育所 有料老人ホーム
売春防止法 配偶者からの暴力の防止及び被害者の保護に関する法律	婦人保護施設		

出所：『国民の福祉と介護の動向（2015／2016年版）』（2015）厚生労働統計協会，320-322頁を基に筆者作成．

設については，社会福祉法（第2条）において定められており，そこでは「第一種社会福祉事業」と「第二種社会福祉事業」とが区別されている．この区別についての法上の説明はないが，一般的には第一種社会福祉事業は公共性のとくに高い事業であって，対象者の全生活を保障する入所型施設や授産施設，知的障害者福祉工場あるいは生活福祉資金貸付事業などの経済保護事業などがその対象となっており，これらの経営主体は国・地方公共団体及び社会福祉法人が原則としてこれにあたることとなっている．第二種社会福祉事業はこれに比べ，その経営主体についても制限はなく，経営主体の創意と自由に任されている．この中でも，保育所については第二種社会福祉事業であっても，その設置経営は児童福祉法（第35条）により都道府県の知事の認可が必要となっている．

社会福祉施設サービスの特徴は，①集団生活を基本としつつ，個別処遇への対応が不可欠である。②障害者や高齢者に対するとくに「介護」については，直接的援助であるため，援助者（施設の職員）が対象に直接働きかける行為（職務）であるいうことから，援助者と高齢者や障害者との信頼が不可欠である。③しかし，生活を全面的に援助するということは，生活時間と生活の部面すべてに対して関わるということであるため，1対1の関係では不可能であり，処遇する側もされる側も集団であるということである。④しかも，生活の全面性を維持するということから，他職種による協業的労働によって支えられていくことが不可欠である。⑤社会福祉施設における処遇は，対象のプライバシーや人権に全面的に関わっていくわけであるので，援助者はそのことを充分理解し，対象の尊厳性を守っていく努力が求められるのである。

英国・保健社会保障省の報告書[1]によれば，施設ケアの原則を以下のように述べている。①施設居住者は尊厳をもって生活すべきである。②市民としての権利をいささかも制限されることなく生活すべきである。③身体的および精神的な条件が許す限り，充実した能動的な生活を営む権利を有している。④自己決定という基本的権利を有すべきであって，施設から管理的に取り扱われるようなことがあってはならない。⑤ひとりひとりが独自な人間であるというあたりまえのことが確認されなければならない。などとある。これらはまさに施設がその利用者にとって「生活の場」として保障されねばならないということを述べているのである。

社会福祉施設の機能——高齢者施設福祉を中心に

先にも述べたように社会福祉施設は社会福祉の歴史的発展や各分野の福祉問題の性格に応じてその役割，機能を担ってきた。そして今日，在宅福祉サービスとの関連において，社会福祉施設はその機能について再評価，再認識される必要性が高まってきている。

明治期以降の施設について概観してみると，明治初期の施設は，現在のように制度化されていたわけではなく，その必要の都度，たとえば東京府養育院[2]のように行政や宗教団体，慈善家などが独自の目的でつくられてきた。浮浪者や孤児，孤老，身寄りのない貧窮者など，生活に困窮している者を「収容保護」するというものであった。一般的に成人の施設においてはとくに「混合収容」[3]

の形が一般的であり，やがて明治10年代になって，その対象別に施設がそれぞれの目的別に分化することとなった。その後の経過について老人ホームを例にとってみてみると，高齢者を対象とする施設が分化するのは他の分野と比べ遅く，高齢者だけを対象とした施設の始まりは明治28年の聖ヒルダ養老院(4)がはじめだとされている。その後，神戸友愛養老院（明治32年），名古屋養老院（明治34年），大阪養老院（明治35年）など各地に養老院事業が展開するようになった。大正の末には，関東大震災で身寄りをなくした高齢者の収容保護をおこなうことを目的に，皇室の御下賜金(5)と国民の寄付により浴風園が設立された。いずれにしてもこうした養老院の実践はその後に大きな影響を残すことになるわけだが，とりわけこの時期の施設の果たした役割は，高齢期の生活保障があくまで個人やその家族に依存していた社会情勢にあっては，働くことができない，身寄りのない極貧者に対する保護・救済がその目的であった。このことは，養老院が1929（昭和4）年に制定された救護法のもとで公的救済として確立しても変わりはなかった。家族扶助と隣保相扶(6)が前提の中では，施設の役割は依然として，制限的救済というのが原則であった。1946（昭和21）年に（旧）生活保護法が制定されると養老院は生活保護法の施設として養老施設となった。しかし名称，制度が変化してもその内容は変化しはしなかった。施設に求められていたことは，家族の「代替」「補完」であって，しかも救貧対策がその主眼であった。老人福祉法（昭和38年）が制定され，施設福祉は老人ホームとなり，種別と新たな考え方が導入され，高齢者を対象とする施設福祉においては大きく変化した。老人ホームの種別により，それぞれが果たす役割がことなるという，施設機能の多様化がその考え方の基本となった。施設の目的については，従来までの貧困や家族がいないために，自宅では生活できない高齢者を保護し，生活を援助するということに加え，新たに老化による心身機能の低下や虚弱化によって要介護状態に陥っている高齢者に対し，家族がその援助が十分にできない，あるいは住宅条件が不備なため高齢者が自宅で生活できないなどの理由による場合，家族に代わって高齢者の援助を行うというそれまでにない対象と機能の拡大がなされた。こうした施設種別ごとの機能の分化の傾向は高齢者の分野に限ったものではなく，児童や障害者施設においても進められた。このことは施設が果たすべき機能役割に大きな変化が求められたということにほかならない。高齢者の施設において整理しておくと，老人福祉法では施設福祉は，老

人ホームとして位置づけられ，先にのべてあるように三種類の老人ホームに体系化された。と同時に老人ホームは「福祉の措置」を実施する施設として社会的に重要な役割を担うこととなった。

　老人ホームの社会的役割はこうして老人福祉法制定の中で大きく変わったといえよう。その後老人ホームは量的整備が進められただけではなく，そのあり方についての議論が活発化した。その代表的なものとしては，1966（昭和41）年に定められた「養護老人ホーム及び特別養護老人ホームの設備及び運営に関する基準」（「最低基準」）と1974（昭和49）年に発表された「老人ホームのあり方中間意見」があげられる。「最低基準」は老人ホームに限らず，児童福祉施設や障害者施設においても定められており，これによって施設の設置と運営の基準が定められ，制度的基盤の充実がはかられた。しかしこの基準はあくまで「最低基準」が示されたのであった。

　一方，「中間意見」では，「老人ホームを『収容の場』から『生活の場』へと高め，福祉ケアとしての老人の心身機能に応じた内容と，個人のプライバシーを重んずる一般の住居水準に劣らない内容とを有するようにすべきであろう」との見解を示している。ここに至って老人ホームが，単に家族の代替的・補完的機能だけではなく，高齢者に対し福祉的ケアを提供する施設として社会的役割を果たすことが必要となってきたのである。

施設福祉の範囲

　高齢者のための施設福祉は，先に述べてきたように三種類の老人ホームによって体系化された。その後高齢者のための施設ケアには以下のような問題への対応が必要となった。有料老人ホームは，老人福祉法第29条に定義されているが，特別養護老人ホーム，養護老人ホーム，軽費老人ホームとは異なって，公的助成のない，規制もゆるやかであって，その形態も多種多様である。現在は，高齢者の多様な需要にこたえて2012（平成24）年7月1日時点の有料老人ホーム件数は，7484件（その内，住宅型ホームが全体の58％を占め，介護付ホームは42％）となった。入所定員では住宅型ホームが37.5％で，介護付ホームは62.2％を占め，総数は31万3844人になっている。（平成24年度「制度改正後の有料老人ホームに関する実態調査及び契約等に関する調査研究」報告書，社団法人全国有料老人ホーム協会）。その経営主体は株式会社，財団・社会福祉法人等，広範囲に

わたっており，その利用のしかたについても，終身保障方式，終身利用権方式等，契約上差異があり，経営主体と個人の契約が基本であるため，十分に利用者である高齢者の利益がまもられているとはいえない。こうしたことから，1989（平成元）年6月の老人福祉法の改正により，設置段階から十分な行政指導ができるように事前届出制に改められた（施設福祉供給体制の多様化）。

　1968（昭和43）年に出された「老人ホーム・老人向住宅の整備拡充に関する意見」によって，公営住宅における老人世帯向住宅の建設の促進と在宅福祉の充実が必要であるということが明らかにされた。1986（昭和61）年，厚生省と建設省との共同で，シルバー・ハウジング（高齢者世話付住宅）構想が発表され，地方自治体を中心にその建設が進められている。このシルバー・ハウジングとは，①原則として，単身高齢者，夫婦のみ高齢者を入居対象とし，②一定のサービスを供給するため，住戸数概ね30戸に1人の生活援助員（ライフサポートアドバイザー）が配置され，③高齢者向けの設備・構造を有し，かつ緊急通報システムが組み込まれた集合住宅である。在宅での生活を支えるために住宅のバリアフリーの導入と福祉的ケアを外部から持ち込むというものである（住宅の福祉化）。

　1986（昭和61）年には老人保健法の一部改正により老人保健施設ができた。この施設はその利用対象を「疾病安定期にあり，入院治療する必要はないが，リハビリテーション，看護・介護を必要とする寝たきり等」としており，従来の老人病院と老人ホーム等の施設機能及びサービス機能とを併せ持った施設＝中間施設として位置づけられる。平成6年現在893か所，7万6000人弱の定員となっている（医療の福祉化，施設体系の多様化）。

　少人数で地域社会の通常の家屋で職員とともに居住し，そこでの生活を通して社会福祉ニーズを充足していくという形態のグループホームの実践は障害者だけでなく，高齢者とくに痴呆の高齢者のケアのあり方で選択されてきている。もともと北欧における障害者ケアの方法から出発したものであり，これまでの施設依存への反省から，「生活の自立」へむけてのケアの方法として行われてきた。

　わが国でも近年障害者のグループホームだけではなく，高齢者のグループホームの実践が活発化している。認知症高齢者グループホーム（介護保険法では，認知症対応型共同生活介護）とは，社会福祉法人や地方自治体，NPOなどによ

って運営される地域密着型の介護施設であり，要介護者及び要支援者で認知症の状態にある高齢者が家庭的な環境の下で共同生活を送り，日常生活での介護を受けるしくみとなっている。家庭的にゆったりと，自由に残された力で暮らすという理念で運営されている。介護スタッフのサポートを受けながら，5～9人のユニット単位で互いに役割を分担しながら，共同で自立した生活を送ることで，症状の改善を図ることが主な目標である。ただし，認知症の症状が進み，1人で着替え・食事摂取・排泄などができなくなったり，慢性疾患のために日常的な医療ケアが必要になったりすると退去しなくてはならないグループホームがほとんどである。

　以上みてきたように，社会福祉の各分野の法制度の整備に伴って，社会福祉施設は制度化され，量的拡充が計られ，社会的施設としての重要性を増してきた。その一方で，社会福祉施設の制度"外"の取り組みの必要性も活発化してきた。なかでも要介護高齢者の施設ケアについては，福祉的ケアとリハビリ，看護なども含めた医療的ケアとの分離によって，福祉と医療，さらに住宅政策のそれぞれに施設が体系化されてきている。

2　社会福祉施設と地域福祉の新たな関係

選ばれる施設への転換

　まず，地域福祉の新しい動きでもある福祉施設と地域社会のつながりについて述べてみよう。これまでの社会福祉は，主として福祉施設を中心とした措置制度によって運用されてきた。理論的には，コミュニティケアの中で，福祉施設と地域福祉は一体のものとしてとらえるという理論枠組みが提示されてきたが，現実的には，福祉施設と地域社会は，どちらかというと二項対立的な関係にあった。その間，施設の社会化が施設の側から提起され，実践も行われてきたが，それは，施設機能の地域開放というように施設側からの一方的な働きかけであった。

　1990年の福祉関係8法改正など一連の社会福祉基礎構造改革によって，在宅福祉を重視する地域福祉の流れが主流になってくると同時に，今度は，地域社会の方からの施設への歩み寄りがみられ始めた。2000年4月に施行された介護保険制度や同年6月に成立をみた社会福祉法によって，いち早く介護福祉関係

施設は，措置型から契約型へ，そして選ばれる施設への転換が始まった。これら契約型施設には，社会的使命と社会福祉実践，施設サービスの質とその費用対効果等，施設経営の理念と実践の統一的運営が求められている。また，2006年10月より施行の障害者自立支援法では，自立支援給付と地域生活支援事業に大きく構成分類され，都道府県の支援の下，市町村の創意工夫による事業化が必要となる。

このように一部措置は残るものの，福祉施設の大きな流れは契約型に移行している。これら契約型施設には，社会的使命と社会福祉実践，施設サービスの質とその費用対効果等，施設経営の理念と実践の統一的運営が求められている。また，児童養護施設等児童福祉法に基づいて児童相談所の措置で入所する施設を措置施設と称し，行政が行政処分によりサービス内容を決定・提供する，いわゆる措置制度に基づく社会福祉施設も存在する。措置制度の対象となる施設は，保育所を除く児童福祉施設，養護老人ホーム，救護施設，更生施設，授産施設，宿所提供施設などである。これら措置制度による施設においても，施設入所者の個別化や地域社会との交流，地域自立生活支援など，地域ケアとの関係が密になってきている。このように，いま各地で社会福祉施設の居住施設化，施設福祉サービスの個を中心とした質（個別ケアプラン）の向上，福祉理念や経営・サービス等の第三者評価といった試みが実施されている。こうした動きと同時的に，社会福祉施設や福祉サービス事業所や機関では，ソーシャルケアという社会福祉と介護福祉を統合した専門性が注目されている。ソーシャルケアとは，イギリスにおいて保健や医療と区別した社会的サービスとして発展した考え方で，ジェネリックソーシャルワークとケアワークを統合した概念としての理解が主流である。したがって，従来のケースワーク・グループワーク・コミュニティワークの区分法から，その内容をソーシャルケアとしてとらえる社会福祉専門職の研究とその専門職の内容が具体化されてきている。

施設コンフリクトの克服

元来，福祉施設は，地域社会や住民との中で育まれてきたものである。戦前の民間施設は，積極的に地域社会とのつながりを求めた。そうでないと，経営や運営が成り立たないからである。戦後，社会福祉法人による措置施設となると，地域社会からは離れていく傾向になりがちとなった。

措置制度のなかで，福祉施設と地域社会の接点を模索する試みがはじめられた。それが「施設の社会化」である。施設の社会化の展開は，まず，1960年代後半の，いわゆる施設処遇のあり方への批判からコミュニティケアへの流れに始まった。

第2期は，1980年代の在宅福祉サービスの整備に連動して発展し，第3期は，1990年代後半からの社会福祉基礎構造改革に伴う，「措置」から「契約」への施設経営や運営の転換とともに質的な変化をみせている。

今日の施設社会化は，①入所者サービスの社会化（施設生活のノーマライゼーションの実現），②経営・運営の社会化（施設経営及び運営への参加，施設情報の公開，苦情解決，第三者サービス評価），③施設機能の社会化（在宅福祉サービスの実施），④福祉問題の社会化（家族介護，入所待機者や社会的入院など）の実現が求められている。

これからの福祉施設はユニットケアやグループホームといった居住性を重視し，その生活の場で，地域の在宅福祉サービスを利用するといった「居住福祉」型地域利用施設に転換していく試みがはじめられている。

このように福祉施設は，施設の社会化および居住型地域利用施設（グループホーム）への転換を通して，地域社会と親和的な関係に発展させていった施設群，とくに高齢者施設はその傾向が顕著である。しかし，精神障害者施設の建設にあたっては，日本では現在もなお反対運動が各地で発生している。精神障害者や知的障害，発達障害の施設を地域で支援しようとする動きが活発になるに伴い，地域住民と精神障害者施設及び精神障害者らとの接点は増え，これまで社会防衛思想により隔離されてきた精神障害者と地域住民との新たな関係が形成されることとなる。両者の関係を良好なものにするためには，国や自治体，および地域住民の役目は非常に重要である。一方で，精神障害者施設がどのように地域に対し働きかけるか，その活動のあり方も重要視される（野村，2013）。

野村は，施設コンフリクト発生から地域住民との和解に至る過程に着目して，精神障害者施設側の要因に接近する調査研究を行っている。その要点では，①精神障害者施設建設にあたり，これまで施設コンフリクトは発生しなかったと考えられていた施設，地域においても，実際には発生規模の大小の差はあるものの，施設コンフリクトは発生していた。

②これまでの定説であった，「地域住民よりも施設が先住していることが良

好な関係を構築するための条件である」と言う見解は，近年発生している精神障害者施設に対するコンフリクトには当てはまらない。③歴史がある地域では，精神障害者施設は受け入れられにくいという見解も，施設側の対応のあり方によっては打開することができる。④精神障害者施設に対するコンフリクトの和解には，地域住民が精神障害者に対する理解を深めるという意識レベルでの和解が重要である，記している。今後は，事例研究を通して施設コンフリクト発生の類型化をもとに発生後から和解・理解へのプロセス要因を提示し，地域住民の表出されたコンフリクトに隠された内面的な精神構造がコンフリクト解明への重要な要素であることを突き止める必要がある。

施設ケアと在宅ケアの統合化

ここでは，日本とデンマークの介護福祉施設ケアと在宅ケアの結節の状況をみてみよう。日本では，介護保険制度の導入で，介護系施設の再編が行われた。ひとつの動きは，医療改革の進行する過程で「保健・医療・福祉複合体」化が医療機関の自己改革を伴って急ピッチで進められている（二木，1998）。この動きに並行して介護老人福祉施設（特別養護老人ホーム）では，居住福祉型施設への転換が推進されている。たとえば，高齢者専用の住宅の供給が行われてきており，とくに一人暮らしや高齢者のみの世帯を中心としたケア付き住宅，老人専用アパート，認知症高齢者のグループホームなどがその例である。最近では，老人福祉施設系と老人保健施設系の複合施設化の試みがなされている。介護利用型の軽費老人ホームと位置づけられているケアハウスと老人保健施設や特別養護老人ホーム等を合築することによって，利用者にとっても，経営する側にとってもメリットが出るというものである。このような地域福祉型生活支援施設と医療・介護型施設を複合機能化した新たな取り組みは，いくつかの事務上の壁を克服しながらも，これからの介護保険時代における主な施設形態として各地に広がっていくものと思われる。

最近の高齢者世帯の住まいの現状と課題に関する国土交通省の「安心居住政策研究会──中間とりまとめ」（2015年4月）によれば，①現状として，持家率約8割。「古さ」「構造（階段等），設備の使いにくさ」等が問題。住替え等の希望は約25％で，サービス付き高齢者向け住宅が約30％で最も高い。家計の約4割は毎月赤字などの状況が示されている。②課題としては，各々の住まい方

の見つめ直しと居住支援の充実が必要。健康・介護・医療や生活支援等のサービス，コミュニティとのつながりなど，地域の中でのいきいきとした生活や活動を可能にする環境整備が不可欠，といった報告がなされている。

　日本における施設福祉と在宅福祉の接近は，北欧のスウェーデンやデンマークにそのモデルを求めている。デンマークにおける施設と在宅の統合化は，主として以下のような法律で進展している。①1987年の「高齢者住宅法」（高齢者の住宅に関する基準の明確化），②1988年の「プライエム新規建設の禁止」，③1996年の「改正高齢者住宅法」（虚弱高齢者の行き場なくなりプライエボーリ登場。現在改築30％程度。プライエム，プライエボーリ，保護住宅，高齢者住宅，コレクティブ住宅，グループホーム等），④1998年の「社会サービス法」（「施設」という概念廃止）である。したがって，デンマークの高齢者福祉政策の分岐は，1987年の高齢者住宅法に始まる。この法律は，高齢者施設や住宅の建築基準を策定し，プライエムの新規建設を禁止した。そして，プライエムからプライエボーリへ，高齢者住宅と在宅ケアを一端分離し，居住型施設への転換が図られた。その特徴は，①施設サービスの画一的サービスから一人ひとりの居住者のニーズへ，②プライエボーリの登場（1996年改正高齢者住宅法），③ケア固定型からケア分離型へ（住宅政策の主流化），地域内での居住移動（早目の引越し），④第3の類型（地域拠点型総合施設，小規模多機能型施設）にまとめられる（松岡，2001）。

　デンマークの医療や福祉制度は，その財源が県民税あるいは住民税でまかなわれており，また運営権限も自治体が責任を負っている。特徴は，徹底した地方分権と住民や当事者参加で運営されていることである（野口，2013）。これらのガバナンスのもとで，デンマークにおける施設ケアと在宅ケアの統合化が進められている。その統合には，**図表9-2**に示すように大きく3つの流れがみられる。第1の流れは，1996年以前の高齢者福祉施設の主流であったプライエム型からプライエボーリ型への移行であり，そしてプライエボーリ型施設に併設される多機能デイサービスセンターである。第2は，施設福祉から在宅ケアの流れであり，次の4つが在宅ケアの主要なサービスとして提供されている。①給食サービス，②ホームヘルパー（コレクティブ方式，いわゆる地区担当制）③訪問ナース，訪問リハビリテーション，④緊急通報システムである。そして第3の流れが住宅政策（バリアフリー住宅，老人住宅，家賃公的補助制度等）の主

図表9-2 デンマークの施設と在宅ケアの統合化

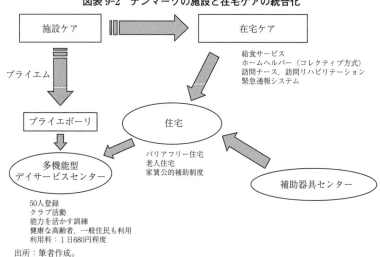

出所：筆者作成。

流化である。こうした政策の特徴は3つある。第1は高齢者や障害者の住宅を拠点にそこに在宅ケアサービスを提供すること，第2に補助器具センターから高齢者や障害者個々人と住宅に見合った補助器具が無料あるいは低料金で提供されること，第3に高齢者や障害者が自分の住みなれた住宅から同じ居住区にあるプライエボーリや多機能型デイサービスセンター（約50人が登録，クラブ活動や能力を生かす作業訓練，健康な高齢者や一般住民も利用，利用料は1日680円程度）を利用できることである。これらデンマークの施設住宅化の流れが，わが国の最近の動向に大きく影響しているといえる。

これからの施設ケアと在宅ケアの統合に向けたわが国のデリバリーシステムの政策は，次の4つの方向が見えてくる。第1は，シルバーハウジングやバリアフリー住宅，高齢者・障害者専用賃貸住宅等の住宅政策の整備である。第2は在宅ケアサービス事業所と補助器具センターを組み合わせて在宅高齢者等に提供するシステムの構築である。第3は入所型施設と小規模多機能型施設を有機的に組み合わせることである。第4の政策は，福祉・介護サービスの供給を担う人材の養成とそれに見合った労働環境の整備である。総じて，これら4つの政策は，地方自治体の財政改革を伴った地方自治の確立によって成就できるものであり，これらを総合的に自治体政策として同時に進めることが必要であ

る。

　自宅からボタンひとつでヘルパーを呼べる「オンコールサービス」と呼ばれる夜間対応型訪問介護は，2006年時点で事業所数が12か所，利用者数が51人であったのが，2007年12月時点で事業者数が約90か所に，2011年10月時点では，事業者数が146か所に増加しつつあり，利用者の平均要介護度は2.77（2008年），1事業所あたりの利用者数は約24人となっている。事業者からは，こうした経営状況を踏まえた経営安定化の施策が要請されている（厚生労働省「介護給付費実態調査」）。とくに，「高齢者数に対して病院や介護施設が少ない都市部では，要介護度が高くない人も含め，ニーズは大きい」と指摘する（『日本経済新聞』2007年12月27日）。これに比して地方都市や中山間地で増加しているのが生活支援ハウスである。生活支援ハウスは，とくに過疎地域など高齢等で居宅において生活することに不安のある者に対し，必要に応じ住居を提供し，介護支援機能や地域との交流機能を備えた居住福祉型施設である。

　これからの施設ケアと在宅ケアの統合に向けた政策は，次の３つの方向が見えてくる。第１は，シルバーハウジングやバリアフリー住宅，高齢者・障害者専用賃貸住宅等の住宅政策の整備である。第２は在宅ケアサービス事業所と補助器具センターを組み合わせて在宅高齢者等に提供するシステムをこしらえることである。第３は入所型施設と小規模多機能型施設を有機的に組み合わせることである。総じて，これら３つの政策を総合的に自治体政策として同時に進めることが必要である。

3　社会福祉施設・法人の経営戦略の転換

介護保険制度と福祉施設の動向

　介護保険制度の基本的目標には，①高齢者介護に対する社会的支援，②高齢者自身による選択，③在宅介護の重視，④予防・リハビリテーションの充実，⑤総合的，一体的，効率的なサービスの提供，⑥市民の幅広い参加と民間活力の活用，⑦社会連帯による支え合い，⑧安定的かつ効率的な事業運営と地域性の配慮などがあげられている（2004（平成６）年「高齢者介護自立支援システム研究会」報告書）。

　介護老人福祉施設が抱える課題としては，①自立・要支援と判定された経過

措置入居者の在宅生活支援，②施設入所待機者の存在，③利用者の負担額（要支援・要介護認定を受けている被保険者で一定以上の所得（本人の合計所得金額160万円以上）の人は利用者負担が2割に），④施設内のケアプランの作成，⑤施設介護サービス費用の単価設定，⑥「医療給付」と「介護給付」の仕分け等の存在が現状である。

　介護保険制度の導入で，介護系施設の再編が行われた。ひとつの動きは，医療改革の進行する過程で「保健・医療・福祉複合体」化が医療機関の自己改革を伴って急ピッチで進められている。

　この動きに並行して介護老人福祉施設（特別養護老人ホーム）では，居住福祉型施設への転換が模索されている。たとえば，老人専用の住宅の供給が行われてきており，とくに一人暮らしや高齢者のみの世帯を中心としたケア付き住宅，老人専用アパート，認知症高齢者のグループホーム，サービス付き高齢者向け住宅などがその例である。最近では，老人福祉施設系と老人保健施設系の複合施設化の試みがなされている。介護利用型の軽費老人ホームと位置づけられているケアハウスと老人保健施設や特別養護老人ホーム等を合築することによって，利用者にとっても，経営する側にとってもメリットが出るというものである。このような地域福祉型生活支援施設と医療・介護型施設を複合機能化した新たな取り組みは，いくつかの事務上の壁を克服しながらも，これからの福祉契約時代における主な施設形態として各地に広がっていくものと思われる。

　日本の介護保険制度が2000年4月にスタートしてから16年目を迎える。介護保険法には，施行後5年を目途にとして制度全般の検討と見直しを行うものと明記されている。

　現在，全国の自治体（保険者）では，第6期目（2015～17年度）の制度改正が実施されたところである。この間，介護保険制度は想定を超えて増える高齢者を背景に，制度発足から15年で早くも変革を迫られている。介護費は発足時の3倍になり，「団塊の世代」が75歳以上になる2025年度には，今の2倍の21兆円に膨らむ見通しである。政府は，介護サービス事業者が受け取る介護報酬の改定で，サービスの平均単価を2.27％引き下げた。厚生労働省の試算では，40～64歳の現役世代が15年度に納める保険料は1人あたり平均で月額5177円となり，前年度に比べて96円減る。市町村ごとに決まる65歳以上の平均保険料は月額4972円から5550円に上がるが，減額改定をしなければ5800円に上がるはずだ

った(『日本経済新聞』2015年2月16日)。

以下に示したのは,2015年度の制度改定の主な事項である。
・軽度者(要支援1～2)を従来の介護保険サービスから各自治体独自のサービスに移管
・一定所得以上の高齢者が介護保険サービスを使った際の自己負担割合を1割から2割に引き上げ
・特別養護老人ホームの利用者を重度者(要介護3以上)に限定,補助が出る低所得者の範囲も厳格化
・低所得者の介護保険料を軽減
・高齢者の自立に役立つ介護計画をつくるための体制強化

社会福祉施設・法人の地域貢献活動と経営戦略

社会福祉法人には,とくに高い公益性が求められるとともに,これからの地域福祉型の福祉サービス提供の中心的な担い手として大きな期待が寄せられている。そのためにも,社会福祉事業経営者には,自主的な経営基盤の強化を図ることが,提供する福祉サービスの質の向上に対する努力,第三者によるサービス評価制度の積極的な導入,事業経営の透明性の確保,提供する福祉サービスの説明責任(アカウンタビリティ)の確保,利用者満足度の向上,契約書面の交付といった経営の原則が盛り込まれている。そのことは,「社会福祉サービスは,個人の尊厳の保持を旨とし,その内容は,福祉サービスの利用者が心身ともに健やかに育成され,又はその有する能力に応じ自立した日常生活を営むことができるように支援するものとして,良質かつ適切なものでなければならないこと」を福祉サービスの基本的理念として謳われていることに大きく依拠しているのである。

すなわち,社会福祉法人の経営改革が必要とされる背景には,①サービス利用者と供給者との対等な関係の成立(利用者本位のサービス),②措置から契約へ(選ばれる施設への転換),③福祉分野への市場競争原理の導入(公益性と市場原理の混合経営体への改革),④第三者によるサービス評価・苦情解決システムの導入,⑤措置制度に基づく予算主義会計からコスト意識に基づく発生主義会計への転換といった社会的な要請が社会福祉法人の経営に求められているといえよう。

社会福祉法のなかで，これからの社会福祉法人はどのように位置づけられているのか，まず，原文の要点を紹介してみよう。

経営の原則：社会福祉事業の主たる担い手としてふさわしい事業を確実，効果的かつ適正に行うため，自主的に経営基盤の強化を図るとともに，その提供する福祉サービスの質の向上及び事業経営の透明性の確保を図らなければならないこととする。（第24条関係）

収益事業の収益の充当先：収益事業の収益を公益事業（政令で定めるものに限る）に充当できることとする。（第26条1項関係）

報告書等の閲覧：社会福祉法人は，事業報告書，財産目録，賃借対照表及び収支計算書並びにこれに関する監事の意見を記載した書面を各事業所に備えて置き，利害関係人から請求があった場合には，正当な理由がある場合を除いて，これを閲覧に供しなければないらないこととする。（第44条4項関係）

施設の最低基準：厚生大臣は，福祉サービスの提供の方法，利用者等からの苦情への対応その他の社会福祉施設の運営に関する必要な最低基準を定めることとする。（第65条1項関係）

利用契約の説明と書面の交付：社会福祉事業者は，その提供する福祉サービスの利用を希望する者から申込があった場合には，契約内容等を説明するよう努めなければならないこととともに，利用契約が成立したときには，当該契約に関わる重要事項を記載した書面を交付しなければならいこととする。（第76条及び77条関係）

福祉サービスの質の向上と自己評価：社会福祉事業の経営者は，自らその提供する福祉サービスの質の評価を行うこと，国は福祉サービスの質の公正かつ適正な評価の実施に資するための措置を講ずるように努めなければならないこととする。（第78条関係）

苦情の解決：社会福祉事業の経営者は，常に，その提供する福祉サービスについて，利用者等からの苦情の適切な解決に努めなければならないこととする。（第82条）

これからの社会福祉施設・法人の改革の方向
（1） 非営利法人の「稼ぐ力」の強化と地域貢献活動の可視化

非営利法人の「稼ぐ力」を高めることこそ，国内経済の成長には必要である。

営利と非営利の違いは突き詰めれば,出資者に利益を分配するかどうかである。非営利法人は経営を効率化し,職員のモラールを高めなければ,社会の期待に応えられず,経営破綻のリスクすらある。

政府の規制改革会議は,社会福祉法人の財務諸表公開を促すなど非営利法人の本格的なガバナンス改革を促している。その骨子は,①補助金や公的保険に頼らず自前で福祉サービスを開発する。②地域での社会貢献活動を義務付ける。③施設職員や内部の余剰資金を活用し無償・低額で生活困窮者支援などを手掛ける。その際,社会貢献活動にかかる費用は,社会福祉法人を所轄する厚労省や都道府県,市へ同法人が毎年提出する会計報告に記すようにする。同法人の財務諸表も開示する。義務に従わない法人には,所轄の行政庁が業務停止や解散を命じるなど処分する方針である(『日本経済新聞』2015年6月15日)と厳しい姿勢を示している。

社会福祉法人は行政からの助成や税免除などの優遇を受ける代わりに地域の福祉を担うが,利益が出やすい高齢者向けの施設運営などに注力する法人も多い。その背景には,介護や保育に参入した企業からは「競争条件が不公平だ」(イコール・フッティング)との批判が強い。地域貢献する活動の原資には,社会福祉法人が運営を独占する特別養護老人ホーム全体で2兆円ある内部留保(厚労省調べ)を充てる方針である。政府税制調査会では社会福祉法人への課税論も浮上しているので,非営利法人は,収益率を上げながら,職員の処遇改善を行い,地域貢献活動のプログラムの開発と実施が求められる。

(2) 地域密着型の福祉施設サービスへの転換

これまでの福祉施設サービスの提供は,施設内で完結できるように当該市町村行政からデイサービス事業,在宅介護支援センター事業,ホームヘルパー派遣事業の受託実施という形態をとっていたが,これからの福祉施設はユニットケアやグループホームの実践のように居住性を重視し,そこに地域の在宅福祉サービスを利用するといった「居住福祉」型サービス利用施設に転換していく試みがはじめられている。

また,福祉施設が立地する地域固有の文化や環境を視野に入れ,地域住民との文化的交流を深め,利用者本人や家族から満足されるような高水準の福祉施設サービスをつくり,さらに施設の専門的機能を付加した在宅福祉サービスを提供しながら,家族や地域住民に支えられる施設をめざしていく努力が求めら

れるようになってこよう。

（3）　地域包括ケアシステムの拠点づくり

　介護保険制度は，理念的には，利用者が広域的な施設福祉サービスや在宅福祉サービス事業者を選択することが可能になることを予定したものである。しかし，多くの利用者は身近な福祉サービス事業者を選択する傾向にある。広域的・地域的相互の利便性が調和するような地域福祉型福祉サービスの拠点づくりを進める必要がある。これからの市町村自治体に求められる福祉施策の方向性は，2つの拠点づくり，すなわち複眼的拠点づくりである。ひとつは，高齢者や障害者の複合的拠点施設化と，もうひとつは在宅の高齢者・障害者・子育て支援等の地域自立生活を全面的に支援する地域包括支援センターの拠点づくりである。

（4）　福祉施設は災害時の生活拠点

　あしや喜楽苑の建設途中で阪神・淡路大震災に遭遇した市川禮子施設長は，そのときの経験から，福祉施設は災害時の避難場所に一番適していると主張している。福祉施設は，すべての生活資源を備え，ケア体制も整備しているからである。

　また，市川氏は，阪神・淡路大震災のときに，LSA（ライフ・サポート・アドバイザー）システムを行政の支援を受けて導入し，仮設住宅の高齢者にLSAサービスを派遣している。

（5）　福祉施設は地域福祉実践の教室

　かつて，特別養護老人ホームの建設に住民から反対運動が起きたことは，よく知られるところである。しかし，現在では，特別養護老人ホームは，地域の厄介者ではなく，住民にとって必要な社会的共同施設として，むしろ歓迎されるようにまで理解が進んでいる。これと同様に，地域住民は，これらの課題をも克服できる主体形成が可能となるのであろうか。障害者施設の建設で，町内会とコンフリクト（葛藤）を演じた地域が当事者やボランティアを中心に専門職とスクラムをくんで，地域住民を巻き込みながら，町内会組織の理解と協力を得ることに成功したというような事例が存在するのも事実である。

　これからの地域福祉研究の方法は，それらの地域福祉実践を現地に訪ね，地域住民や当事者専門職との交流を通して，多くの教訓を獲得し，それを理論化することが重要である。

注

(1) 英国保健社会保障省（1985）「Home Life: a code of practice for residential care」（松井二郎訳（1986）『施設ケアの実践綱領』響文社）。
(2) 東京府養育院：1872年（明治5）鉄道が開設され，学制が発布されたこの年，明治政府はロシア皇太子の来訪に際して，帝都東京の面目を保つため，浮浪者の一掃を図った。そこで収容された人々のために始められたのが養育院である。
(3) 混合収容：対象の属性を問わずに同一の施設に収容するという方法。
(4) 聖ヒルダ養老院：明治の後期キリスト教の布教活動に従事していたミス・ソートンが自費で，身寄りのない老婆の救済のために始めた施設であり，養老院という名称でしかも高齢者だけを収容し保護したというのはこの時期稀である。
(5) 御下賜金：貧民救済について国家が保障するというしくみが不充分であったため，社会事業は私的な寄付によって行われていた。皇室はこうした名称で社会事業に寄付を行っていた。
(6) 隣保相扶：親族や近隣が互いに助け合うのが大切で，とくに貧民救済は親族や地域の責任であるという考え方が強かった。
(7) 終身利用権方式：本来は終身の利用権が得られるというものであるが，重度の介護が必要となったら自己負担が必要になるとか，所有権があるというのではないので，別のところに移ることになることが大きな問題となっている。
(8) プライエボーリとは，1996年の「改正高齢者住宅法」にはじめてその言葉が登場する。施設建設を凍結したものの，虚弱な高齢者の行き場なくなるという事態が生じ，その解決策として登場した。部屋の広さ：40㎡前後（一般的には寝室が別室），キチネット付き（簡易キッチン）トイレ，シャワー室付き（4㎡の広さ），共用スペースがある（台所，食堂，居間）
(9) デリバリーシステム：現在の在宅福祉や介護保険事業にみられる福祉・介護サービス提供のしくみ。分権化・供給体制の多元化・住民参加を志向した福祉サービス供給のあり方への改革をめざすもの。
(10) サービス付き高齢者向け住宅：2011年10月に制度開始。60歳以上の高齢者が入居する住宅で，介護の必要のない高齢者も入居できる。バリアフリーの構造で部屋の広さを確保するハード面と，入居者の生活相談や安否確認のソフト面を兼ね備える必要がある。

引用・参考文献

国土交通省第5回安心居住政策研究会配布資料（http://www.mlit.go.jp/jutakukentiku/house/jutakukentiku_house_fr7_000008.html）（http://www.mlit.go.jp/common/001082991.pdf）。
二木立（1998）『保健・医療・福祉複合体——全国調査と将来予測』医学書院。

野口定久（2001）「在宅福祉サービスと施設福祉サービス」『地域福祉論』中央法規出版。
野口定久（2013）「地方自治体改革と福祉・介護サービスのデリバリーシステム」野口典子編著『デンマークの選択——日本の視座』中央法規出版。
野村恭代（2013）『精神障害者施設におけるコンフリクト・マネジメントの手法と実践』明石書店。
古川孝順（1993）『社会福祉施設——地域社会コンフリクト』誠信書房。
松岡洋子（2001）『「老人ホーム（プライエム）」を超えて——21世紀デンマーク高齢者福祉レポート』クリエイツかもがわ。

第10章

地域福祉のサービス供給の推進組織と方法

1 地域福祉の公共性

　現代の福祉問題の多くは，ローカリティで生起する公共的諸問題の解決の「場」としての地域コミュニティで発生している。本節では，それら公共的諸問題の解決の方法として地域福祉における新たな運営（ソーシャル・ガバナンス）論の考え方を紹介しながら，これからの地域福祉の思想や運営，財源調達や公共経営，住民参加や協働関係等について言及する。

地域福祉の経営・運営論
　これまで福祉国家の福祉サービス提供部門として公共的諸問題の解決を独占してきた中央政府や自治体の行政諸機関および社会福祉施設では，措置制度下の福祉行政サービスや施設サービスを「社会福祉運営・管理論」（ソーシャル・アドミニストレーション）という名称で展開されてきた。しかし，現在の地域における多元的な福祉サービス供給体のあり様を踏まえるならば，従来の社会福祉運営の方式を改めて，より開かれたものとなると同時に，民間セクターや市民・住民セクターと同じように協働的経営や運営を行い，公正と効率を両立させるようにして「新たな公共」の追求を図らなければならない。新たな公共は，こうした措置制度下における社会福祉サービスの運営手続き面の欠陥を克服する概念として主張される側面もある。
　いままでに，多くの地域福祉の運営では，住民参加の意義や手法が述べられているが，地域福祉を推進していく主体間（住民，当事者，NPO，社協，施設等の事業者，企業，行政等）の協働の必要性やその方法論を論じたものは少ない。地域福祉の運営において住民参加が必要条件とするならば，協働が十分条件で

あるということができよう。地域福祉における協働とは，その推進主体間のパートナーシップと言い換えることもできる。すなわち，政府部門が統治する社会サービス等の資源供給システムから市民セクターを中核とする多元的な資源供給システムへの移行の中で必要とされる資源供給主体間の主体的協力関係を意味する。これからの地域福祉には，政府セクターと市民セクターによる資源供給主体に加え，住民による地縁・血縁ネットワークの主体的参加システムの再構築が必要とされる。地域福祉の運営において，3つのセクター間の主体的協働関係に基づく，推進主体間のパートナーシップが形成されることを期待する。

また，地域福祉の財源は，公的財源と民間財源に大きく分かれる。公的財源の予算科目は，一般会計予算，社会保障費，在宅福祉事業補助金が記されるが，主な地域福祉財源は，在宅福祉事業補助金が占めている。その多くは租税で賄われている。民間サイドでは，共同募金や福祉基金がすぐ念頭にうかぶが，必ずしも寄付行為が習慣になっていない日本の現状を鑑みると，NPOの育成や設立によるコミュニティビジネス，地域通貨（エコマネー）を通じた地域福祉活動と地域経済を結びつけた財源調達活動も注目される。民間財源の新たな動きとしては，介護や障害者福祉，子育て，教育などの担い手として活発化しているNPO活動に対して融資を行うコミュニティバンクの設立が注目されている。NPOバンクは，行政からの出資や補助金を原資として行政がNPOに地域活性化のための事業を委託し，その活動資金を住民からの出資金が支えるというしくみである（図表10-1）。

新たな公共とは

いままで，日本における公共性の論議は，主として「公共の福祉」を目的とする社会的価値や社会的有用性について，それを公共性という意味で用いられることが多い。それは，主に公共事業や社会資本の建設を正当化する論拠として用いられてきたし，しばしば私権の制限や被害・受苦・不利益の受忍を求める論拠とされ，周辺住民の生活防衛，公害被害の救済の要求や環境権や居住権の主張と対立し，紛争の争点となってきた経緯があった。

一般に，公共性とは，ハーバマス（Habermas, J.）の「市民的公共性」の概念に代表されるように，公権力に対して，市民や住民の私権が侵害されたとき

図表10-1 市民コミュニティ財団の活動支援と資金のしくみ

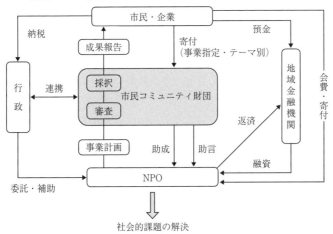

出所:『中日新聞』2013年2月7日より。

の対抗概念として主張される観念であるという意味合いが強い。あるべき公共性とは、基本的人権を侵害せず、周辺住民の合意、決定過程への参加などを含む民主的な手続きによるものでなければならないとする行政諸機関の民主的な運営のあるべき姿として用いられる論理が主流となってきた。したがって、公共部門として公共的諸問題の解決を独占してきた中央政府や地方自治体の行政諸機関も、従来の行政運営の方式を改めて、より開かれたものとなると同時に、民間セクターや市民・住民セクターと同じように協働的経営や運営を行い、公正と効率を両立させるようにして公共性の追求を図らなければならない。しかるに、従来の行政運営は、手続き指向的で「公正」に対する配慮はひと通りなされているが、その欠点は、しばしば悪平等に陥ることと、時代の変化に先取り的に対応しきれないことである。

従来の公共性の展開基盤である福祉行政の運用面では、マートン(Merton, R. K.)のいう「官僚制の逆機能」の現象としてその特徴を言い表されている(武川、2011:135)。①理解不能:一般には理解困難な表現で書かれた規則を示して、申請者がけっきょくは従わざるをえないような場合。②杓子定規:ストリート官僚(地方自治体や学校、病院、社会福祉施設など住居や利用者に、第一線でサービスを提供する職員や専門職)から、説明なしに「規則に書いてあるからダメだ」と突っぱねられるような場合。③冷淡:申請者が不満を述べると「私

にはどうしようもない」と答えるような場合。④たらいまわし：不満をそらすために申請者を他の部署へたらいまわしにするような場合。⑤無能：何とかしてあげたいと思っているが，何をどうしていいかわからないよういな場合。⑥お節介：文句をいいながら，小役人的に振舞うような場合。⑦鈍感：たなざらしにされて，反応がないような場合，とされている。まさに，黒澤明監督の映画『生きる』に象徴されるような「ストリートレベルにおける官僚制の逆機能」[1]を彷彿させる光景である。新たな公共性は，こうした福祉国家の運営手続き面の欠陥を克服する概念として主張される側面もある。したがって，新しい公共では，公セクター，民間セクター，市民・住民セクターの三者の協働によって，公共的諸問題を解決していく政治・経済・社会システムを地方自治体が中心となって構築していくことになる。これを推進していくための方法として，現在注目されている理論が公共経営論である。

公共経営とは

公共経営とは，社会的存在を共有する人々が，共通する社会的ニーズを充足したり，その他の方法で公共的諸問題を解決するために，公共目的を設定し，実施して，問題の解決を図っていくための集合的営為である（片山，2004：8）。公共的諸問題の重要な部分を占める現代の福祉問題の解決は，公セクターや民間セクター，市民・住民セクターの三者の力をひとつに結集することによってのみ達成されるのである。そしてそれは，行政が人々の関係を媒介し，調整することが必要である。

ローカリティの内外において複雑性と相互依存性が増大し，少子高齢化に代表される社会変動に加速がかかって止まらない状態にあり，財政危機も深刻化する中で，行政だけでは多様な福祉問題の解決をなしえないのは明白であり，社会のあらゆる部門，あらゆる単位が連携してネットワークを形成し，協働しなければならない。いかに福祉国家が空洞化しても，依然公共的諸問題の解決には行政が租税をもって中心的役割を果たし続けることに違いはない。なぜなら，公共的諸問題の解決のためには，すべての人々のニーズや必要を同時に充足することのできるソーシャルガバナンス（よき政府）が必要であることに変わりはないからである（澤井，2004：49）。他のセクターに，それを求めることはできない。

中山間地域の集落の生活機能を維持するために，公共経営という考え方を地域福祉の協働経営や運営に応用した場合，どのような政策と実践に焦点を充てることが妥当なのか。筆者は，山形県最上町において中山間地域の地域福祉計画を策定することを通じて，中山間地域の集落の生活機能維持による人口流出をくいとめ，自立的な地域コミュニティと地場経済の内発的発展を可能にする福祉社会開発に向けた実地研究を行ってきた。(2)

その研究ではまず，全集落を対象に，コミュニティバスの運行に関するアンケート調査を実施した。アンケート調査の結果から，コミュニティバスの利用目的を見ると，病院への通院や見舞い，ウエルネスプラザ（保健医療福祉の総合施設）の利用が圧倒的に多い。これは，現在のコミュニティバス（最上町ではウエルネスバスと呼ぶ）がウエルネスプラザ中心の運行ダイヤに偏っているためである。その理由のひとつには，現在のバス運行が民間のタクシー会社に委託運営されていることによる。やはりタクシー会社の採算性からいっても，ウエルネスプラザ中心の運行ダイヤを組むことになる。

次にコミュニティバスを使ってどこへ行きたいかと問いかけると，多くのニーズと必要が確認された。ウエルネスプラザの施設利用の他の行き場を列挙すると，買い物，町役場，中央公民館，診療所，墓参り，ゲートボール場やグランドゴルフ場，友人・知人宅，子どもや親戚の家（これらは，豪雪地帯の冬季に増えるニーズである）など多様であった。集落ごと，性別・年齢別に異なっている。コミュニティバスを利用したい理由は，多い順で，①日中は運転してくれる人がいない，②頼むのが気兼ね，③バスの中で他の人とのおしゃべりをたのしみたい，④車を運転できるが冬は不安だから，⑤自分で運転するよりも安心だから，⑥家に車がないからと続く。豪雪地帯という立地条件，高齢社会の移動の不利益，人間関係や情報の不足といった中山間地域の集落の日常生活（とくに冬季）の不便さが集落住民の生活機能（福祉・医療サービス）へのアクセスのニーズとして浮かび上がっている。

では，集落住民，とくに高齢者の人々のこうしたニーズは，個別の私的なニーズなのか，それとも公共的なニーズなのか，それは両方であると考える。しかし，ここで言えることは，集落住民の生活機能を維持し，それへのアクセスを保障しないかぎり，集落の住民は生活機能へのアクセスの便利なところへと居住を移さなければならない。これは，先に述べた公共性の論理からいうと，

集落住民の「ここに生涯住み続けたい」という願いを明示した居住権にかかわってくる。一人ひとりの居住権は，公共性の要素のひとつである「公平性」の論拠となる。もちろん，生活機能が集中しているところへの移住という「効率性」の論理も軽視することはできない。従来の公共性の論議では，この二項対立的な条件を調整することはできなかったが，新しい公共の論理では，公共性の2つの要素である「公正」と「効率」を積極的に両立させることにある。

　公共経営・運営の実践は，民主主義の活性化の具現化であると言い換えることができる。市場経済を活性化するだけでなく，地方分権を進めて民主主義も活性化し，市場経済が求める効率性と，民主主義の要求する公平性とのバランスをとらなければ，地域社会は解体しかねない。

　地域コミュニティの生活機能を完結することができなければ，その地域社会から生活機能が流出して過疎化してしまう。たとえば，日々の生活に必要な消費財を遠くの都市まで買いに行かなければならないとすると，その地域社会は必ず過疎化していく。人間の生活機能が地域社会に包括的に準備されていなければ過疎化が生じてしまうのである。これは，大都市部にも生じる過疎化の典型的な現象である。子どもを生み育て老いていくための包括的機能が備えられていなければ，人口は流出していってしまうのである。

地域を基盤とした福祉サービスの供給主体の関係構造

　現在の在宅福祉や介護保険事業にみられる福祉・介護サービス提供の考え方は，分権化・供給体制の多元化・住民参加を志向した福祉サービス供給のあり方への改革をめざすものであるといえる。それは，主として，従来の社会福祉・社会保障の基盤となる制度のしくみやサービス提供方法の転換と多様なサービス供給体の参加・協働を意味する。その背景には，多様な福祉ニーズが現代的ストレスや社会病理的現象とあいまって複合的に地域コミュニティのなかで現れる傾向に注視する必要がある。①福祉サービス・ニーズが多様化・普遍化し，画一的なサービスから，より個別的で柔軟なサービスの供給が求められるようになっている。②所得や地域間の格差の拡大，不平等感が引き起こす，それぞれの地域における生活問題，コミュニティの崩壊，生活のストレスといった要因が，人間へのネガティブな影響を及ぼすポテンシャルの高さを暗示している，といえよう。

図表 10-2 地域を基盤とした福祉サービス供給主体の関係構造

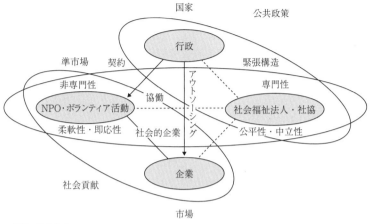

出所：筆者作成。

　地域を基盤とした福祉サービスの供給主体の構成は，大きく4つのセクターからなる（**図表10-2**）。行政，社会福祉法人・社会福祉協議会等，企業，NPO・協同組合等である。介護保険制度において在宅福祉サービスや施設サービスの供給体制のあり方は，次のように大きく変容した。行政の役割は，主として地域の福祉サービス供給組織総体の企画や調整役にまわり，他の供給体への資金補助や福祉サービスの質の確保といった運営支援に変化しつつある。社会福祉法人・社会福祉協議会等は，行政とともに「公共政策」としての社会福祉サービス供給を担うが，行政との一定の緊張関係の構造化が求められる。また，NPO・協同組合等とは，それぞれの活動原理の特徴を生かした協同関係のあり方が模索されよう。介護保険事業や障害者自立支援事業によって民間企業の進出が拡大している。福祉サービスに参入する企業や事業所は，「社会貢献」という活動原理が重要である。単なる利潤追求だけでは，福祉サービス供給市場からの「退出」は余儀なくされるであろう。その意味でも，行政や社会福祉法人等の旧来からの福祉サービス供給体への効率性の効果が求められる。NPO・協同組合等との新たな協働関係も生まれ始めている。NPO・協同組合等は，現代の福祉問題に対する即応性や柔軟性が活動の源である。行政との契約関係，企業との社会貢献によるエンタープライズの提携関係が進展している（野口，2015：225）。今後は，社会福祉法人・社会福祉協議会等との新たな関係

構築が求められる。

　これから社会福祉行政の任務は，限られた財源や資源をいかに適切な比率で配分・供給するかを決定し，それを福祉・介護サービスのデリバリーシステムとして遂行し，さらに新たな福祉・介護サービスを不断に確保し，それを包括的かつ継続的に運用していくという社会サービスのマネジメントを行っていかなければならない。そのためには，地域社会に潜在している資源の発掘や新しい福祉・介護サービスの開発は必須の努力事項である。常にその努力のうえにたって，多元的な供給システムを導入することは，地域的な多様性を反映し，実験的試みを行いやすく，創造的かつ実効性を保有することができ，住民の主体的な社会参加を可能にする契機をもつことになるのである。したがって，その評価においては，サービス供給の効率や効果を測定するだけでなく，さらに意思決定への住民参加の機会をつくり出していけるかどうかが，決定的なポイントとなる。

2　地域福祉のサービス供給の推進方法

福祉ニーズの多様化と利用者本位の考え方

　現代では，多様な福祉ニーズが現代的ストレスや社会病理的現象とあいまって複合的に地域コミュニティの中で現れる傾向にある。福祉ニーズが多様化しているといえる。

　また，福祉ニーズが多様化・普遍化し，画一的なサービスから，より個別的で柔軟なサービスの供給が求められるようになっている。すべての住民にとって，疾病や高齢等により障害を負う可能性が大きくなっており，これを支える家庭や地域社会の状況が変化していることから，保健・医療・福祉サービスの必要性が住民全体のものとして認識されてきている。

　生活問題や社会福祉ニーズを社会福祉の政策・計画との関連で論じている武川正吾は，政策がその対象とする人たちを特定範疇として限定せざるをえない場合が少なくないため，一般的な市民参加に加えて，利害当事者の参加が工夫されるべきであるとし，社会福祉政策や計画への住民参加を説いている。また，行政や医療・福祉専門家と利用者の間に生じる優位・劣位関係からの開放のためにも，利用者参加の必要性を強調している。同時に行政から独立した社会福

祉サービスの専門職や専門性の確立もまた，利用者の権利やニーズを守るために必要であるとの指摘がなされている（武川，2001：135）。

平岡公一は，近年のイギリスのコミュニティケア政策にみる「消費者主権主義（consumerism）」に着目し，コンシューマリズム（利用者第一主義と言い換えてもよいであろう：筆者）の拡大が，「疑似市場」の創設，サービス供給の多元化による競争原理の創出，公共サービスへの市場メカニズムの導入とボランタリーセクターへの委託化という公共サービス供給システムの枠組み変化の必然性を指摘している（平岡，1997：271-294）。

介護保険と福祉サービス供給多元化の動向

いま，わが国の社会福祉は，介護保険制度の導入や社会福祉法成立等一連の社会福祉基礎構造改革の動きを基軸に，大きな転換期をむかえている。転換の内容として，近年の地方分権や三位一体改革を背景に，介護保険事業や障害者自立支援法では，自治体の裁量範囲が拡大しつつある。たとえば，介護保険事業では，介護給付における地域密着型サービス，そして新予防給付の地域密着型介護予防サービスが自治体の指定事業者に移管された。その他，一般の高齢者や虚弱高齢者等（要介護認定非該当者）を対象とした地域支援事業も自治体の高齢者保健福祉計画の実施事業に組み込まれた。また障害者自立支援法では，自立支援給付と地域生活支援事業の自治体裁量が拡大した。

これら一連の社会福祉の「基礎構造」の改革とは，主として，従来の社会福祉・社会保障の基盤となる制度のしくみやサービス提供方法のパラダイム転換を意味する。その主要な論点は，①将来にわたって増大・多様化する福祉需要に的確に対応し，国民全体の生活の安定を支える地域福祉システムの構築，②これまでの中央集権的な福祉サービス供給体制を地方分権化し，サービスの多元化と住民参加を志向した供給体制への変革，③国民の自立支援，選択の尊重，④福祉サービス利用者の信頼と納得の得られる質の高い福祉サービスの効率的運営などである。これらの考え方の延長に社会福祉法の理念や精神を読み取ることができる。

さらに，介護保険の導入によって，これまでの社会福祉のしくみが，①租税財源方式から社会保険方式へ，②市町村の判定（措置）から要介護認定，ケアマネジメントへ，③市町村のサービス決定（措置）から利用者のサービス選択

へ，④行政，社会福祉法人中心のサービス提供機関から多様な主体へ，⑤所得に基づく応能負担から利用に応じた応益負担（1割の定率負担）へ移行することになる。これらの変化によって，とくに民間営利事業者の参入も認めた指定居宅サービス事業者の競合関係をつくり出し，サービスの質の向上や利用者の選択性の効果をもたらすことが期待されている。

地域福祉サービスの供給の多元化と効率化

地域福祉サービス供給の多元化時代の視点は，分権化の動向にある。具体的に分権化がなぜ必要になったのか，その事由をとりあげてみよう。第1に，わが国においては，近年，とくに国際社会への貢献や対応が迫られていることである。第2に，地方に権限を与えることによって，地方の活性化を図り，東京一極集中の是正を図る必要からである。第3に，地域間格差が拡大する一方で，地方の衰退が目立ちはじめたことによる。第4に，少子高齢社会に対応した医療・福祉・介護サービスの総合化を中核にすえた地域福祉政策が地方自治体に迫られているからである。

では，地方分権によって，何がかわるのかというと，①中央政府と地方自治体の関係の変化（地方自治体が国のコントロールから自由になり，対等協力の関係へ），②行政内部の変化（画一的な施策から多様な施策に，縦割りから総合行政へ，受身から能動的姿勢に変わりうる可能性），③住民参加の方式の変化（政策意思決定の場面への参加，住民による諸活動の拡大，社会サービスに対する住民の選択権が確立する等，住民が社会サービスを受益する権利とそれを負担する責務の発生）など大きく3つの側面で変化が見られることになる。

スウェーデンをはじめ北欧の国々で社会福祉サービス提供の要件として，ノーマライゼーションの理念に基づく，次の3要件が重要であると考えられている。第1に自己決定（サービス利用者は選択可能なサービスの内容を事前に知らされ，自らの決定により開始されたサービスを評価する権利を有する），第2に残存能力の活用（サービスは，利用者の残存能力に着目して，自立を援助する目的で提供される），第3に人生の継続性（いかなるサービスも利用者の生活の継続性を尊重しなければならない）が社会福祉サービス提供の際に，具体的に保障されていなければならない。

介護保険の導入により，これからの福祉サービスがより多くのニーズをカバ

ーしていくためには,市場競争力を持った利用コストの低い社会サービスを形成しなければならない。この利用コストの低さと同時に,サービス・利用価値・使いやすさ等総合的な質の高さの確保も追求する必要がある。ケアマネジメントは,利用者が援助を必要とする場合に,最適なサービスを効率的かつ迅速に提供する一連の援助である。利用者がどのような問題を持っているかを把握し,その問題の特性とニーズの特性,それに対応するサービスを検討し,サービス提供者のネットワークを構築し援助をチームで提供していく一連の過程と展開方法の技術ともいえる。1970年代からの福祉ミックス論や福祉多元主義のもとで福祉サービス供給の多元化が推進され,それが,とくに,社会福祉サービスのデリバリーシステム論および地域包括ケアシステム論につながっている。

3 地域福祉サービス供給の推進組織と方法

本節では,実際にどのような組織が地域福祉サービス供給を担っているのかについて説明していく。

市町村社会福祉協議会の現状

市町村社会福祉協議会のサービス提供の方法は,社会福祉施設や介護事業所のように利用者のニーズが表明されているとは限らず,どちらかというと地域や家族の中で潜在(隠れている)化しているニーズに対してアウトリーチ型でアプローチすることに特質が見られる。NHKドラマの「サイレント・プア」(2014年4月放映)の主人公は,自分の職名をコミュニティ・ソーシャルワーカー(CSW)と名乗り,孤立や引きこもり,ごみ屋敷,認知症高齢者の見守り活動などの個別援助から地域支援活動などを担っている。彼女は社会福祉協議会の職員である。

社会福祉協議会は,全国,都道府県・指定都市,市区町村の地方自治体と同様に,設置されている。ほとんどの社会福祉協議会は法人格を有し,理念的には,それぞれの社会福祉協議会は独立した組織である。これらの社会福祉協議会の関係は,それぞれの社協の位置するエリアごとに,それぞれの地域性にあった社協事業や活動を展開することが本旨であるため,全国的なゆるやかなネ

ットワークは存在するものの，全国社会福祉協議会，都道府県，指定都市，市区町村の社会福祉協議会は，それぞれ独立した組織である。最近では，むしろそれぞれの地域内の自治体やNPO，ボランティア組織，住民組織等との小地域ネットワークが戦略的に重視されている。

その社会福祉協議会が今回の市町村合併によって全国でどれぐらいに減少したのだろうか。市町村合併による社会福祉協議会の数は，2004年4月現在では3369か所であったのが，2007年1月現在では1953か所に大幅に減少している。さらに合併した市町村社会福祉協議会は，本部と支所に組織再編成が行われ，職員移動や地域ニーズの把握に問題が生じてきているところも多く見られる。

旧社会福祉事業法の制定以来50年ぶりに抜本的改正がなされた社会福祉法において，地域福祉の推進が，この法の理念に掲げられた。そして，地域福祉を推進していく主体として，改めて社会福祉協議会が位置づけられたといえよう。

2000（平成12）年6月に成立した社会福祉法の特徴は，①目的に「福祉サービスの利用者の利益の保護及び地域における社会福祉（地域福祉）の推進を図ること」が追加されたこと，②基本理念に「社会福祉サービスは，個人の尊厳の保持を旨とし，その内容は，福祉サービスの利用者が心身ともに健やかに育成され，又はその有する能力に応じ自立した日常生活を営むことができるように支援するものとして，良質かつ適切なものでなければならないこと」を福祉サービスの基本的理念として謳われていること，③従来の「行政処分によりサービス内容を決定する措置制度」から「利用者が事業者と対等な関係に基づきサービスを選択する利用制度」への転換などにみられる。その他，利用者保護のための制度の創設（地域福祉権利擁護制度，苦情解決システムの導入），地域福祉の推進（市町村地域福再計画の策定，都道府県地域福祉支援計画の策定，社会福祉協議会の広域的・効果的運営の可能性）など，福祉サービスの適切な利用の推進に大きく踏み出したことがあげられる。

すなわち，社会福祉法の中に謳われている内容のほとんどが，社会福祉協議会の新たな役割と任務として位置づけられているといっても過言ではない。それほどまでに社会福祉協議会への期待が大きいということを認識する必要があろう。

社会福祉協議会の法的位置

　全国社会福祉協議会と都道府県社会福祉協議会は，創設の年である1951（昭和26）年に制定された旧社会福祉事業法においてその位置と役割が規定された。しかし，市町村段階の社協の法制化は，一部の社協に留まり，本格的な法制化にこぎつけたのは，旧社会福祉事業法の一部改正がなされた1983（昭和58）年のことである。折しも，わが国においてコミュニティケアの実体としての在宅福祉サービスの考え方が普及し始めたときでもあり，それまでに多くの社協関係者たちの地道な地域組織化活動やボランティア活動の育成等の実践とそれに裏打ちされたソーシャルアクションが法制化に結実したのであった。

　市町村社協の法的規定の内容は，構成要件として「その区域内において社会福祉事業又は更正保護事業を経営する者の過半数が参加するもの」という要件が明示され，さらに市町村を単位とする社協は，その範囲内でひとつしか組織されないということを意味している。すなわち，形式的にも，内容的にも，ひとつの地方自治体にひとつの社会福祉協議会組織が存在し，その社協が地域福祉活動推進機関として位置づけられたわけである。

　次に事業としては，社会福祉を目的とする事業に関する「調査」，「総合的企画」，「連絡・調整及び助成」，「普及及び宣伝」という内容であった。これらの事業は，社協のルーチンワークに属するものであり，現実に在宅福祉に関する具体的な事業を展開している社協の特徴を表現していないという批判が相次いだ。そして，1990年の社会福祉関係8法改正の中で，「社会福祉を目的とする事業の健全な発達を図るために必要な事業」が加えられ，社協活動の実体的概念が浮き彫りにされたといえよう。さらに，1992年の改正では，「社会福祉に関する活動への住民の参加のための援助」に関する事業があらたに加えられた。以上のように，1983年の市町村社協法制化以来，1990年代初頭期の旧社会福祉事業法の2度にわたる改正をへて，地域福祉推進の中核的役割を果たす組織体として法的位置づけがなされたのである。そして，2000年の社会福祉法の中で，これら社協の3つの事業が明文化されることになる。

　社会福祉法の中で社会福祉協議会は次のように位置づけられている。まず，第107条において市町村社会福祉協議会及び地区社会福祉協議会（指定都市の区社協）が位置づけられ，①社会福祉を目的とする事業の企画及び実施，②社会福祉に関する活動への住民の参加のための援助，③調査，普及，宣伝，連絡，

調整及び助成などの任務が記されている。

次いで，第108条では，都道府県社会福祉協議会が位置づけられ，その任務としては，①社会福祉を目的とする事業であって各市町村を通ずる広域的な見地から行うことが適切なもの，②社会福祉を目的とする事業に従事する者の養成及び研修，③社会福祉を目的とする事業の経営に関する指導及び助言，④市町村社会福祉協議会の相互の連絡及び事業の調整が明記されている。

社会福祉協議会をめぐる新たな動向

社会福祉協議会（以下，社協）は，ある意味で公共性を備えた民間活動団体ともいえるが，財源の大半を公費に依存している現状からいえば，行政から完全にオートノミー（自律性）をもった民間団体として機能していない状況におかれている。もちろん，介護保険サービス事業の部門は，その多くが独立採算制をとっている（一部公費をいれざるをえない地域もある）。他方，在宅福祉サービスを制度として提供する以上，基本的には，行政はもちろん，社協や第3セクターなど行政が関与する供給体すべてがその公共的責任を担うことになる。したがって，社協が在宅福祉サービスの事業運営を行政から事業受託することは，決して否定されるべきことではないが，地域や福祉のまちづくりという社協本来の目的を達成する観点から十分に検討されたものでなくてはならない。在宅福祉サービスを中心として，まちづくりの視点と住民主体の原則にもとづいて住民の活動を援助するという視点，さらには多元化する福祉サービス機能を住民個々のニーズに合わせて連絡調整するという福祉組織化の視点こそが，これからの社協の指針であると同時に，フォーマルな資源とインフォーマルな資源を結ぶチャンネルとしての役割が社協に求められているともいえる。

基礎自治体（広域型並びに単独型）において介護保険という新しい社会保険制度と地域福祉政策や実践の総合的運用が求められている中で，市町村社協のめざすべき方向性は，社協と行政との役割関係に検討を加えたうえで，それぞれの社協活動の歴史的・地域的な流れを位置づけなおし，それぞれの「社協らしさ」を生かした経営戦略を示しながら，他のサービス供給組織との協働関係を作り上げていくことが重要であろう。その際の「社協らしさ」を生かした経営戦略を考えるとき，社協の方向性・理念・使命をどのように確立するのかが問われてくることになる。すなわち，①サービス供給における公共性や公平性

の担保，住民参加による地域の福祉課題の共有化を総合的に推進すること，②地域福祉の中で社協の役割を考える必要があること，③介護保険・高齢者保健福祉計画から地域福祉計画への展開が追求されることになろう。その際に，「社協の固有性」である公共性や公平性の論理が市場原理を一定程度，制約する必要が生じてこよう。

福祉NPO組織

　近年の福祉サービス供給主体の多元化のなかで，在宅介護サービスの領域では，公（第1セクター）と民間営利団体（第2セクター）の他に，第3のセクターとしての「共」セクターが大きな位置を占めるに至っている。この「共」セクターには，非営利団体及びボランティア団体が含まれるが，ここでは，地方自治体が設立に関与した「福祉公社」，特定非営利活動促進法により「NPO法人格を取得した在宅福祉サービス団体」や「生協の助け合い活動」などを取上げてみよう。ここでは，とくに福祉領域のNPO（非営利団体）についてみていく。1980年代後半期から，わが国の社会福祉は，高齢社会・少子社会の到来による社会保障・社会福祉需要の拡大，社会的介護保障の必要性，在宅福祉サービスの重要性，保健・医療・福祉のネットワークと連携，介護問題・児童家庭問題・精神保健問題等にみられるような福祉ニーズの多様化や高度化に対応しうる新しいパラダイムの構築を求めてきた。そうした動きを背景に，市民活動を行う団体などに法人格を与える「特定非営利法人活動促進法（NPO法）」(1998年3月19日)が成立した。

　NPOは民間非営利組織の訳語で，わが国では，①財団法人，社団法人，学校法人，社会福祉法人のグループ，②生活協同組合や農業協同組合のグループ，③特定非営利活動法人およびボランティア団体等の市民活動団体のグループに大きく分かれる。

　住民参加型の在宅福祉サービス事業所や団体が多く含まれる③のグループの主な特徴は，社会福祉分野で比較的小規模の団体が多く，その財源構成として会費，行政からの補助金，民間からの助成金に頼る傾向にあり，事業収入や寄付金等の依存率が低いことである。とくに介護保険に参入するNPO法人の住民参加型在宅福祉サービス団体では，介護サービス事業所としての経営マネジメントやケアマネジメントの習得が緊急的課題となっている。

背景には，介護保険サービス事業所としての参入もあるが，むしろ市民や地域住民として介護問題や児童問題，地域の居住環境問題等への実践的な参画を通して，地域社会の問題を共有化し，新たな地域共同社会を創造していこうとするボランティアたちのエネルギーが収斂したものであろう。住民参加型在宅福祉サービスを供給するNPO団体は，今後とも大きく成長していくものと思われるが，その方向性は，NPO法人格を取得して積極的に介護保険に参入するグループと，介護保険対応外の住民ニーズに応えていこうとするボランティア活動のグループに両極分解していくものと思われる。

「特定非営利活動促進法」の成立によって，市民活動団体は法人格を取得しやすくなり，①社会的な信用が高まる，②寄付金や公的援助を受けやすい，③営利を目的とした活動でないことが理解してもらえる，④会員や協力者を得やすい，⑤行政からの委託事業が受けやすい，⑥権利・義務が明確となり責任のある体制となる，ことなどがメリットとしてあげられている。また，その特徴は，①社会福祉分野で比較的小さい団体が多い，②収入構成は会費・行政からの補助金・民間からの助成金・事業収入の順である，③そして半数以上が1980年代以降に活動を開始していることなどがあげられる。

NPO団体のこのような動きの中で，介護保険制度等の社会サービス提供，児童虐待の相談と防止，障害者の自立と社会参加の促進，ノーマライゼーションやバリアフリーの促進，自然環境や地域文化の保全といったさまざまな分野での市民活動団体に大きな役割と期待が向けられている。高齢者や障害者をはじめ，すべての住民から情報を発信し，国際間の交流，自然との共生，歴史・文化の創造，安全で安心できる福祉コミュニティを形成していくためには，公的セクターや民間営利セクターに続く第3の領域としてNPO（非営利団体）セクターをさらに発展させていくことが必要である（**図表10-3**）。

地域ソーシャルケア・サービスの推進方法

先進国共通の課題である高齢者や障害者ケアの特徴は，ソーシャルケア・サービスを必要とする人々の増加及びサービスを提供する人々の減少，生体工学および介護機器等の新技術の開発はソーシャルケアの需要を高める，ソーシャルケア・コストの増加に集約できる。

第10章 地域福祉のサービス供給の推進組織と方法

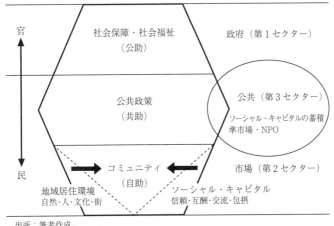

図表10-3　豊かな公共（第3セクター）の創出イメージ

出所：筆者作成。

① ソーシャル・ケアサービスという考え方の拡がり

今日の地域福祉サービス供給におけるトレンドは，地域自立生活支援・生活困窮者支援・地域包括ケアの時代に求められるソーシャルケア・サービスを視野に入れた総合的なシステムづくりである。その根拠は，①病院や施設での援助と違って，在宅での支援の場合には福祉サービスを必要としている人のみならず，家族や近隣の住民によるソーシャルサポート・ネットワークの有無も考えたソーシャルケアが必要となってきている。②高齢者の在宅福祉サービスに代表されるように医療・保健・福祉の連携が必要で，専門多職種のチームアプローチによる地域包括ケアが求められる。イギリスでは，インター・プロフェッショナル・エデュケーション（IPE）がすでに進行している。③社会福祉制度として提供されるフォーマルサービスと近隣住民等により提供されるインフォーマルサービスとを有機的に結びつけてケアマネジメントし，ソーシャルワークを展開するコミュニティ・ソーシャルワークが具体的に展開されてきている。

② 医療・福祉・介護サービスのシステムづくり

要援護者をはじめさまざまな課題やニーズをかかえる人たちが気軽に相談できる総合窓口の一元化と専門的な相談体制づくり，情報提供システムの整備，そして介護保険とあわせての在宅ケアマネジメントシステムの構築，医療・福

祉・介護サービス連携のためのサービス機関のネットワーク化をさらに図る必要がある。また、このような社会的ケア需要の増大に対応するためには、在宅福祉サービスの単一的な供給形態だけでなく、在宅福祉サービスの内容として日常生活の援助を中心として同時に医療、リハビリテーション、あるいは生活相談ニーズを含んだ専門的サービスと通常の家事サービス等を総合的に供給するシステムづくりが必要になる。ただし、その際に、これらのニーズに対応する社会福祉協議会や福祉公社等の供給サービスとNPO団体やボランティア活動とのネットワークをどう形成するか、利用者のニーズ把握とサービス情報のマッチングにかなりの問題が残されている。

③ 苦情解決・権利擁護・サービス評価システムの構築

介護保険の導入により、契約を中心としたサービス提供のしくみに変化するわけであるが、そうした契約文化にふなれな、またなじまない人たちの地域及び施設において、高齢者等の人権の尊重や地域福祉権利擁護についての啓発を進めることや、権利が侵害され、高齢者等から申し立てが合った場合等において、トラブルが想定できるが、迅速かつ適切に対応できるしくみを整備していくことが必要である。とくに、認知症高齢者等の財産管理を支援するシステムの整備や権利擁護に関する成年後見制度の施行を踏まえた相談援助体制の強化が必要である。また、サービス利用者の満足度調査とあわせて第三者機関によるサービス評価委員会を行政内外に専門職や住民の参加を得て設置する必要がある。

④ 小地域福祉活動のネットワーク

地域福祉や在宅福祉サービスが、コミュニティ（小地域）を抜きにしては実践できないことは自明のことであるが、それはコミュニティを単にサービスの利用圏として見るのではなく、援助関係の結び付き、援助のネットワークとしてとらえようとしたことにある。

小地域での拠点を中心に、要援護者の早期発見システムづくりや、近隣やボランティアなどの援助活動の組織化などが小地域活動であるといえる。小地域はコミュニティ形成の場であり、公共的なサービス供給の効果をたしかめ、最も日常的な生活の場で助け合いのネットワークをつくれる場である。地域社会における健康と福祉の向上にむけての努力は、行政はもちろん、住民、事業者、保健医療福祉関係者等が地域福祉システムの構築のための共通理解のもとに、

各々の役割と責任を果たすときに初めて実効性をもつものである。

このため，行政・住民・事業者・保健医療福祉関係者のこれら四者は，それぞれの権利と義務，社会的保障と自助，社会連帯と自己責任の望ましい調和・結合を図るために自ら努力するとともに，相互に連携を図っていく必要がある。とくに地域福祉の視点にたった健康，医療，教育，生活環境，その他の諸分野の総合化や保健・医療・福祉の連携の強化，さらに地域的視点にたった参加型福祉の促進が重要である。

注
(1) リプスキー（Lipsky, M.）によれば，公的サービスを必須とする受給者に，サービスを提供する，公的セクターの最末端部分における官僚制システムである。当初は警官の組織を研究することで工夫された概念であるが，やがて住民などのクライエント（client, 顧客）にサービスを提供する第一線に位置する部門，具体的には，地方自治体などで，住民にサービスを提供している福祉事務所や相談所，収容施設に拡張され，さらには，学校や病院，診療所なども含まれるようになった。このような組織では，サービスの送り手はストリート・レベルの官僚として，公的な権威に依拠し，さらに，サービス資源を独占することで受け手の日常生活のもっとも身近なところで影響を与えている（田尾，1999：556）。
(2) 日本福祉大学21世紀COEプログラム領域A：中山間地域における地域ケア，福祉社会開発モデル研究（山形県最上町）の研究成果をベースに，地域福祉の計画と政策と実践の要素を公共経営・運営として展開させたものである。

引用・参考文献
片山寛光（2004）『早稲田大学パブリックマネジメント』No.01。
澤井安勇（2004）「ソーシャル・ガバナンスの概念とその成立要件」神野直彦・澤井安勇編著『ソーシャル・ガバナンス――新しい分権・市民社会の構図』東洋経済新報社。
田尾雅史（1999）「ストリート・レベルの官僚制」庄司洋子・木下康仁他編『福祉社会事典』弘文堂。
武川正吾（2001）『福祉社会』有斐閣アルマ。
武川正吾（2011）『新版 福祉社会』有斐閣アルマ。
野口定久（1995）「地域福祉の対象」牧里毎治・野口定久・河合克義編『地域福祉』有斐閣。
野口定久（2015）「ニーズ対応型福祉サービスの開発」『地域福祉の理論と方法』中央法規出版。

平岡公一（1997）「イギリス社会福祉における市民参加」社会保障研究所編『社会福祉における市民参加』東京大学出版会。

第11章

地域福祉の主体形成とコミュニティワーク実践

1 住民運動とコミュニティ・アプローチ

　地域福祉を理解する上で，地域福祉がめざす望ましい社会とはどのような社会であるかを提起し，それをいかにして実現するかを示す必要がある。

　その望ましい社会を現実化しようとするときに2つの典型的な手法がある。①社会計画（行政的な決定権を有する者が主たる担い手となる），②社会運動（行政的権限の外部にある一般の社会の成員を担い手とする）である（大澤，1999：416）。

　これをここまでで学んだ地域福祉で考えた場合，①望ましい地域社会像（第4章コミュニティ・モデルから福祉コミュニティ・モデルへ），②地域福祉計画（第8章地域福祉計画の策定と推進），③住民の主体形成（ボランタリー・アクション）ということになろう。以下本節ではその手法について学んでいく。

ソーシャル・アクションとは
　ソーシャル・アクションの日本語訳は社会福祉活動法又は社会活動法である。それは社会的に弱い立場にある人の権利擁護を主体に，その必要に対する社会資源の創出，社会参加の促進，社会環境の改善，政策形成及び当事者自身の主体形成，エンパワメント等ソーシャルワーク過程の重要な援助及び支援方法のひとつである。ここではアプローチ法の視点，市民運動・住民運動の視点の2つの視点からみていく。

（1）アプローチ法の視点
　ソーシャル・アクションには3つのアプローチ法がある。第1はアドボカシー（Advocacy）・アプローチである。社会的発言力が弱く，身体的・精神的ハ

ンディのある当事者（対象者あるいはクライエント）にかわって，当事者とかかわるソーシャルワーカー（社会福祉士及び精神保健福祉士がその代表的な専門職である）が中心に活動する活動形態である。

第2は当事者への自立支援（Independent Living）アプローチである。当事者みずからを主体として，ソーシャルワーカーがそのニーズの実現のためにさまざまな社会資源を組織化し，当事者の自立生活を支援する活動形態である。

第3は当事者へのエンパワメント（Empowerment）・アプローチである。エンパワメントとは1976年にソロモン（Solomon, B.）が『黒人へのエンパワメント――抑圧された地域社会におけるソーシャルワーク』(Black Empowerment: Social Work in Oppressed Communities, New York: Colombia University Press) の中で，抑圧された無力化した人々自身が問題解決の主体者となれるよう支援するアプローチのことをそういった。2001年に採択されたICF（国際生活機能分類）によって社会的リハビリテーション及び地域自立生活支援のアプローチが強調されたことで，現在では障害者や要介護者のアセスメントやケアマネジメントなどにもエンパワメントの概念は取り入れられるようになっている。

他方，ソーシャルワークの展開過程ではコミュニティ・オーガニゼーションの一形態として発生し，1960年代のアメリカを中心に頻発した社会問題に鋭く対立した社会運動，とくに公民権運動や社会福祉運動をリードする問題解決型のソーシャルワーク援助方法として用いられた。日本では1960年代後半から70年代に公害運動などに影響を与えた。しかし，近年では現代社会の福祉問題（社会的排除や摩擦，孤立）の中で，当事者の立場や利害を代弁するアドボカシー（権利擁護・弁護）および福祉資源の拡充・創設，社会福祉の運営の改善をめざす組織化活動として用いられることが多い。

（2）市民運動・住民運動の視点

市民運動とは，市民としての共通の利害や理念に立脚した社会運動の一形態である。日本では，1950年代以後，反戦平和，原水禁運動，環境問題，公害問題，差別撤廃，ジェンダー，人権問題等を主題として，さまざまな市民運動が展開されてきた。その特徴は居住性へのこだわりよりも，個人や普遍的価値観に基づいて，その人々が抱える限定的な課題の解決をめざすことに方向軸が向けられる点である。

他方，1980年代ごろから町内会の住民たちが，新住民たちとともに学童保育づくりや図書館づくり，在宅福祉サービス活動等を共に担い合う活動が見られはじめた。住民同士が面白くてやめられなくなる地域活動の思想を過去の共同体論に回帰させるのではなしに，市民運動のコミュニティ思想へと昇華させていった時期でもある。この頃から従来の生活環境型の住民運動と市民運動が交差するようになる。こうした住民運動と市民運動の結節の媒体を果たす役割として，とくに地域福祉の専門職としてソーシャル・アクションの手法が注目されている。

住民運動と市民運動との交差の特徴（野口，2006：360-361）は，①設定された運動課題が特定の地域に深く結びついていること，②市民運動組織が地縁的人間関係を中心に形成されていること，③人権や権利擁護，ジェンダーといった理念性をもった目標へ一人ひとりの共鳴と自主判断に立脚していること，④課題解決のために自らも参加・行動し，その実践をもって行政的・政治的意思決定に影響を与えること，などがあげられる。しかし，近年では現代社会の福祉問題（社会的排除や摩擦，孤立）の中で，当事者の立場や利害を代弁するアドボカシー（権利擁護・弁護）及び福祉資源の拡充・創設，社会福祉の運営の改善をめざす組織化活動として用いられることが多い。

ボランタリー・アクションとは

ソーシャル・アクションの原初形態は，やはりボランティア活動であろう。イギリスの社会保障の基盤を形作ったビバリッジ・リポートを書いたビバリッジ卿（Beveridge, W. H.）は，1948年に"*Voluntary Action-A Report on Methods of Social Advance*"を著している。ビバリッジは，その序文で次のように述べている。「社会福祉の進歩は国の活動と個人の活動によってもたらされる。1942年にまとめた『社会保険と関連サービスに関する報告』で，国によって行われる活動のほとんど全部について書いたので，ボランタリー・アクションについてこの報告の中で，国とは独立した個人の活動について書かねばならない」（篭山，1981：191）と。したがって，ビバリッジは，「政府の活動」（State Action）と「個人の活動」（Voluntary Action）を一対のものとして，その両義的な関係を明確にしたかったようである。

では，ビバリッジのボランタリー・アクションの理論を紹介してみよう。ビ

バリッジは，その主要なテーマとして博愛慈善と相互扶助の2つを置いている。博愛慈善には，慈善団体（COS），ブース（Booth, C.）が確立したソーシャル・サーベイ，セツルメント，ヒル（Hill, O.）の住宅改善運動等をとりあげている。これらの活動がボランタリー・アクションの発展につながっていると主張している。これらの活動のパイオニアには3つの条件がある。①ミドル・クラスで，自由な職業人であること。②宗教的動機があること。③活動に新しいアイディアをつくり出す経済的な条件があること。このようなパイオニアの条件から読み取れることは，ビバリッジが博愛慈善を担う人たちは，社会的には安定した人々が下層の生活不安定者を対象とした活動であり，上からのボランタリー・アクションということができる。相互扶助活動には，フレンドリーソサイアティ，労働組合，住宅協会，消費組合等を含めている。これらの活動は，相互扶助と互助共済とあわせて労働者の地位向上のための「下からの運動」をさしているようである。

　この両者の関係を篭山京は，「ボランタリー・アクションを上からと下からとに分けて考えると，セツルメント運動によって，上からの運動は下からの運動へ質的転換をしていったと考えざるを得なくなる」と（篭山，1981：191）。そして，「セツルメント運動は上からの博愛慈善の終焉だったのかもしれない」との言説は，地域福祉活動における社会福祉協議会の地域組織化活動や隣保館・社会館のセツルメント活動の今日的意味を再考する契機となるであろう。

　当初，日本では，ビバリッジ・リポートの「政府の活動」（State Action）のみが強調された。それは当時（1960-70年代）の日本の社会目標が経済成長と福祉国家の成立に主眼が置かれており，福祉に対する国家責任が強調され，個人の役割は後回しにされたからである。このことは，その後の日本の社会福祉における公私関係にも反映している。

　社会福祉の古典的な公私関係は，古くは20世紀初頭のイギリスにおいて展開された議論がある。ひとつは「平行棒理論（"parallel bars" theory）」といわれるもので，これに対し異論を唱えたものがウェッブ（Webb, S.）の「繰り出し梯子理論」である。この考え方は，前者のように「貧民の価値」によって公私の役割を二分するのではなく，民間活動が公（行政）の活動を先導する実験的，試行的なものとして，むしろ下からの段階論として民間救済活動の独自の領域を設定している。

イギリスでは，1978年に発表されたウォルフェンデン委員会報告において対人福祉サービスのマンパワーとしてボランティア活動を位置づける方向が示された[1]。そしてこの考え方は，わが国においても1980年代の社会福祉サービス供給多元化を契機に，公的な福祉とボランティアとの役割分担論が提起され，地域福祉や在宅福祉に政策的な期待が寄せられてきた。とくに近年では，民間非営利活動促進法をはじめとするボランティア活動の条件整備がすすめられるなど，コミュニティケアを含めたボランティアや民間非営利団体（NPO）を，公私協働で分権型福祉契約社会をつくり出すパートナーとして位置づけるようになっている。[2]

コミュニティ・アクションとは

わが国では，コミュニティ・アクションをコミュニティ・オーガニゼーション（CO）と呼ぶ場合もあり，または地域援助方法あるいは援助技術と呼ぶ場合もあるが，いずれにしても地域福祉の専門的方法・技術として使われてきた経緯がある。ただし，1980年代以降在宅福祉サービスの重要性が認識されるに従い，地域組織化としてのコミュニティ・オーガニゼーションより広い概念としてのコミュニティ・アクションの使用が一般化してきている。コミュニティ・アクションは，地域社会レベルで発生するさまざまな生活の諸困難を地域社会自らが組織的に解決するように援助する専門技術であるという見解が一般的である。したがって，コミュニティ・アクションは，地域社会における住民たちの共通の生活困難の解決を第一義的な目的とするソーシャルワークの援助技術であるといえる。さらに，地域社会の従来の縦割的な組織体制を横断的な組織体制に変えていこうという働きであり，住民やボランティアの参加のもとに行政機関や各種専門家によって提供されるサービスを地域レベル，生活者のレベルで再編成，統合化していこうというコミュニティ・アクションにほかならない。

それゆえに，コミュニティ・アクションは，当事者が抱える生活問題を核心にすえて，その問題をめぐって，住民の参加を組織的に拡大・深化させていくための方法や技術の体系と意義づけられるのである。このように限定された課題に向かって，これを解決していく援助活動が行われるわけであるが，その活動のやり方や過程は，実にさまざまであるが，ここではコミュニティ・アクシ

ョンの8つの機能を提示しておこう。①地域の調査・診断の機能，②福祉ニーズと社会資源間の連絡・調整の機能，③地域住民や福祉関係者の学習・訓練の機能，④福祉問題を直接担う当事者や住民の組織化と支援の機能，⑤広報などによる情報提供機能，⑥福祉サービスなどの企画と開発の機能，⑦ソーシャル・アクションの機能，⑧地域福祉計画を立案する機能などである。しいていえば，これら8つのすべての機能を地域援助のすべての展開過程で総合化することをコミュニティ・アクションと言い換えてもよい。

2 福祉サービス供給の主体形成

新たな福祉サービス資源の開発

従来の福祉国家に代替する福祉サービスの供給システムは，所得再分配の機能（生活保護や年金，保険等）を中央政府に残し，主として公共サービス（施設サービスや在宅福祉サービス，保健・医療・福祉・教育サービスなど）の供給を地方自治体に委ねることとしてきた。そして，その供給システムにおいては，ハード・ウェアよりもソフト・ウェア，ヒューマン・ウェアを重視している。対人社会サービスという現物給付は，地域社会に密着している人間の生活の実態に対応して供給する必要がある。そのため国民に身近な政府である地方自治体が供給するしかない。そのための地方自治体への権限委譲は，国民生活に関する事柄を身近な地方自治体に委ねるべきとの政策の下で，具体的には1990年の社会福祉関係8法の改正により，市町村の在宅福祉行政委譲が地方分権のさきがけとなったのである。その政策的背景のもとで，1990年代に「豊かさ」の実感できる公共サービスが自治体をベースに追及され，1989年12月の「高齢者保健福祉推進10カ年戦略」（ゴールドプラン），「新ゴールドプラン」(1995年)，「ゴールドプラン21」(1999年)，そして「エンゼル・プラン」などの基盤整備計画が中央政府（旧厚生省）のガイドラインに基づいて，都道府県や基礎自治体の地方政府をベースに整備されていった。

福祉サービス供給の多元化時代の視点は，分権化の動向にある。具体的に分権化がなぜ必要になったのか，その事由をとりあげてみよう。第1に，わが国においては，近年，とくに国際社会への貢献や対応が迫られていることである。第2に，地方に権限を与えることによって，地方の活性化を図り，東京一極集

中の是正を図る必要からである。第3に、地域間格差が拡大する一方で、地方の衰退が目立ちはじめたことによる。第4に、少子高齢社会に対応した医療・福祉・介護サービスの総合化を中核にすえた地域福祉政策が地方自治体に迫られているからである。

では、地方分権によって、何が変わるのかというと、①中央政府と地方自治体の関係の変化（地方自治体が国のコントロールから自由になり、対等協力の関係へ）、②行政内部の変化（画一的な施策から多様な施策に、縦割りから総合行政へ、受身から能動的姿勢に変わりうる可能性）、③住民参加の方式の変化（政策意思決定の場面への参加、住民による諸活動の拡大、社会サービスに対する住民の選択権が確立する等、住民が社会サービスを受益する権利とそれを負担する責務の発生）など大きく3つの側面となる。

また、これからの福祉サービスがより多くのニーズをカバーしていくためには、市場競争力を持った利用コストの低い社会サービスを形成しなければならない。この利用コストの低さと同時に、サービス・利用価値・使いやすさ等総合的な質の高さの確保も追求する必要がある。そのためには利用者がどのような問題を持っているかを把握し、その問題の特性とニーズの特性、それに対応するサービスを検討し、サービス提供者のネットワークを構築し援助をチームで提供していく一連の過程と展開方法の技術などが必要とされる。たとえばケアマネジメントは、利用者が援助を必要とする場合に、最適なサービスを効率的かつ迅速に提供する一連の援助となる。

新たな福祉サービス供給組織の主体形成

介護保険事業によって民間企業の社会福祉サービスへの進出が拡大している。福祉サービスに参入する企業や事業所には、「社会貢献」という活動原理が重要である。単なる利潤追求だけでは、福祉サービス供給からの撤退は余儀なくされるであろう。その意味でも、行政や社会福祉法人等の旧来からの福祉サービス供給体への効率性の効果が求められる。とくに、社会福祉法人に対しては、社会保障審議会福祉部会で施設職員や内部の余剰資金を活用し、無償・低額で生活困窮者支援など地域での社会貢献活動を義務付ける方針を打ち出しており、NPO・協同組合等との新たな協働関係も生まれ始めている。NPO・協同組合等は、現代の福祉問題に対する即応性や柔軟性が活動の源である。行政との契

約関係，企業との社会貢献によるエンタープライズの提携関係が進展している。今後は，社会福祉法人・社会福祉協議会等との新たな関係構築が求められる。

　これからの福祉行政の任務は，限られた財源や資源をいかに適切な比率で配分・供給するかを決定し，それを社会福祉サービスのデリバリーシステム（サービス供給体制のしくみ）として遂行し，さらに新たな福祉・介護サービスを不断に確保し，それを包括的かつ継続的に運用していくという社会サービスのマネジメントを行っていかなければならない。そのためには，地域社会に潜在している資源の発掘や新しい福祉・介護サービスの開発は必須である。常に多元的な供給システムを導入することは，地域的な多様性を反映し，実験的試みを行いやすく，創造的かつ実効性を保有することができ，住民の主体的な社会参加を可能にする契機をもつことになる。したがって，その評価においては，サービス供給の効率や効果を測定するだけでなく，さらに意思決定への住民参加の機会をつくり出していけるかどうかが，決定的なポイントとなる。

　ここでは，新たな福祉サービス供給組織の開発として注目されている中山間地域のベンチャー型企業や社会的企業などの事例を紹介しておこう。社会的企業の多くは，地域の生活課題の解決に向けた新たな福祉事業である。その意味では，高齢社会が進む地方都市や農山村において起業ニーズがより存在するともいえる。たとえば過疎地域には，農産物を販売しながらオンデマンドバスを運行する社会的企業や，地方小都市の小規模スーパーマーケットや商店が周辺の集落に居住する高齢者の家々を移動販売する起業家がいる（松永，2012：160）。また地域の農林漁業を基盤に加工，販売する6次産業化は，高齢者や障害者の地域所得と雇用を生み出す取り組みであることから公共事業といえよう。とりわけ農業分野の女性起業は国の調査（「農山漁村女性に係る基礎統計データ」統計部，平成25年5月）によれば全国に1万件あるとされ，この10年間で倍増した。消費者と生産者が直接つながることにより，従来の流通のしくみを変革するに至っている。地方自治体の財政規模が縮小し，企業誘致もままならない状況では，福祉的事業や福祉サービス提供型のベンチャー型企業や社会起業，6次産業化は過疎地域および地方都市再生の救世主として期待されている。

　米国のバブソン大学などを中心に毎年実施している研究プロジェクト「グローバル・アントレプレナーシップ・モニター」によれば，このような社会起業の活動率（**図表11-1**）は，アフリカのガーナなど一部の新興国では30％を超え

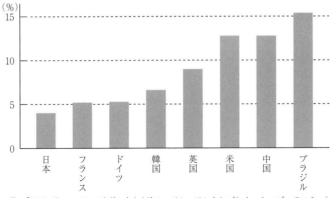

図表11-1 主要国の社会起業活動率

注:「2012 グローバル・リポート」(グローバル・アントレプレナーシップ・モニター)
から作成。
出所:「起業社会を目指して」『日本経済新聞』2013年9月23日より。

ている。反面,先進国は総じて低いが米国や英国は10%前後で日本を大きく上回っている。これは,起業に関する意識にも違いがある。2012年の同プロジェクトの調査では「新しいビジネスを始めることが望ましい職業の選択」と考える人の割合は日本が30%。英国が50%,中国は72%だった。一方,失敗を恐れて起業をためらう人の割合は日本の53%に対して英国が36%,米国は32%だった。起業への社会的評価やリスクをめぐる考え方の差が起業活動の水準の高低に表れている(「起業社会を目指して」『日本経済新聞』2013年9月23日より抜粋)。このように社会起業の活動率の差異から見ると,経済社会開発型の社会起業は,どちらかというと開発途上国や新興国で活発に展開されやすい傾向にある。この傾向から見て取れることは,大きな市場が形成されにくい日本の過疎地域や中山間地域などで自然資源や情報機器,コミュニティ・ファンドを組み合わせた社会起業を興しやすい環境が揃っているともいえる。

福祉・介護サービスの技術革新と利用者主体

日本政府は,「日本再生戦略」(2013年7月閣議決定)のライフ成長戦略の重点施策に「ロボット技術による介護現場への貢献や新産業創出/医療・介護等周辺サービスの拡大」を掲げた。介護ロボットは介護・福祉の現場で歩行や入浴などを補助する先端機器として開発が進行中である。内閣府は,「介護ロボ

ットに関する特別世論調査」(2013年9月12日)の結果を公表した。調査(全国の20歳以上の男女3000人を対象に実施。1842人から回答)では,在宅介護する際に「利用したい」「どちらかといえば利用したい」の回答が合計59.8%だった。介護を受ける際に「利用してほしい」「どちらかといえば利用してほしい」と答えたのは計65.1%に上った,という結果を示した。手や足が不自由な人を支援するロボットのほか,介護を必要とする人を介助者がベッドから車いすなどに移動させる時に支援する装着型ロボットやベッドからトイレに移乗する際に介護する人の負担を減らす「移乗ケアアシスト」など介護・医療支援向けのロボットの開発も進行中である。

　このように高齢者福祉施設や在宅ケアの事業所では,福祉機器・用具・介護ロボット等を取り入れた福祉・介護サービスが普及しつつある。また,施設で働く専門職の「継続的ケア」には,それぞれの専門職の「本来業務」の共有化を図るための「介護ITカード」(介護サービスを標準化したマニュアル)を取り入れ,この「介護ITカード」をすべての専門職が所有し,日々の介護サービス提供の「気づき」を専門職が自発的に記入することによって,専門職間の業務連携に活かし,介護サービスの質改善と人材育成につなげる努力も進んでいる。このように福祉機器や「介護ITカード」などを取り入れた福祉・介護サービスの質的・量的改善は,何よりもサービス利用者の主体性を引き出すために有用なツール(道具)である。福祉現場における機器やITの活用は,福祉・介護分野への人材確保や職域拡大,待遇改善等の労働政策を後押しする効果にも期待が向けられている。

　他方,福祉機器の開発と実用化は,福祉の街づくりにも寄与するところが大きい。街角の公園やマンションに設置されている各種の健康器具は,高齢者を中心に,子どもたちや母親など近隣住民の憩いの場,「井戸端会議」の場を形成し,地域の健康促進の他に,人間関係のつながりにも貢献している。このように福祉・介護・健康機器が設置された空間は,まさに福祉コミュニティの場を創生しているといっても過言ではない。全国の公園・施設・街角・家庭など至る処に,福祉・介護・健康機器が設置され,「新産業創出と医療・福祉・介護など周辺サービスの拡大,そして雇用の創出,街づくり,福祉コミュニティの形成を願ってやまない。

3 地域福祉実践の主体形成

福祉サービス専門職の主体形成

　社会サービスの専門職を特徴づける性質には，「自主性」，「自律性」，「利他主義性」の3つの価値がよく用いられる。エツィオーニ（Etzioni, A.）は，専門職の仕事が管理的権限に対して自主性を持つ点に注目し，完全専門職（医師，法律家，聖職者等）に比して準専門職（看護師，小学校教師，ソーシャルワーカー等があげられている）の仕事は自主性が低く，管理になじみやすいと指摘している（エツィオーニ，1967：134-135）自律性は，専門家がみずからの職務に対してもつ「自律性」のことを意味し，社会学者のフリードソン（Freidson, E.）は，「専門職は他の職種とは異なり，部外者の統制からの自由を手に入れることに成功した」と主張した（武川，2001：139と武川，2011：140）。専門職（professional）の自律性を保持するための条件には，資格制度と長期に及ぶ教育訓練期間，そして利他主義的な倫理綱領が必要であるとしている。ただし，エツィオーニがソーシャルワーカーを準専門職（semi-profession）と位置づけた時代には，上記の専門職の3つの価値要件が整備されていなかったが，現代では資格制度と長期に及ぶ教育訓練期間については（不十分なところは残されているものの）整備されつつあるし，第3の要件である利他主義的な価値を表現する倫理綱領も保持している。したがって，ソーシャルワーカー（社会福祉士・精神保健福祉士の国家資格有資格者に限定）は専門職として位置づけることができる。しかし，ソーシャルワーカーが専門職としてフリードソンが指摘する「部外者の統制からの自由を手に入れることに成功した」（自律性）を保持できているかどうかについては，その検証が必要となってくるであろう。

　ここでは，社会サービスのなかでも福祉・介護の領域に限定して論じる。社会福祉サービスや介護サービスの提供には，社会福祉専門職・介護職，経営者・官僚，利用者・住民といった人々が関係する。旧来の措置時代における福祉サービスの提供は，措置時代（権威型）（**図表11-2**）が基本型であった。それが，現在では契約時代（エンパワメント型）（**図表11-3**）に変化してきている。これは垂直型サービス提供から水平的関係の構築へと関係性が変化したことによる。

第Ⅱ部　地域福祉の計画と実践

図表11-2　措置時代：権威型

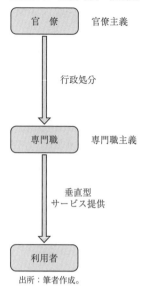

出所：筆者作成。

図表11-3　契約時代：参加・エンパワメント型

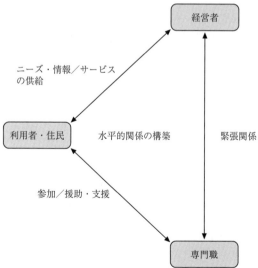

出所：武川正吾（2011）『新版　福祉社会』有斐閣，128頁の図7-1を参考に作図。

経営者は組織や団体の経営（採算性）という，官僚は官僚制組織（行政的効率性）という特有の規範の具現化が求められる。ここで，専門職との緊張関係にあるのは，近年の社会福祉領域における構造改革（介護保険制度等）において従来の措置権者である自治体の官僚（ストリートレベルの官僚なども含む）にかわって経営者となる場合が多い。社会福祉専門職や介護職の場合は，対象者や利用者，当事者の人権に基づく援助や支援を行うという基本的な使命がある。しばしば，経営者や官僚と専門職の関係が，それぞれの価値によって緊張する場合もある。また，専門職が陥りやすい専門職主義（あるいはプロフェッショナリズム）という性格も無視できない。専門職には，利用者や住民の日常生活から切断された独特の規範の内面化も要請されるからである。福祉現場の中では，無意識的に官僚化や専門職主義に陥りやすく，専門職独自の性格や援助活動を発揮できない状況にあることも留意しなければならない。

在宅福祉サービスや介護サービスの供給には，多様な専門職や準専門職が関与するのが特徴である。専門職はいうまでもなく，それぞれの体系的な知識と技術及び利他主義的な行為をとることが期待されているし，準専門職は主として利他主義に基づく社会的使命に依拠した行為をとることが特徴的である。とくに近年は，社会福祉法人の経営者といえども経営の採算主義が求められるため，専門職の自律性とは一種の緊張関係を強いられることになってきた。また在宅福祉サービスの提供場面には，利用者や住民の参加が必須の条件となりつつある。したがって，福祉サービス提供の専門職は，利用者に対すて陥りやすい「専門職支配」から解き放たれる反面，利用者の参加やエンパワメントをいかに確保するかが重要な課題となってくる。

地域福祉専門職の主体性の確立

地方自治体や小地域レベルで進行している地域生活問題や福祉問題に対応する地域福祉援助の実践的・政策的課題を担っていくのが，福祉活動専門員と呼ばれる地域福祉専門職に携わる人たちである。そして，複雑な福祉問題や地域社会の環境的な課題などの対応に専門職といっしょに問題解決にあたってくれるのが，ボランティアや地域リーダーといった人々である。

以下，地域包括支援センターや社会福祉協議会等において，地域での保健福祉ネットワーク人材としての期待が大きい市町村社会福祉協議会のコミュニテ

ィワーカー（社会福祉士に限定する）に，地域福祉専門職としての焦点をあて，地域住民の個別ニーズと地域社会の環境的課題に対応しうる新しい地域福祉援助方法の考え方や機能，技法について検討する。

第1に，社会福祉協議会職員は地域福祉の実践的課題を再び明らかにし，地域福祉計画の策定プロセスや対人援助サービスを基軸とするソーシャルワークとの関係で位置づけ直そうとする今日的試みである。従来のコミュニティワーク手法からの発展が期待されている。

第2に，サービス利用者の"必要と求めに応じて"在宅福祉サービスのメニューを個別に提供するというサービスマネージメントの必要性が求められている。

第3に，住民の地域自立生活支援をしていくためには，住宅政策，労働政策，生涯学習政策など従来社会福祉行政の枠のなかでとらえられなかった分野の政策・サービスと対人援助を軸にした在宅福祉サービスを結びつけて総合的にサービスが　展開されるようにすることが必要である。

第4に，従来の縦割り行政システムの変革をめざして在宅福祉サービスを軸にした地域福祉が横断的なサービス提供システムを創出し，福祉行政組織の再編成の提起を促す。具体的には，地域における医療・保健・福祉・介護の地域包括ケア，社会福祉施設の多機能化と地域資源としての位置，小地域ネットワーク活動によるインフォーマル・ケアの展開，その地域の特性を生かした新しい価値を付加する福祉や介護サービスを開発し，福祉でまちづくりという発想が求められる。ますます地域の地域福祉従事者の豊かな企画力と実行力が問われる。

第5に，在宅福祉サービスにおけるケアマネジメントとワーカービリティに関する課題である。ケアマネジメントは介護保険のための単なる技術ではなく，コミュニティワーカーとしてこの技法を生活主体者のための自立援助技法につなげる観点が必要である。この技法を「職人芸」の時代の社協職員からコミュニティワークを専門とするソーシャルワーカーとして，社協職員を位置づけ直す専門的ツールとして位置づける。ケアマネジメントは単なる直接的対人援助技術ではなく，ネットワークや地域組織化，運営をも基盤としてダイナミックな方法として再構築する。

第6に，地域保健医療福祉の包括ケアシステムの確立である。自治体レベル

での地域保健医療福祉の包括ケアシステムの発展過程モデルと中学校区レベル及び小地域レベルの地域ケアシステムの類型化とその地域戦略である。

　第7に，社会福祉施設の多機能化と地域資源としての位置づけである。従来の措置型社会福祉施設を新しい居住福祉型社会福祉施設に機能転換していく道筋と利用型社会福祉施設の機能分化論である。

　第8に，地域福祉サービスにおけるアクセスの変革にかかわる論点である。積極的な住民参加を含むサービスシステムの必要性，適切な人材の養成，効果的なシステムの構築およびクオリテイの高いサービス内容，実践方法における科学的な専門性導入の必要性などがあげられる。

　第9に，ソーシャルワーク介入の必要と価値をめぐる論点である。利用者周辺の人間関係の理解と調整，社会資源の発掘と活用能力，過不足のないサービスへのケースマネージメント，対処療法でなく自立の援助をめざしたサービスの仕方，必要な隣接領域の理解と協力，個々のサービス内容の社会化，スーパービジョン，アドミニストレーション等の学習と実習にかかわる課題である。

　第10に，ジェネリック・ソーシャルワークアプローチの有効性にかかわる論点である。サービスが理論の裏づけをもって実践されるとき，クオリテイの向上，サービスの継続性，発展性を可能にするための条件整備として，ソーシャルリサーチ，ソーシャルサービス・アドミニストレーション，ソーシャル・アクション等間接的ソーシャルワークの統合が求められる。

地域福祉実践主体の発展段階論

　篭山と江口は，明治期以降の社会事業活動と戦後の社会福祉事業活動の流れを活動主体によって四段階に分類している。①不特定の個人たちの個人的な活動の段階（社会福祉の実践活動の最初の段階は個人の発意による個人活動としてはじまる），②地域運動や職域運動として集団の組織的活動の展開される段階（この場合，その実践活動に立ち上げるのは，問題の当事者である。社会不安と生活不安を共通にしたひとびとが，共通の問題を解決するために組織をもつのである），③資本家の活動する段階（人道主義的博愛の精神による社会改良，資本が住民運動や職場運動の要求にたいし賠償金や慰労金として金を支払う場合，労働者や農民の生活不安の実態を明らかにしようとするもの），④国または地方自治体による制度的活動の段階（国または自治体の行政的活動は法にもとづいた制度的活動）として

提示した。さらに、この四段階論は、イギリスやアメリカ等の社会福祉活動の先発国にも、同じように分類することができるとし、社会福祉活動に本来的なものであると述べている（篭山・江口、1974：63-73）。

地域の生活困窮者に対するソーシャルワーク支援には3つの段階を必要とする。その第1段階は、現行の社会保障・社会福祉サービスの網の中に、まず拾い上げるための訪問活動（アウトリーチ）である。第2段階は、その訪問活動で行われる健康や食生活、介護・介助など生活全般にわたる支援や援助であり、第3段階は地域的人間関係を形成するための支援・援助機能である。

第1段階のソーシャルワークは、一般的な制度・サービス利用に対して個別的事例をどう調整するかということだと考えてよい。その方法としては、制度施策のもっている一般性に対して個別性を修正していくような支援・援助方法があり、他には個別事例をできるだけ拾い上げるために制度施策の一般性を可能な限り拡大していくという支援・援助方法がある。ソーシャルワークの支援・援助は、この段階で止まってはならない。第1段階における社会制度に拾い上げる努力と、第2段階の具体的な自立生活支援や生活指導を通して、生活困窮者やその家族が孤立しがちな地域社会での人間関係を回復させる支援・援助がどうしても、その次に予定されていなければならない。ボランティアや近隣住民によるインフォーマルな援助活動の組織化である。これが第3段階の活動である。

第3段階は、いわゆる地域組織化活動であるが、生活困窮世帯を取り巻く近隣、ボランティアによる生活支援や見守り活動を組織し、また当事者とその家族の人々を組織化することにある。この仕事は、主として社協職員（コミュニティワーカー）の本来的任務とされるが、ここでの行政の役割はやはり、これら住民相互の支え合い活動や当事者の社会参加のためのシステムをつくり上げることである。

注

(1) イギリスにおける地域福祉とソーシャルワークの関係を時系列に整理すると、①1968年のシーボーム報告（コミュニティに立脚した家族を施行するサービスを行う部局を地方自治体に新たに設けること、また住民の誰もがそのサービスを受けられるようにすべきであること）、②1969年のエイブス報告（当時のイギリスのソーシャルサービスとボランティア活動の関係に関する報告）、③1970年の地

方自治体ソーシャルサービス法（自治体に社会福祉部が設置され，対人福祉サービスの位置づけがなされる。それとともに社会福祉の統合的なしくみと地域福祉の体制が基礎付けられた），④1978年のウォルフェンデン報告（福祉多元化と民間団体の役割の明確化），⑤1982年のバークレー報告（多数派報告，少数派報告，個人報告の三つの見解が併記されたコミュニティ・ソーシャルワークのあり方の議論），⑥1988年のグリフィス報告（地方自治体の責任とコミュニティケアのための行動綱領），⑦1989年の国民保健サービス及びコミュニティケア法（グリフィス報告の具現化。これらの動きは，ノーマライゼーションの進展と，サッチャー政権以後の福祉抑制，民営化，自己負担増等の動きの両面をもっていた）の動向を参照されたい。

(2) 分権型福祉契約社会：地方分権のもとで，地域住民の主体的な参加と協働を基盤とする意図的・人為的な社会組織の積み重ねとしての福祉社会の構築とともに，福祉サービスの供給においてサービス事業者と利用者とは対等の契約関係で成り立つ。

引用・参考文献

エツィオーニ，A.／渡瀬浩訳（1967）『現代社会学入門2　現代組織論』至誠堂。
大澤真幸（1999）「社会構想」庄司洋子・木下康仁・武川正吾・藤村正之編『福祉社会事典』弘文堂。
篭山京（1981）『篭山京著作集　第1巻　ボランタリー・アクション』ドメス出版。
篭山京・江口英一（1974）『社会福祉論』光生館。
庄司洋子・木下康仁・武川正吾・藤村正之編（1999）『福祉社会事典』弘文堂。
武川正吾（2001）『福祉社会』有斐閣アルマ。
武川正吾（2011）『新版 福祉社会』有斐閣アルマ。
野口定久（2006）「住民運動と市民運動」日本地域福祉学会編『新版　地域福祉事典』中央法規出版。
松永桂子（2012）『創造的地域社会——中国山地に学ぶ超高齢社会の自立』新評論。

第Ⅲ部

これからの地域福祉

第12章

地域包括ケアシステムと地域福祉

1 介護保険制度の問題点

介護保険制度導入のねらい

　現在日本では，近年の地方分権や福祉サービス供給システムの多元化論を背景に，基礎自治体における介護保険と地域自立生活支援等の地域トータルケアシステムの構築，地域福祉計画の策定作業，介護保険サービスを含めた福祉政策評価，福祉サービス供給と利用に係わる契約システムの開発等が進められている。とくに，介護保険制度の導入によって，在宅サービスと施設サービスの提供のしくみが，①租税財源方式から社会保険方式へ，②市町村の判定（措置）から要介護認定，ケアマネジメントへ，③市町村のサービス決定（措置）から利用者のサービス選択へ，④行政，社会福祉法人中心のサービス提供機関から多様な主体へ，⑤所得に基づく応能負担から利用に応じた応益負担（原則の1割負担に対する負担上限額の設定）へ移行することになる（野口，2001）。

　これらの変化によって，とくに民間営利事業者の参入も認めた指定居宅サービス事業者の競合関係をつくり出し，サービスの質の向上や利用者の選択性の効果をもたらすことが期待されている。

　介護保険導入のねらいのひとつが，施設ケア重視から在宅ケアへのシフト移行であった。老老介護や認知症高齢者の対応ケースなどを含めて，できる限り社会サービスを活用しながら在宅ケアを可能にしようという試みである。したがって，在宅で，できるかぎり家族と一緒に暮らしたいと願う高齢者の在宅生活ニーズに応えるためには，在宅サービスと施設サービス（訪問系・通所系）の総合的な提供が必要であり，保健・医療・福祉サービス（介護系・医療系）の連携が今後ますます求められるようになっている。

そもそも在宅サービスや施設サービスを通じて在宅ケアを可能にするためには，要介護や要支援状態の高齢者が自立しようとする意欲や，家族介護者が介護しやすいような，また閉じこもりを防ぐような居住環境（住宅改修，介護機器等）と地域ケアサービス（レスパイトサービス，近隣による助け合い活動等）の整備が必要である。

介護保険制度の問題点と対策

以上みてきたように介護保険制度は，①将来の供給不足に対する国民の不安感の払拭，自由契約への転換による利用者本位のサービス給付，利用者間の不公平感の解消，②介護サービス提供事業者の新規参入の増加によるサービスの安定供給の実現，訪問介護市場への営利企業参入などの競争原理の導入，③医療・福祉サービスの縦割りの解消などの成果が認められる。その反面，問題点もいくつか散見できる。

第1に，家族介護負担の解消が進んでいないことである。このことは，施設入所待機者の増加と関連している。施設と在宅のサービス受給者数の推移をみると2000年4月のサービス分は，全体（施設と在宅の合算）で149万人であったのが，2013年4月には471万人（3.16倍）を数えるに至っている。内訳で見ると，施設サービスは，2000年が52万人，そして2013年には89万人（1.71倍）とさほど増えていないが，在宅サービスは，2000年の97万人が，2013年には348万人（3.59倍）に増加している。また，2005年度介護保険法改正で創設された地域密着型サービス（要介護者の住み慣れた地域での生活を支えるため，身近な市町村で提供されることが適当なサービス。指定権限を市町村に委譲）は34万人を数える。[1]この地域密着型サービスも，在宅サービスに含まれると考えてもよいであろう。理論的には，在宅サービスに重点をおく政策が功を奏し，在宅サービスの供給量が増大したわけで，利用者のサービス利用への心理的養抑制も緩和されてきたのであれば，その結果として家族介護の負担は軽減するものと考えられる。しかし，現実には，家族介護の負担も軽減していない。もちろん，家族介護の負担が軽減している利用者層も存在する。この人たちの多くは富裕層で，必要な介護サービスを介護保険以外に購入できる階層の人たちである。多くの場合，介護保険サービスの利用限度額以内の利用者世帯である。1割負担が重くのしかかる低所得世帯も存在する。このような背景から，施設入所希望

者は後を立たない。他方で需要の増加にもかかわらず施設サービスの供給を抑制する政策が成功したとの見方も否定できない。むしろこのほうが現実的であろう。現在,全国各地で介護保険施設,とくに特別養護老人ホームへの入所希望者が増加しつづけている。筆者がかかわっている自治体の調査結果では,新型特別養護老人ホームや介護保健施設を創設したにもかかわらず,施設入所待機者数が増えているという実態もある。

　筆者は,この原因を特別養護老人ホームの入所要件の緩和及び施設供給の抑制政策とあわせて,在宅サービスが利用者本人や家族の満足度を得るところまで質的に向上していないのではないかという仮説をもっている。東京都内の調査データでは,入所待機者は,全般に障害のレベルが高く,介護者の負担感が高く,家計の余裕にも乏しいとの結果が示されている。

　対策としては,施設入所待機者の実態の綿密な分析を行い,在宅サービスを含めた地域福祉システムの総合的な対策を講ずる必要がある。

　問題点の第2は,介護財政の悪化である。在宅サービスについていえば,サービスの需要(利用者)側は,サービス利用が,従来の自治体の裁量的な判断や予算の制約によって制限されることはなくなり,契約と選択の自由があたえられた。また,サービスの供給側からみると,多様な性格を持つ事業者の参入が自由化され,需要の伸びに対応した給付の増加の実現も可能となった。その意味では,一定の介護の市場化が進行したといえるだろう。さらに,ケアマネジメントのしくみが導入され,介護保険サービス利用者であれば,誰でも希望すれば無料でケアマネジメントサービスが提供される。このことにより,介護サービスへのアクセスも大幅に改善した。介護保険の給付額は,年率10％以上で伸びている。この急速な伸びは,介護需要の増加,制度の定着に伴う利用増,無駄や不適切な給付の3つの要因が一般的に流布されている。要するに介護需要の利用増である。これ自体は喜ばしいことであるが,それが介護財政の悪化を伴うとすれば,そもそも介護保険の制度設計に問題の在りかを考えなければならない。自治体(保険者)の意見では,①軽度の介護認定者が予想以上に増えたこと,②特別養護老人ホームの入所待機者の急増への代替機能を果たす施設としてのグループホームへの入所需要の増加があげられる。とくに認知症などの高齢者が共同生活するグループホーム数が2012年末現在で1万か所まで急増したこと,などの指摘が目立っている。

対策としては，①には予防施策と健康・雇用・生きがい対策などの積極的な政策である。財源は，老人保健福祉計画を推進するための公費（租税）で行うべきである。②には現在のところグループホームに対する国・都道府県が供給量をコントロールするしくみがなく，介護報酬の不正請求が相当な件数に上っている。一部のケアマネジャーが自分の所属する事業所の売り上げを増やすためサービスを利用者に必要以上に利用させるという不適切なサービス提供が問題視されている。認知症高齢者グループホームには，2002年10月に外部評価が義務づけられた。自治体（保険者）のサービス評価事業として専門的な評価機関による第三者評価の制度導入や独自に第三者評価を実施している自治体（愛知県高浜市）も増えてきている。政府は，全自治体への全面的導入は困難との判断であるが，今回の見直しでは標準化された情報の開示を義務づける「情報開示の標準化」を提示している。

　第3の問題点は，ケアマネジメントの管理の問題である。介護サービスが提供され，認定利用者がサービスを購入（契約）し，サービスが提供される「瞬間」が事業所に属するケアマネジャーに委ねられている。この「瞬間」をどのように管理するかが，介護保険制度の生命線でもある。ケアマネジメントに関する介護保険は次のような特徴をもっている。①居宅介護支援事業者（一定の基準を満たしたケアマネジメント機関）に非営利組織や営利企業の参入を認めており，利用者がその居宅介護支援事業者を自由に選択できる。②その業務は，給付管理に関する事務処理業務，サービス提供機関間の調整にあり，サービス利用の可否やサービス利用の優先順位を決定する権限は認められていない。③ケアマネジャーには，社会福祉士（ソーシャルワーカー）や保健師・看護師ばかりでなく，その他の福祉・保健・医療関係の専門職で一定期間の実務経験を有する者も，基礎知識に関する試験に合格し，短期間の講習を受ければ，ケアマネジャー（介護支援専門員）としての業務を行うことができる。

　ケアマネジメント制導入の評価点は，介護保険制度の中枢機能であるサービスの契約と提供の「瞬間」の場面にケアマネジメントが全面的に実施され，認定されたケアマネジメント機関がサービス利用のための単一の窓口として機能し，介護サービスへのアクセスが大幅に改善されたことである。しかし，その制度設計が基本的な問題も含んでいる。すなわち，ひとつに，一人のケアマネジャーが担当するケースが多すぎるという問題である。ケアマネジメント業務

のなかでも，給付管理の事務的業務に相当の時間が割かれ，複雑な問題ケースなどには必要なアセスメントやモニタリングができないという不満がケアマネジャーから聞こえてくる。2つに，ケアプラン作成にあたっての事業者選択は，どうしてもケアマネジャーが所属するサービス提供組織や事業所のサービスを優先的に使うことになり，ケアマネジャーの中立性が担保できないという基本的な問題が横たわっている。3つに，ケアマネジャーの専門的な知識・技術の不足が取りざたされる。先述の基礎資格の幅の広さ，事前の研修の量的・質的不足などの問題があげられる。

　対策としては，政府もこの問題の所在を認識しており，主任ケアマネジャーなど特定技能の習得の専門員研修，介護予防や認知症対応など分野ごとの研修を構想しているが，なお多くの課題が残されていると思われる。筆者の主張は，ケアマネジャーの立場及び価値は中立性・公平性にあり，サービス提供事業所にケアマネジャーが所属しているところに基本的な問題があるという見解である。ドイツの場合は，医療保険の保険者である「疾病金庫」が母体になっている「介護金庫」の社会医がケアマネジャーの役割を担っている。ケアマネジャーの中立性・公平性を担保するNPO組織を設立し，自治体（保険者）と契約を結ぶことも政策の選択肢にあげられよう。

2　地域包括ケアの政策目標と対応

予防的福祉としての地域包括ケア

　では，地域ケアという社会福祉援助のシステム化にとって地域包括ケアの拠点づくりは，なぜ必要なのか。地域において地域密着型小規模多機能施設つくられ，サービスがいかに提供されたとしても，それらが一人ひとりの高齢者に対し，バラバラに提供されていては高齢者にとって有効な効果は現れない。一人ひとりの生活や人生をトータル的にみたケアの提供と，医療・保健・リハビリテーション等との有機的な連携をふまえた包括的なケアの提供，そのためのマネジメントが求められる。

　そのひとつの方策として，2006（平成18）年の介護保険制度の見直しでは，地域で提供されるサービスの総合相談・支援，介護予防マネジメント，包括的・継続的マネジメントを担う中核機関として「地域包括支援センター」の創

設が求められた。地域包括支援センターででは，サービス利用者の生活圏において，①地域における高齢者の心身や家族の状況把握および総合相談支援，②高齢者の権利擁護（成年後見，虐待，消費者被害等）③介護予防ケアマネジメント，④包括的・継続的ケアマネジメント支援の4つの機能を担い，社会福祉士，主任介護支援専門員，保健師等が配置されている。

　また，もうひとつが地域密着型サービスといわれるものである。これは，高齢者独居世帯の増加や認知症高齢者の増加に対応するため，要介護者等を住み慣れた地域で支えるという観点から提供されるサービスである。地域の特性に応じて，多様で柔軟なサービス提供を可能にするため，市町村長が事業者の指定や指導監督を行い，また報酬決定についても市町村の裁量を拡大する方向である。

　これまでの福祉施設サービスの提供は，施設内で完結できるように当該市町村行政からデイサービス事業，在宅介護支援センター事業，ホームヘルパー派遣事業の受託実施という形態をとっていたが，これからの福祉施設はユニットケアやグループホームの実践のように居住性を重視し，そこに地域の在宅福祉サービスを利用するといった「居住福祉」型サービス利用施設に転換していく試みがはじめられている。

　地域包括ケア拠点施設には，まず，地域にある多様なニーズと供給主体をつなぐ役割がある。これは，一人ひとりの高齢者にとって，包括的なケアを提供することにほかならないが，具体的には，地域における相談窓口の一元化とその中でのコーディネート，マネジメントの実施である。

　また，地域にあるそれぞれの介護サービス事業者への客観的な評価や支援が求められる。たとえば，各種事業所への第三者評価の実施や，事業所職員へのスーパーバイズ（相談・助言），スキルアップ研修の実施等が考えられる。介護保険制度が導入され，介護サービスはそれぞれがサービスを媒体とする市場と考えられるようになった。一方，公共性や尊厳あるケアの実現ということからはより質の向上が求められるようになったといえる。そのため，地域包括ケア拠点施設のような，中立性が確保された立場が重要となり，各種介護サービス事業者の側面的な支援や調整機能が求められると考えられる。さらに，昨今高齢者の生活に対しサービスをマネジメントする立場にあるケアマネジャーの質の向上や，中立性の確保が，非常に重要視されている。地域包括ケア拠点施設

においてケアマネジャーへの指導や助言，ネットワークの構築を支援することも視野に入れ，検討する必要がある。

しかし，地域包括ケア拠点施設については，その役割の重要性は指摘されるものの，人材の確保や具体的な体制整備についての財政的な課題も指摘されている。そのため，市町村に対する県の支援体制が非常に重要な鍵となっていると考えられる。

在宅ケアを可能にする条件

本来，地域包括ケアがめざしていく理念とは，住民一人ひとりの生命・生活・人生を包括したケア体制の構築である。高齢者や介護を必要とする人のみに限らず，子どもの成長や障がいのある人々，そしてすべての住民を対象として，健康・介護予防・要介護・さらに終末期までを包括した，包括的かつ継続的なケアの提供を目標としている。

在宅ケアとは，できるだけ在宅で地域生活が継続できるように提供されるケアサービスである。施設ケアと在宅ケアを対立して捉えるのではなく，相互に補完しあいながら，地域社会の一員としてさまざまな活動への参加の実現を図ると考えられるようになってきた。在宅ケアは，フォーマルサービスとインフォーマルサービスに区分される。前者には，ホームヘルプ，デイサービスなどのサービスが含まれる。後者には，家族，地域住民，ボランティアなどが含まれる。在宅ケアでは，全人的な視点にたった保健・医療・福祉のチーム・アプローチによる支援が重要である。筆者がこれまでに実施してきた各地での介護予防環境調査(2)を通して在宅ケアを可能にするための条件を考察したところ，次のようなことがあげられる。

① 外出の機会

要支援（虚弱）の高齢者については要介護状態にならないように，要介護高齢者については介護度が上がらないように努める必要がある。そのためには，機能を低下させないようなリハビリや，普段からの健康管理が重要となってくる。健康に気を遣って散歩をしたり，外出を心がけている人も多いので，これからも継続できるように支援していくべきである。また高齢者の外出の機会を減らさないためにも移動サービスの充実や駅のバリアフリー化，ノンステップバスの増大等の対応が必要である。独居高齢者は同居高齢者に比べて，公共交

通機関を利用した一人での外出が多く，とくに，駅にエレベーター・エスカレーターを設置してほしいという声が多かった。しかし，外出することが苦手な方もいるので，外出することだけを重要視するのではなく，あくまでも本人の意思を尊重するべきである。

　② 友人とのつながり

　趣味・生きがいのある方が全体の約8割を占めており，同じ趣味を持つ仲間と時間を共有することで，友人関係が深まり，新たに広がる可能性もある。余暇時間を充実させていくうえで，趣味・生きがいは欠かせないものであると感じる。本人の主体性を発揮させ，地域でやりたいことができるよう支援していくべきである。

　③ 緊急時の対応

　緊急時の対応策，体制づくりが必要である。たとえば，緊急時や夜間のみでも利用できる多機能ショートステイが求められている。他には，緊急通報システムの設置や見直し，緊急時に助け合えるような近隣との関係を築いておくことも大切である。自宅近くの喫茶店を利用している方も多いことから，喫茶店が地域住民同士を繋ぐ役割を果たしていると感じる。喫茶店は気軽に立ち寄れる場所として，地域住民の憩の場になっているのではないだろうか。

　④ 介護支援者のサポート

　支援者に対しての身体的，精神的サポートが重要である。身体的サポートについては，介護負担の軽減が挙げられ，介護教室で双方に負担のかからない介護の方法を学んだり，サービスを利用することで支援者が自由な時間を持てるようにしていかなければならない。精神的サポートについては，支援者がストレスや悩みを抱え込まないように，相談できる環境を作っていく必要がある。さらに，介護者の集いでは，同じ悩みや思いを共有することができ，支援者同士の情報交換にも繋がる。

　⑤ 情報の提供

　在宅で生活していくためには，サービス等の情報が不可欠であるが，実際はそれらの情報がうまく行き届いていない。情報提供については，高齢者が理解しやすいように専門用語は使わずに分かりやすい表現を用いる，視力が低下している人のために字を大きくする等，読みやすいように工夫する必要がある。通院している人も多いので，日頃から関わりのある医療機関からの情報提供の

必要性も感じる。

　⑥　住宅の改修

　本人，支援者ともに住みやすい環境作りが重要である。転倒防止のための段差解消，手すり取り付けといった住宅改修を行ったり，車いす，シャワーいす，ポータブルトイレ等の福祉用具を活用することも在宅生活を継続させていくためには欠かせないことである。

　これからも在宅ケアを可能にする条件を考え，実現させていかなければならないが，そのためには，インフォーマルサポートといったソフト面だけでなく住宅や地域環境といったハード面も充実させていかなければならない。

　具体的なサービスとしては以下が考えられる。

・小地域でのパッチシステム(3)（濱野・大山，1988）の採用，小地域でのホームヘルパー，訪問ナース等の小地域チームケア方式の再編
・保健，医療，福祉の物理的・事業的統合
・高齢者や障害者向けの賃貸住宅の整備と公的補助制度の導入
・高齢者や障害者が居住する場にその必要に応じて介護や福祉サービスを提供する場合の3原則。安心，近接，短時間
・訪問系サービスと通所系サービスの組み合わせ。小規模多機能サービスの提供とその経営的支援
・デイサービス利用の多様性。介護保険制度内のデイサービスの他に，ミニサロンやミニデイサービス，刺抜き地蔵（東京巣鴨）や釘抜き地蔵（京都西陣）など地域の居住福祉空間
・友人関係等のインフォーマルサポート。近隣の声かけ
・家族介護負担の軽減策。家族介護者のレスパイトサービス

3　地域包括ケアのしくみづくり

地域包括ケアシステムとは

　住み慣れたまちで，健康でいきいきと，自分らしく暮らし続けたいということは，誰もが望む自然な願いである。そこに居住する住民が安全で安心して快適に暮らす毎日を続けられなくなるのはどのような場合だろうか。たとえば急なケガや病気で体の状態が大きく変わり，仕事や趣味活動そして日常生活がこ

れまでのようには続けられなくなるような場合等が考えられる。また、家族が病気で入院し介護を必要とする状態になれば、生活リズムを大きく変化せざるをえないだろう。その他にも、地域のつながりや見守りの目が希薄になり、子どもや高齢者を狙った犯罪が増加している社会的な環境の変化や、自然災害による被害など、現代社会において、住民の生活を根底から揺るがすリスクは多様である。

　戦後の高度経済成長が一定の段階を迎え、少子高齢化が進んでいるなかで、第5期介護保険事業計画では地域における医療・介護・福祉を一体的に提供する「地域包括ケア」の実現に向けた検討が行われた。2025年には、65歳以上人口が全人口の30％を超える3600万人を超え、戦後のベビーブーム世代が75歳以上高齢者に達すると予測されている。介護費用の増大による負担を一定程度に抑えながら、一人ひとりの尊厳を守り、多様化する当事者や地域のニーズに対応していくための体制づくりが求められている。

　社会保障国民会議第2分科会において、医療や介護のみならず、福祉サービスを含めたさまざまな生活支援サービスが日常生活の場（日常生活圏域）で用意されていることが必要であり、同時に、サービスがバラバラに提供されるのではなく、包括的・継続的に提供できるような地域での体制（地域包括ケア）づくりが必要であると報告されたことを受けて、地域包括ケア研究会が開催されました。「地域包括ケア研究会報告書」（2010年4月26日）によると、地域包括ケアシステムとは次のように定義されている。

　地域包括ケアシステムは、「ニーズに応じた住宅が提供されることを基本とした上で、生活上の安全・安心・健康を確保するために、医療や介護のみならず、福祉サービスを含めたさまざまな生活支援サービスが日常生活の場（日常生活圏域）で適切に提供できるような地域での体制」。また、地域包括ケア圏域については、「おおむね30分以内に駆けつけられる圏域」を理想的な圏域として定義し、具体的には中学校区を基本とするとされている。

　地域包括ケアシステムは、「自助・互助・共助・公助」のそれぞれの地域が持つ役割分担を踏まえたうえで、それぞれの関係者が参加することによって形成される。したがって、住民のニーズや地域の特性が反映されたシステムの構築が求められる。

　すなわち、「住まい」「生活支援」「介護」「医療」「予防」の5つを地域包括

ケアシステムの構成要素としている。これをより詳しく表現し，「介護・リハビリテーション」「医療・看護」「保健・予防」「福祉・生活支援」「住まいと住まい方」としている。これらの構成要素は，それぞれの役割に基づいて互いに関係しながら，また連携しながら在宅の生活を支えている。また，「住まいと住まい方」を「植木鉢」に例え，それぞれの「住まい」で生活を構築するための「生活支援・福祉サービス」は「土」としている。地域包括ケア研究会(2013)では，「「生活（生活支援・福祉サービス）」という「土」がないところに，専門職の提供する「介護」や「医療」「予防」を植えても，それらは十分な力を発揮することなく，枯れてしまうだろう」と述べられている。

地域包括ケアの体系化

さらに，コミュニティワークによってインフォーマルな小地域のケアサポートネットワークを形成し，家族や近隣・友人による助け合いのネットワークを作っていく必要がある。また，事業所間の専門職によるネットワークを形成し，高齢者や障害をもつ人，また子どもへの支援を包括的に提供する体制を整えていく。また保健・医療・福祉サービス事業体によるネットワークを形成し，包括ケアの提供をめざす。これらのさまざまなレベルのネットワークが相互に関連して，地域包括ケアの体系化をめざしていくことになる。

したがって，地域包括ケアシステムでは，自治会や近隣住民との地縁のネットワーク，民生委員・児童委員やボランティア団体，NPO法人等，地域福祉の向上に協力している関係者のネットワーク，そして医師や看護師，弁護士，地域包括支援センターや介護・福祉事業所等の専門職によるネットワークという3層のネットワークが機能する必要がある。この3層のネットワークは，専門性が高くなるに従って，より専門的な支援を提供していくことになる。したがって，専門職が取り扱う情報や支援の内容はより高度化し，高いリスクを併せ持つといえる。このことから，専門職間では，それぞれの専門性や業務の特徴，さらに提供し得る支援に関する情報を共有し，専門性の向上と，住民に対する包括的ケアを提供するためのしくみづくりが必要とされる。こうしたしくみの一例としては，定例的に集まり，地域ケアについて検討するためのネットワーク会議を開催することがあげられる。

また，この3層のネットワークは，それぞれが独立して支援を提供するにと

どまらず，他のネットワークと協働して地域の中に網の目のような支援のネットワークを張り巡らし，複雑化，多様化する住民のニーズを早期に発見し，対応していく体制を整えていくことが求められる。その際には，個人情報の取り扱いについて充分に配慮を行いながら，日常的にコミュニケーションをはかり，柔軟なネットワークを形成していく必要がある。

地域包括ケアと居住福祉資源の関係

　住民が暮らす地域には，商店街や郵便局，銀行，公民館や医療機関，学校など公共や民間事業体によるさまざまな組織や事業所（これを町の居住福祉資源という）が存在している。そして，住民の暮らしは，親族や近隣住民，町内会など地縁のネットワークによる関係や，子ども会や学校，ボランティア団体や老人会など一定の共通する目的を共有する関係，また保健・医療・福祉等の専門的なサービスを関係など，目的に応じたさまざまなネットワークによって成り立っていると言える（図表12-1）。

　地域包括ケアシステムは，地域のさまざまな関係者が，お互いに協力しあいながら一人の人を支えるしくみであるということができる。親族や近隣住民など地縁のネットワークと老人会や民生委員などの地域福祉協力者が協力し，また医療機関や介護サービス事業所等が連絡を取り合って一人ひとりの生活を支えている。そして，このように形成されたネットワークは，新たに見守りや支援を必要とする人が現れたときにも積極的に活用され，地域にゆたかなケア体制を構築することが可能となる。たとえば，要介護状態で在宅生活をしているAさんを支えるネットワークの発展を例に取り上げてみよう。

　Aさんの日常生活は，親族，近隣の互助関係，老人会などの団体，介護サービス事業所，かかりつけ医によって支えられている。また，民生委員や町内会が日常的に意識をして見守る体制ができている。夜になっても洗濯物が取り込まれていない，新聞受けに新聞がたまっているなど何か生活上に変化が起こった時には，民生委員を通じて親族やケアマネジャーなどに連絡が入り，緊急対応をすることになっている。また，一時的に入院して自宅を留守にしたときには，親族からご近所や民生委員に連絡を入れて，心配しないで退院を待つ体制が整っている。

　Aさんに対する見守りや支え合いによって形成されたネットワークは，新た

第12章　地域包括ケアシステムと地域福祉

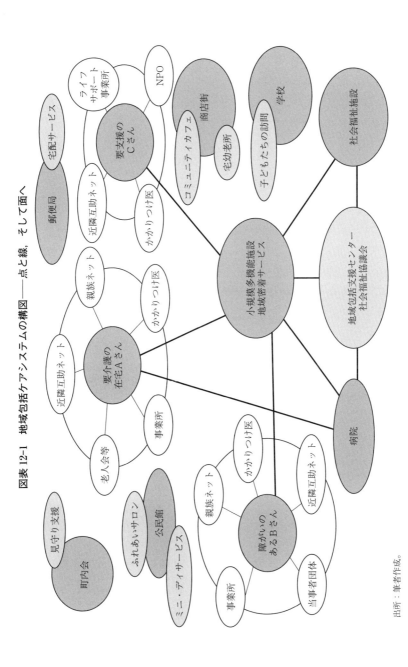

図表12-1　地域包括ケアシステムの構図——点と線、そして面へ

出所：筆者作成。

に介護予防の対象となったBさんをいち早く発見し，Bさんの日常生活を支えるネットワークへと発展していくことになる。

　このように地域内で専門職・非専門職が協力してさまざまなネットワークが網の目のように張り巡らされていくことによって，見守りや支援を必要とする住民を早期に発見し，専門的なケアが早期に介入することが可能になる。さらに専門的なケアと日常的な見守り支援が協力することで，ちょっとした変化を早期に発見して対応することができるため，長期的に地域自立生活を継続していくことが可能になるといえる。さらにひとつのネットワークが形成されることによって，新たに支援を必要とする人が現れた場合には，いち早く，より適切なケア体制が作られていくことになる。このように，地域包括ケアシステムは，①サービス提供拠点施設や病院，社会福祉協議会，福祉・介護サービス事業所等の「点」から，②在宅サービス受給者の居住地へのサービス提供の「線」へ，③そして個々のサービス利用者を支えるサポートネットワークの形成と町内会や商店街，郵便局等の地域居住資源，住民の参加等による「面」を構築することによって，実体的な地域包括ケアシステムへと発展していくことが望まれる。

注

(1) 社会保障制度審議会―介護保険給付分科会　第100回　2014（平成26）年4月28日資料「介護保険制度を取り巻く状況」より抜粋。

(2) 筆者は，2003（平成15）年度日本福祉大学課題研究助成『高齢者および障害者の居宅環境エコマップ法とケアマネジメントに関する実証的研究』の調査研究の一環として愛知県尾北医師会管内（犬山市，江南市，岩倉市，扶桑町，大口町）の要介護高齢者世帯200ケースに及ぶ事例調査を実施した。この調査結果は，「介護環境エコマップ法による在宅ケア継続条件に関する事例調査報告書」（第8回日本在宅ケア学会学術集会，2004年。共同研究者：野田秀隆）としてまとめた。その結果，①介護保険事業における在宅ケアへのシフト，②訪問系サービスの利用拡大，③介護環境エコマップを用いたケアマネジメントのアセスメントとプラン作成の技術アップ，④地域ケアのためのフォーマルケアサービスとインフォーマルケアの融合を提言した。

(3) このパッチシステムは，イギリスにおける小地域の保健福祉サービスとケアチームの提供システムのことである。1980年代に日本にも紹介されたが，地域での実践化への動きと同時に，介護保険制度の導入による介護サービスの市場化や広

域化によって，この構想は一時頓挫した。介護保険制度の見直しによる地域密着型サービスの創設と合わせて，もう一度，このパッチシステムが見直され始めている。

引用・参考文献

野口定久（2001）「在宅福祉サービスの供給方法と推進方法」社会福祉士養成講座編集委員会『新版社会福祉士養成講座 地域福祉論』中央法規出版。

濱野一郎・大山博（1988）『パッチシステム――イギリス地域福祉の改革』全国社会福祉協議会出版部。

第13章

コミュニティワークの新たな展開

1 地域福祉援助法の新展開

コミュニティ・アプローチの思考

　物理学者のクーン (Kuhn, T. S.) は,「一般に認められた科学的業績で, 一時期の間, 専門家に対して問い方や答え方のモデルを与えるもの」をパラダイム (その時代に共通の思考の枠組み) と称し, 科学の発展をパラダイムの成立と解体の過程としてとらえようとした。[1] 社会科学においては, そもそも社会科学の理論がクーンのいうようなパラダイムとして成立するかどうか, それ自体の論争が残されているものの, 既成のパラダイムでは, 当面の課題が解決できず, 新しい物の見方で, 新しい実践の方法をつくり出していかないと, 解決の糸口が見えてこないという現実を直視しなければならない。したがって, 現実から投げかけられた問題を受けとめることによって, 古いパラダイムが使えないことを知り, そしてその中から, 新しいパラダイムの試作に入るのである。

　社会福祉の領域でも, パラダイムの転換を迫っている現実の課題がたくさんある。たとえば, ①家族だけでは介護が大変なので, できるだけ公的な在宅福祉サービスや施設サービスを利用しながら在宅で要介護者の面倒をみていくにはどうすればよいのか。②精神障害で入院治療を受けた人が地域社会や職場で差別を受けないで生きていくにはどうすればよいのか。③登校拒否児やいじめ, 虐待が学校や家庭で発生したらどう対処すればよいのか。大都市部のインナーシティのなかに滞留していく低所得者や不安定就労者, また管理社会からの脱落者たちにどう介入していったらよいのか。④人口流出に歯止めがかからない中山間地域の地域再生に有効な手立てはないものか。⑤日本の地域社会のなかで人権侵害事件が絶えない外国人労働者の基本的人権と生活保障に対応する法

対策や施策化をどうすすめていけばよいのか。⑥震災や水害など災害に遭遇した人たちに対する生活保障と地域社会開発,「こころのケア」をどう実践すればよいのか,そして危機介入はどうすればよいのか。⑦福祉機関や施設に来られずに一人で悩んでいる人にどのような援助が行えるのか。⑧ボランティア活動や社会的支援活動に取り組もうとしている人たちをどのように指導していったらよいのか。⑨また現行の保健・医療・福祉のサービスの内容や水準が低く,自治体間の保健・医療・福祉サービスの格差も大きい,これらの問題にどう政策や実践を打ち出していくのか,等々。

ところで,わが国では,地域福祉援助をコミュニティ・オーガニゼーションと呼ぶ場合もあり,またはコミュニティワークあるいは地域福祉援助技術と呼ぶ場合もあるが,いずれにしても地域福祉の専門的方法・技術として使われてきている経緯がある。ただし,「1970年代以降在宅福祉サービスの重要性が認識されるに従い,地域組織化としてのコミュニティ・オーガニゼーションより広い概念としてのコミュニティワークの使用が一般化してきている」[2]傾向が見受けられるが,実際のところは,知らず知らずのうちに足かせとなっている古いパラダイムがしみついてしまっており,現実の解決すべき課題に有効に機能しないでいるのが現状である。

コミュニティワークを必要とする要因

コミュニティワークは,まだもう一歩,根本的な新しいパラダイムの発見とそれに基づく統合された理論をもつに至っていない。いま盛んに検討され始めているのが生態系(ecological system)としてのコミュニティの捉え方である[3]。すなわち,個人,家族,地域集団,ボランタリー・アソシェーション[4]を含めた全体を生態学的システムと考え,そのサブシステムの相互作用過程に介入し変革をめざすことがコミュニティワークの考え方である。

社会福祉の実践や政策において,生態学的コミュニティが重視されるようになった背景には,地域社会や国民生活の変化,それ自体がむしろ根源的な契機となっているように思われる。ひとつに都市化・産業化・過疎化の進行である。技術革新や産業化による人口の大都市への集中,地方の過疎化,高齢化が進行し,人口の集中した都市部のインナーシティ問題,住宅問題,災害問題,そして高齢・少子化対策も大きな課題となっている。第2の契機は,少子・高齢社

会の到来である。老齢人口の大幅な増加，女性の目覚ましい社会参加，晩婚化・非婚化などにより，今後一層の少子化が進行し，21世紀には，逆に人口減少型社会の到来が予測される。第3の契機は，就業形態の変化である。産業構造のサービス化，高度化が進み，第3次産業化の進展に伴い，勤労者化が進行し，結婚・出産後も企業などで働き続ける女性や，子育て後再就職する女性が増加している。今後は，共生型社会の実現をめざして，男性と女性がそれぞれの個性や能力を活かし，仕事と育児・介護等を含めた家庭生活との両立が図れるような社会経済のしくみを築いていくことが求められる。

第4の契機は，核家族化・小規模世帯化の進行に伴い，家庭の中で担われてきた介護・育児機能が低下し，社会福祉需要として今後ますます顕在化してくる。第5の契機は，生活構造の不安定化の進行である。生活の社会化と外部化，家事労働の商品化，そして家計の個別化の進展に伴い，ますます消費生活の社会的依存度が増してくる。勤労者世帯の個別的な生活の再生産の困難さが増大する。「新たな貧困化」の増大と階層間の格差がさらに拡大する。今後，生涯時間に占める労働時間の割合が縮小していくことに対応し個人の自由時間も大幅に増加し，一人ひとりの多様な価値観に基づく生活を実現できる可能性が高まりつつある。現役世代は働き過ぎ，高齢者は働く意欲があっても雇用機会が少なく，自由時間を持て余すなど世代間で大きなアンバランスがみられ，世代間の雇用機会の再分配が大きな課題となる。第6の契機は，地域社会の紐帯のゆるみである。大都市圏と地方都市の比較では，東京圏において住環境の悪化が他地域と比べ歴然としている。大都市圏において職住分離が進み，地域社会は勤労者にとって労働の場ではなくなってきているだけでなく，地方都市で職住が接近している場合でも長時間労働などによって地域生活から遠ざかっている場合がみられがちである。

このような大きな社会変動は，地域の人間関係の側面でも大きく作用し，コミュニティのインフォーマル・システムの緩みあるいは崩壊，非行問題の深刻化，家族やコミュニティの扶養能力の低下をもたらした。家族が個々に孤立し，とりわけ障害者や老人の要介護者を抱えた家族の間で，孤立や孤独が意識され，その解決が否応なしにコミュニティの形成を求める声となって現れてきたのである。

現代社会では人口移動が激しく，加えて私生活優先の生活態度が広がってい

るので，近隣との関係は弱まったとも考えられている。しかし，生活の「近代化」および「社会化」は，かえって地域住民にとり近隣社会の条件の持つ意味をますます重要にしているともいえる。現実的には，子どもの教育や子育て，定年退職後の趣味活動や地域参加，ゴミ処理や地域の共同作業等の生活環境整備など，日常生活の各面にわたって近隣との関係はますます密接になってきている。たしかに，現代では長期的介護や重介護を隣人や友人に期待することはむずかしいが，このことはコミュニティケアにおける隣人や友人の意義を認めないということにはならない。臨時的な手助け，緊急時の対応，精神的な激励訪問など，隣人や友人，市民的ボランティアの果たしうる役割は大きい。このことについて阪神・淡路大震災において企業的なコミュニティよりも自治的コミュニティの存在と有効性を再認識させられたことは記憶に新しい[5]。

コミュニティワークを必要とする要件

いまここでは，本格的な生態系コミュニティ論の展開までは触れずに，とりあえずコミュニティワークを必要とするコミュニティの諸要件をみておこう。

① 住民の生活は，地域の社会的環境的諸要因と切り離された状況で発生しているのではなく，むしろ個人や家族と生活環境の相互関係システム全体をとらえることから，個人，家族と環境両面への働きかけと，そのフォーマルなシステムとインフォーマルなシステムの変化を問題にする視点がでてくる。

② 社会的およびコミュニティ的介入（個人や家族を志向した介入に対して，社会システムを志向した介入）は，すべての人々の人権擁護の立場から，受益圏（加害者ないしは受益者の集合体）と受苦圏（被害者ないしは受苦者の集合体）[6]の障壁の排除，とりわけ受苦圏の人々の苦痛を軽減するための専門的テクノクラートの介入が必要である。

③ コミュニティ的介入は，受苦者の治療または社会復帰よりはむしろ予防をめざすべきである。要求をもつ個人ばかりでなく，危険度の高い母集団に対してもコミュニティワークはかかわっていくのである。

④ コミュニティ的介入は，単に個人や家族の心理的悩みを軽減するよりはむしろ，かれらの社会的能力を強化することにその目標をもっている。

⑤ 福祉サービスの援助は，問題が発生する状況のごく近くにあってすぐ利用できるとき，より効果的である。それゆえ，コミュニティワーカーは社会的，

地理的に離れた状況ではなく，必要とする人の近くのなじみのある状況の中で働かなくてはならない。

⑥ 従来の待機型援助に対し，新しいアウトリーチ型援助の姿勢である。提供するサービスの内容やその仕方が利用者の要求に適合しているかどうか，また利用しやすくなっているのかどうか，さらに援助する側は待っているだけでなく，求められれば，自分の方から相手の生活の場に入れてもらって，そこで，いっしょに考え，その中で援助するという，より積極的な姿勢が求められる。

⑦ 専門家は，利用可能な資源と自分の潜在的な影響力を広げるため，地域社会資源である人々（世話をしている人々，近隣，親族，ボランティア）と協働し，非専門的協力者を大切にする。

⑧ 伝統や習慣にしばられているだけで，利用者のニーズに適合しなくなった専門的サービス・システムは改変しなくてはならない。地域サービスは創造的な計画立案と新しい概念モデルを必要とする。

⑨ 地域生活問題は，仕事，住居，教育，福祉，医療，生きがいといった，社会の多くの面と密接にからまりあっているので，広い視野に立って問題の性格を構造的にみていくべきである。そして問題解決に向けて最大限に効果をあげるためには，できるだけ広い範囲の社会問題に対処していくべきである。

⑩ 生活問題や地域の社会的問題の性質と原因，それに対処するために利用可能な社会的資源を一般の人が理解できるように教育していくことは大切な仕事である。

⑪ コミュニティワーカーは専門的介入が及びにくいような貧困，ホームレス，外国人労働者問題，社会病理的現象，人種差別，都市の過密，過疎といった広範囲の社会的ストレスに関係しているがゆえに，コミュニティワーカーは社会を改善する姿勢をとり，他の専門家と協力して，その問題にとりくむべきである。

⑫ 広い知見をもった介入を行うのに必要な知識と新しい戦略を発展させるためには，調査研究法のなかで統計的研究法と事例的研究法を活用する必要がある。

2 コミュニティワークの援助モデル

コミュニティ・オーガニゼーションとコミュニティワーク

コミュニティワークの定義は，いまだこれといった明確なものはない。高森敬久によると，これまでにコミュニティワークの概念は多くの定義が示されているが，必ずしも一致した明確な考え方が確立されているわけではないとしながら，「それはコミュニティワークが時代時代の社会や経済，地域の構造的変動に強く影響される歴史的概念」（高森，1989：2-11）だからであるとの見解を示し，①これまでの伝統的なコミュニティ・オーガニゼーション理論（以下，CO論）に基づく「ニーズ・資源調整説」，「インター・グループワーク説」，「地域組織化説」のプロセス重視のCO論が，「今日，地域住民の連帯や帰属意識の弱い地域共同社会の再組織化に有効なコミュニティワーク実践方法として位置づけがなされ，②これに対して地域社会のかかえている課題の解決を重視するコミュニティワークの概念は，地域社会の全体的調和た合意性を重視する地域組織化説では，人種・階級間の葛藤が強い地域社会の問題解決には有効性をもちえないという批判から生まれたものである。③そして社会サービスの改善など主として問題解決を重視するアプローチと，問題解決能力の向上など社会関係の改善を志向するアプローチの両者を包括したコミュニティワークの概念としてロスマン（Rothman, J.）の研究がある。この実践化のための概念の特徴は次の3つに（高森，1989：8）集約される（**図表13-1**）。

① 実践家がアプローチしようとするコミュニティの構造や問題などの諸状況に対応して，彼が利用する技術（戦術）を適宜選択することができる。

② コミュニティワークの進行に伴い，各モデルを順次移行させて使用することによって戦術の柔軟な転換を図ることができる。

③ 3つのモデルの長所を適宜取り入れ，混合使用させることによってコミュニティワークの有効性を高めることができる。しかし，これらの実践はわが国ではまだ実証されていない。

このようにロスマンは，これまでのコミュニティ・オーガニゼーションを統合し，各論者によって強調される特徴を，総合的なコミュニティ・オーガニゼーション実践の3つのモデルを特徴づける要素として取り込んでいる（濱野，

第13章 コミュニティワークの新たな展開

図表13-1 コミュニティ・インターベンションの3つのモデル

		モデルA 小地域開発	モデルB 社会計画	モデルC ソーシャル・アクション
1	コミュニティ活動の目標	コミュニティの問題解決能力や統合力, セルフヘルプ（プロセス・ゴール）	基本的なコミュニティ諸問題に関する問題解決（タスク・ゴール）	権力関係と資源の移転。基本的な制度的変革（タスク・ゴールまたはプロセス・ゴール）
2	コミュニティの構造や問題状況に関する仮説	コミュニティの衰退, アノミー, 関係と民主的な問題解決能力の欠如, 停滞した伝統的コミュニティ	基本的な社会問題, 精神的・身体的な健康問題, 住宅問題, レクリエーション問題等	抑圧された集団, 社会的不正, 剥奪, 不平等
3	基本的な変革戦略	人びとが自らの問題を決定し解決することについて幅広い相互連帯を促進すること	問題に関するデータを収集し, もっとも合理的な行動方針に向けて決定を行うこと	争点を明確にし, 対抗勢力に対して行動を起こすよう人びとを動員すること
4	特徴的な変革戦略と技術	コンセンサス, 諸地域集団や利害関係相互のコミュニケーション, 集団討議	コンセンサスまたはコンフリクト	コンフリクトへの対決, 直接行動, 交渉
5	特徴的な実践家の役割	援助者―触媒者, コーディネーター, 問題解決技術と倫理的価値観の教師としての役割	事実の収集と分析, プログラムの実行, 促進の役割	運動家, 擁護者, 扇動家, 仲介者, 交渉者, パルチザン
6	変革の手段	課題解決を志向する小グループを手引きすること	公的組織を導くこと, データを処理すること	大衆組織や政治過程を先導すること
7	権力構造に対する志向	共同の仕事についての協力メンバー同士としての権力構造	雇用者ないし後援者としての権力構造	行動の外部目標としての権力構造, 強圧され, 転覆されるべき圧制者
8	受益システムの範囲	地理的コミュニティの全体	コミュニティの全体または一部分	コミュニティの一部分
9	コミュニティ下位集団の利害に関する仮説	共通の利害または調停可能な相述	調停しうるまたは対立する利害	容易に調停できない対立的利害, 乏しい資源
10	受益者の概念	市民	消費者	被害者
11	受益者役割の概念	相互作用的な問題解決過程への参加者	消費者または受給者	雇用者, 任命者, メンバー
12	エンパワメントの使用	相互に納得できる共同決定を行うコミュニティの能力を育てること, 住民個々の主権意識の促進	サービスに対するニーズを消費者から聞きだすこと, サービス選択について消費者に知らせること	受益システムに対して客観的な権力を確保すること―コミュニティの決定にインパクトを与える権利と手段, 参加者の主権意識の促進

出所：Rothman, J. & others, eds., (2001) *Strategies of Community Intervention*, F. E. Peacock Publishers による。濱野一郎・野口定久・柴田謙治編（2004）『コミュニティワークの理論と実践を学ぶ』みらい, 23頁。

2004：23)。

　さらにロスマンは，表中のモデルAの「小地域開発」をプロセス重視，モデルBの「社会計画」をタスク重視，モデルCの「ソーシャル・アクション」をタスクあるいはプロセス，と位置づけている（Rothman, 2001）。この文脈を，今日の日本のコミュニティワーク概念にあてはめてみると，モデルAの「小地域開発」は地域社会開発あるいはコミュニティ・ディベロプメントに，モデルBの「社会計画」は地域福祉計画に，モデルCの「ソーシャル・アクション」は市民活動及び住民参加に応用することが可能である。

コミュニティワークの援助技術

　コミュニティワークの定義を幾人かの地域福祉援助法にかかわる研究者が行っている。なかでも高森敬久は，ソーシャルワークの統合的視点からの定義を試みている。「今日の地域社会レベルで発生しているさまざまな生活問題の解決や，在宅要援護者などの地域福祉的課題の解決，およびそのための地域組織化の課題解決に向き合っている」ところの地域援助方法論であるとしている（高森，1989：5）。伝統的なコミュニティ・オーガニゼーション論を含みこんだ包括的なコミュニティワーク論を展開し，主として個人をめぐる環境上の改善に重点をおいたものであり，パーソナル・ソーシャルサービスのような個人を対象とする援助の枠組みおよび個人と環境との関係性の改善に目を向けた援助の視点を有していない。というようにミクロ・ソーシャルワークおよびマクロ・ソーシャルワークは，ソーシャルワークを二分化させることによって援助の有効性を高めようとするものである。「結論的にいえば，コミュニティ・オーガニゼーションの理論は，ソーシャルワーク三分法の一つとして位置づけられ発展を遂げてきたことを一定評価しつつも，さらに自らをマクロ・ソーシャルワークやサービス供給システムの統合化のなかに包括化させることによって，地域福祉実践をより強力に支える理論たりうる（高森，1995：154）」ことを主張している。

　また定藤丈弘は，コミュニティワークとコミュニティ・オーガニゼーションをほぼ類似する概念としてとられ，「地域社会のなかで生起する住民や福祉当事者の個別的・共通的生活課題を組織的に解決しようとする援助技術であり，間接的技術でありながらもケースワークやグループワークと並んでソーシャル

ワークの基本的な技術としての性格を有している」としうるような住民主体論の観点を打ち出している。「問題の地域協働的解決をめざすところに独自性」を見いだし，「人々の生活に必要な社会資源を動員，開発することや，あるいは人々の社会的成長を疎外し，人々の生活問題を発生させる社会的原因ともなるさまざまな環境的障壁を地域社会が協力して除去することを重要な任務とする技術（定藤，1993：340）」であるとしている。このようにソーシャルワークの技術体系のなかで，コミュニティワークをケースワークやグループワークの基本的条件整備にとって欠かせない実践的技術という観点を示している。したがって，その機能には，①生活ニーズと社会資源の調整，②各種組織団体・機関間の相互作用の促進，③コミュニティの組織化，④個人の人格や能力の発達への援助，⑤住民参加機能，⑥福祉コミュニティの組織化が含まれている。

　濱野一郎は，コミュニティワークをコミュニティが内包する社会問題・生活問題に直接アプローチする対象論視点から定義している。まず，コミュニティワークを広義にとらえ，「社会問題に対応する労働・住民運動などを組織化する努力はそれ自体コミュニティワークである」とし，ソーシャルワークとしてのコミュニティワークがアプローチしようとしている問題は，「経済発展から直接的に派生する基本的問題というよりも，それを発生の基盤として持ちながらも，終局的には個々人の生活障害に帰する生活問題（具体的には老人問題，障害者問題，児童問題，女性問題というような対象属性に即した形で現れる）が，他面，家族やコミュニティによる扶養や介護の問題として，あるいは逆機能としての孤立・孤独の問題あるいはコミュニティからの排除―差別問題として現れる。ソーシャルワークとしてのコミュニティワークが対象とする問題はコミュニティにおける生活問題を直接の対象としながら，地域社会問題にアプローチ」する地域援助方法あるいはその技術である，としている（濱野，1996a：17）。

　こうした定義をみると，地域社会レベルで発生するさまざまな生活の諸困難を地域社会みずからが組織的に解決するように援助する専門技術であるという見解が一般的である。したがって，コミュニティワークは，地域社会における住民たちの共通の生活困難の解決を第一義的な目的とする技術であるといえる。さらに，地域社会の従来の縦割的な組織体制を横断的な組織体制に変えていこうという働きであり，行政機関や各種専門家によって提供されるサービスを地域レベル，生活者のレベルで再編成，統合化していこうという「営み」にほか

ならない。

　これまで，地域援助活動というと，地域問題を地域住民が主体となって公私の専門機関との協力で解決するということから，コミュニティ・オーガニゼーションの系譜につらなる地域組織化活動が主要な方法とされてきた。しかし，要援護者の地域社会での自立と統合をいかに図るかという観点で再編された，これからのコミュニティワークは，要援護者の立場から在宅ケアシステムをどう組織化し，どう推進していくかという方法や，要援護者の社会的統合のための環境改善の方法，福祉コミュニティということが新しく追及される課題となろう。

コミュニティワークの援助モデル

　このように一般的なコミュニティづくりのみでは福祉対象者の生活問題の解決に限界がある。福祉対象者の生活問題の解決には，一般的な地域住民と福祉対象者である当事者やその家族，そして地域のボランティアの連帯がどうしても必要であって，それらの人々の相互の理解と生活問題の解決にむけた共通の認識を欠くことができない。それゆえに，コミュニティワークは，当事者が抱える生活問題を核心にすえて，その問題をめぐって，住民の参加を組織的に拡大・深化させていくための方法や技術の体系と意義づけられるのである。このように限定された課題に向かって，これを解決していく援助活動が行われるわけであるが，その活動のやり方や過程は，実にさまざまである。したがって，コミュニティワークは，伝統的な地域組織化の方法と比べてその発想も視点も大きく変化してきているのである。

　この発想の転換をコミュニティワーカーが保有する価値的・態度的レベルで検討してみよう。(**図表13-2**) に示したのは，CW（コミュニティワーク）的援助モデルと伝統的なCO（コミュニティ・オーガニゼーション）的援助モデルの違いをまとめてみたものである。援助の目標，援助を行う場所，援助のレベル，サービスのタイプ，サービスの提供のされ方，サービスの方略，計画の種類，マンパワーの資源，意思決定の場所，といったさまざまな点で相違があることが分かる。このことは，伝統的なCOモデルを決して否定しているのではなく，問題の性質，対象のニーズに応じて，CWモデル的発想も取り入れた活動ができる地域援助の臨床家が生まれてくることを期待している。

図表 13-2　CW モデルと伝統的 CO モデル

	CW モデル	伝統的 CO モデル
1．援助の目標	福祉コミュニティの形成	一般的コミュニティの再組織化
2．援助を行う場所	自治体・小地域レベルにおける政策と実践	小地域での実践
3．援助のレベル	全体または限定された地域社会と要援護者を強調（例　在宅福祉サービス圏，リスクの高い母集団）	地域の既存組織を強調（日常生活圏域）
4．サービスのタイプ	間接的援助と直接的援助サービスの統合を強調	ふれあい型サービスを強調
5．サービスの提供のされ方	ケースマネジメントとコンサルテーションを通しての直接的サービスを強調	一般住民への間接的援助サービスを強調
6．サービスの提供の技法	社会福祉調査法，ケースマネジメント法，地域福祉計画ソーシャル・アドミニストレーション，記録法等新しい技法と伝統的技法の混合採用	地域診断，コミュニティ・ディベロプメント，地域組織化法等
7．計画の種類	潜在化しているニーズを発見し，充足されていない要求，リスクの高い母集団をはっきりさせ，それに適合したサービスをするよう合理的に計画する	あえて計画性はもたない，ボランティアや近隣の自由参画方式
8．マンパワーの資源	市民，ボランティア，地付きの人のような非専門職と保健・医療・福祉関係者の専門職を含む新しいマンパワーと一緒に，目標となる人々にコミュニティワーカーがとりくむ	社協職員，民生委員といった伝統的な地域福祉専門職
9．意思決定の場	援助プログラムについての管理と意思決定は地域社会と専門家，要援護者の間で共有した責任で行う	すべての援助サービスを地域社会と専門家の二者で管理する伝統的手法

出所：山本和郎（1986）『コミュニティ心理学――地域臨床の理論と実践』東京大学出版会，51頁に掲載の地域精神衛生サービスと伝統的臨床サービス（Bloom, B. L.（1973）Community mental health）モデルに依拠し，コミュニティワーカーが保有する価値的・態度的モデルとして筆者作成。

3 コミュニティワークの援助過程とその技法

コミュニティワークの必要条件

　事務所から地域社会にとび出していって、住民の生活困難やその社会的環境的問題に対処しているというだけでは、コミュニティワーカーとはいえない。現実に、住民に身近なところで、町のため町内会のために献身的に働く無償の行為があり、精力的に自分の地域社会のために一市民としてボランティア活動をしたり、そのリーダーになって活躍している福祉関係者はたくさんいるだろう。また、社会福祉施設や社会福祉協議会、福祉事務所や児童相談所、保健所や病院等、保健・医療・福祉のフィールドで、地域社会のさまざまな関係機関と連携をもちながら、いわゆる地域の臨床的活動をしているソーシャルワーカーやケアワーカーはたくさんいる。

　しかし、コミュニティワーカーとしての条件は、これまで自分のひっさげていた発想を点検し、新しい発想をめざし自己変革をめざす者でなくてはならない。福祉コミュニティ実現の第一線の専門機関としての社会福祉協議会活動に期待が高まってきているが、現実的には十分に機能しえていない状況がみられる。それは、あえていうならば、そこで働く職員の多くが全く伝統的発想の地域援助方法に依拠していることによるのではないか。西洋の諺にある"新しい皮袋に古い酒を入れた"だけというのは、あながち的外れの表現でもなかろう。すなわち、コミュニティワーカーであるというには、**図表13-3**に示すように、現実の解決すべき課題に対し、生活問題の視点からの対象の発見と診断、その課題解決に立ち向かう新しい発想の転換をすることから新しい援助理論を模索し、そこから新しい援助技術論を開発し、現実にコミットした政策・実践の組織化やプラニングを立て、それを着実に展開し、その成果を評価し、検討を加えていく、という一連の作業工程をめざすものでなくてはならない。[7]

　コミュニティワーク（以下、CW）を開始してから一応の終結をみるまでの手順＝過程（プロセス）は、CWのもっとも重要な基本要素の一つである。ここでは、CWの具体的な展開場面を前述の図に照らして、①生活問題・福祉ニーズの把握、②社会的環境的要因の分析、③新しい理論の模索とアセスメント、④新しい援助技術論の開発、⑤実践の組織化と計画化、⑥計画の実施、⑦活動

図表13-3　コミュニティワークの援助過程とその技法

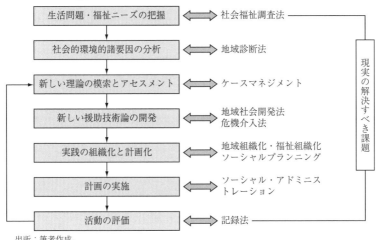

出所：筆者作成。

の評価に区分して，その場面で用いる技法を説明することにしよう。もちろん，その順序はあくまでも一般的なものであり，実際の展開場面では，重複的に，または螺旋的に展開するものであることはいうまでもない。

生活問題・福祉ニーズの把握：社会福祉調査法

　CWが実践や制度化への活動として，まず第一歩をふみだすには，何はともあれ，「対象＝ニーズ」なるものが，どこにどのような形で，どの程度存在し，そこにはどのような解決への糸口がありうるのか，などがCWの展開の第一段階として，明らかにされなければならない。しかし，地域社会の中のニーズは，家族や世帯の中に埋没していて，潜在化しやすく，その量と問題の程度が把握しにくいという難点がある。たとえば，高齢期における心身の自立度の低下は，高齢者本人の依存性を増大させるだけでなく，世帯の経済状況や家族構成，家族関係，家族員の就労状況，住宅構造，親族や近隣からの援助，地域住民の福祉意識，社会サービスや社会資源へのアクセスのあり方など総体的に関連しあって，ニーズが決まってくるのであり，世帯内における対応の過程や問題点は外から見えにくいという特徴がある。したがって，CWの初動段階は，まず潜在化しやすい住民のニーズを具体的に発見することに多くの努力が払われなくてはならない。その技法には，社会福祉調査が必須である。地域社会や

地域住民のニーズ分析にあたっては，調査すべき社会的事象あるいは問題の決定にはじまり，一定の順序にしたがって行われる。社会福祉調査は，実際に調査技術を駆使して行う現地調査に入る前に，設計準備の段階を必要とし，あらかじめ周到な計画がたてられたのちに実施されるものである。実際の調査の大まかな手順は，1）問題の決定に始まり，調査目標や項目を構想する企画の段階から，実際に行われる調査の設計，それに基づく準備調査の段階，2）その計画にしたがって現地における資料の収集の段階，3）現地調査の修了後，その結果の整理と分析から報告書として発表に至る段階，の3つの段階にわたっている。

社会的環境的諸要因の分析：地域診断法

地域診断という用語は，community diagnosis の訳で，その意味するものは，一般的に地域社会問題の解決のための地域福祉計画の策定や地域組織化活動に先立って行われる地域社会の診断および住民生活の診断というところである。地域診断では，医学における診断と同じように2つの型がある。第1の型は，地域社会の問題として発見された生活上の問題の原因をさぐりあてることであり，第2の型は，原因の究明から問題解決に向けての対策を引き出すことである。

ニーズの性格で見てきたように，地域の生活問題は，さまざまな要素が絡まりついて生じるものであるから，それらの要因の中から，その問題の解決に最も役立つような効果的な条件を発見することが，何はともあれ大切なのである。重要なことは，そのねらいが実践的な目的に即したものであること，さらに地域の組織化活動の過程としての地域診断であるから，「住民の主体形成」への援助という課題も同時に追及されなければならない。地域診断はそれ自体として単独に存在せず，問題の発見→診断→対策→実際活動→評価と連なり，このプロセスは問題が解決されるまで繰り返される。診断の方法は，問題のいかんによって一定ではないが，基本的なものとしては，①既存資料の収集と吟味，②参与観察と面接聞き取り，③社会調査に大別できる。緊急の問題解決を迫られている場合は，②の段階でとどまり，次の実際活動に移ることが必要になる。

新しい理論の模索とアセスメント：ケアマネジメント

　1970年代中頃から，アメリカで使われるようになった用語で，ケアマネージャーが，クライエントとすでに制度となっているフォーマルなサービス，また家族，親戚，近隣，ボランティアなどのインフォーマルなサポートを結びつけ，クライエントを継続的に援助する方法の総体である。[8]その援助過程の第1段階は，エントリーとインテークの段階で，ここではクライエントの主訴に基づいて，クライエントがケースマネジャーによる援助の対象者として適切かどうか判定し，ケースマネジャーによる援助の契約がなされる段階である。第2段階は，クライエントや家族のニーズ，資源活用状況や活用能力など地域社会との関係性を含めたアセスメント（事前評価）をし，これに基づいて援助計画をクライエントや家族と相談しながら策定する，アセスメントとプラニングの段階である。第3段階は，援助計画に基づいてニーズと社会資源を結合し，サービスをパッケージして供給する段階である。第4段階（モニタリングと再アセスメント）は，結合された社会資源が計画どおり供給されているかどうかとか，クライエントのニーズの充足状況をモニタリングし，不十分な場合，クライエントのニーズを再評価して援助計画の見直しを行う。

新しい援助技術論の開発：地域社会開発法，危機介入法

　地域社会開発法は，従来からコミュニティ・ディベロプメント（Commyunity Development：CD）と訳される場合もあるように，これは近隣レベルの小地域に居住する住民が自らかかえている福祉的問題の「草の根的」な開発およびそのための住民参加のプロセスを重視する方法である。これまでに発表された定義には，1958年の第9回国際社会福祉会議において米国国際協力機構のものがある。「地域社会の人々が企画と行動のために自らを組織化し，彼らの一般的および個人的ニーズと問題を明らかにし，地域社会の資源を最大限度に活用して集団および個人的計画を立て，必要な場合には地域社会外の政府機関，あるいは非政府機関からのサービスと物資とをもって，それらの資源を補足するなどのことを行う社会行動（social action）のプロセスである（高森，1993：508-509）」CD的発想に基づく先駆的事業としては，1933年に実施されたTVA（テネシー河流域開発）があげられるが，わが国では最近，とくに1995年の阪神・淡路大震災後の復興計画，大都市部のインナーシティ地区や過疎地域の地域

生活問題の解決手法，あるいは町おこし・村おこし等の手法として注目されている。

危機介入法は，危機状態に直面している個人・集団・組織・地域に対応して，その状態から回復していくことができるように，意図的に援助していく一連の活動の総称である（小松，1993：182）。この手法は，いくつかの歴史的流れが合流し，地域精神衛生，地域精神医学，コミュニィ心理学の領域のなかで活用されながら，たとえば，戦争神経症の治療体験，企業における精神衛生対策，登校拒否児やいじめ，虐待などのクライシス・インターベンション等の場面で，すでに展開されている。コミュニィワークとの関連では，在宅で危機状態にいる個人や家族を中心に，その対処資源として，その人を支える専門的機関・施設との関係づくり，またインフォーマルな社会的支援関係の構築など，その人や家庭が利用できる援助資源の査定，その活用なども危機介入に含まれる。また即時的に介入できる保健・医療・福祉の在宅ケアサービスシステムの開発も重要である（山本，1986：69-85）。

実践の組織化と計画化：地域組織化・福祉組織化，ソーシャルプランニング

地域組織化から説明しよう。基本的には，地域住民によって展開される社会福祉問題解決のひとつの方法であり，地域における社会福祉施策を実現する運動や住民組織化という形で，福祉の政策や制度と密接な関係を持ち続けている。具体的には，地域住民及び当事者の組織化をさしていうが，特定地域での「自助」と「連帯」の理念をベースにして，地域住民を組織化し，その地域が抱えている福祉課題を解決する方法である。行政施策などのように法律に基づいて制度的に行われる地域福祉活動とは異なった地域住民の自発的な活動に対応するものである。当事者あるいは家族の組織化活動である。では，そのような地域住民や当事者の組織化活動がなぜ必要なのであろうか。まずは，第1に組織活動を通して住民の主体性・連帯性を強化するということであり，活動を通して地域住民自らが地域の福祉課題を知り，福祉施策の"貧困"に気づくことが重要である。第2の理由は，予防的な役割である。地域住民が抱える福祉問題，福祉ニーズを早期に発見し，問題が大きくならないうちに迅速に対応するために欠かせない方法である。第3に行政施策への架橋性と提言性の役割である。ボランティア活動などを通して問題を地域住民自身で解決するばかりでなく，

そういった課題を行政施策に迅速に反映させる機能を有している。住民の主体的な福祉への参加なしには、行政施策は推進できない。

　福祉の組織化は、在宅福祉サービスの運営・管理ととらえられるむきもあるが、本来的にはサービス利用者である当事者組織を中心とする福祉ネットワークの形成をめざすものである。その内容には、①施設・機関におけるサービスの総合調整の機能、②専門性の強化の機能、③福祉問題やニーズを社会化する機能、④財政計画の確立と効率化の機能などが含まれる。ますます多様化・高度化する地域社会の福祉ニーズに対応するために、施設・機関・団体の専門的機能を充実し、教育や現任訓練などによってサービスの水準を維持し、さらにその均質化を保障する必要が生まれてくる。

　これら実践の組織化による福祉施策を計画的・合理的に進める方法をソーシャル・プランニング（社会福祉計画）という。その過程は一般に、基本構想・基本計画・実施計画とされるが、まず、事業方針や政策の民主的決定であり、住民参加を得た問題の明確化に基づいて、先見性をもった目標設定、プランの作成が求められる。そしていろいろな代替案を策定し、これらを検討し、プログラムを明らかにし、計画として具体化する。大事なのは実施計画であり、計画の具体的な進め方を考えるもので、手順、時間、資源の運用などが課題となる（高田、1993：197-198）。

計画の実施：ソーシャル・アドミニストレーション
　狭義には、組織の設定した目的や目標を達成するための手段と、その目的を達成するための介入過程をさすものと理解されている（吉村、1993：200-201）。CWとの関連では在宅福祉サービスの管理運営として活用される。市町村による在宅福祉サービスの管理・運営の基本的視点は、公私の協力、社会福祉計画、住民参加ということになり、市民のための在宅福祉サービスの安定的確保という視点からみれば、これらのうち、社会福祉計画が柱であり、公私の協力、住民参加はその中で実現をはかられるべきもので、さらには在宅福祉サービス運営の公準化（効果性、効率性、公平性、便益性）と調整（地域における保健福祉ネットワークを図ることを目的とする）機能が重視される（濱野、1996b：184）。

活動の評価：記録法

地域援助技術の活動評価法としては，①目標達成面からの評価＝タスク・ゴール，②プロセス面からの評価＝プロセス・ゴール，③関係性からの評価＝リレーションシップ・ゴールといった評価の枠組が用意されている。まず，①のタスク・ゴールに関しては，地域の生活問題や福祉問題をどれだけ解決したか，福祉ニーズに対して社会資源の提供はどうだったか，いうなればニーズの充足度と充足過程への評価をさすものである。②のプロセス・ゴールの評価事項にあたるものは，地域の各種機関・組織などの連携や協働態勢はどの程度高まり，また地域住民が最初の「計画」から「実施」のプロセスにどういう形で参加したか。またその参加を通じて，問題解決能力をどれほど身につけたか，住民の側の主体形成がどれほど進んだかの評価である。③のリレーションシップ・ゴールの評価基準は，地域住民や当事者の声やニーズをどれほど広く事業活動に取り入れたか，また，組織活動をとおして地域の古い構造を改変し民主化にどれほど貢献したか，人権の擁護，地域住民の連帯感の醸成にどれほどプラスしたか，といったことである。

このようにして集められた社会的事象は，一定の様式で記録され記述された事実として，客観化される必要がある。そして，これらの事実は，他の事実に比較し相互の因果関係を考究し，また量的に測定を行うなど，さらなる高次の事実の発見や把握に進まねばならない。このように計測，評価された結果を用いて，有効な政策なり問題解決の実践が行われることになる。

コミュニティワークの新たな展開に向けて

現在，とくに地方自治体や小地域レベルで進行している地域生活問題に対応する地域福祉援助の——高齢社会・少子社会への対応，増大する福祉需要への対応，災害に対する地域社会開発，保健医療福祉の社会的ケア体制の確立，在宅福祉と施設福祉の統合化等——実践的・政策的課題をCWの立場から，どう対応していくのか，その際のCWとしてのパラダイムをどこに求めるのか，ということに言及してきた。具体的には，ミクロ領域の臨床的実践，メゾ領域の地域福祉実践，マクロ領域の政策形成との間の関係を追求してみたいと思ったわけであるが，ふりかえってみると，ようやく理論的な整理の入り口についたところで，方法論やそれに基づく手法の研究との関連等は全く今後の課題で

図表13-4 コミュニティソーシャルワーク形成への流れ

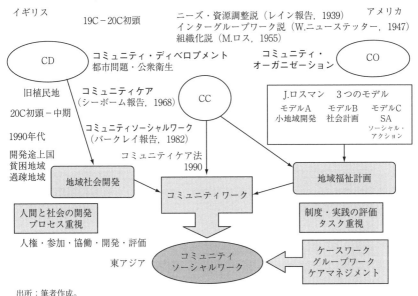

出所：筆者作成。

ある。ただ，CW研究の方向性として，コミュニティワークの基盤としての福祉コミュニティ概念をどう理解するか，生活実態から実践・政策化へのプロセスを軸に展開するCW論のあり方など，ささやかな問題提起として受けとめていただければ幸いである。さらに，これからのCWを地域組織化的志向，問題解決的志向，アドミニストレーション的志向およびソーシャル・アクション的志向の統合的方法として把握する場合には，個別相談，グループワーク，総合的アセスメント手法，危機介入的手法，ケアマネジメント手法，福祉コミュニティのための地域社会開発手法等を含めた体系的な枠組みの創造とそれらを裏付ける専門技術の開発が求められる。

しかし，現代における「地域を基盤としたソーシャルワーク」の時代的要請は，コミュニティ・オーガニゼーション及びコミュニティワークに加えて，ケースワークやグループワーク，さらにはケアマネジメントといった対人援助の方法との統合も，また求めている（**図表13-4**）。これについては，次章で論述する。

注

(1) 森岡清美他編（1993）『新社会学辞典』有斐閣，1193頁。他にパラダイム論の参考文献として，Kuhn, T. S. (1970) *The Stracture of Scientific Revolutions* (2nd ed.) 1962（中山茂訳（1971）『科学革命の構造』みすず書房）中山茂編著（1984）『パラダイム再考』ミネルヴァ書房，をあげておく。

(2) 濱野一郎（2004）「コミュニティワークの現代的傾向」濱野一郎・野口定久・柴田謙治編『コミュニティワークの理論と実践を学ぶ』みらい，20-24頁。

(3) 森岡清美他編（1993）『新社会学辞典』有斐閣，96頁，によると，エコロジーとコミュニティとの関係は，1920年代シカゴ学派といわれる都市社会学者パーク（Park, R. E.）やバージェス（Burgess, E. W.）らがエコロジー理論を用いて都市を分析したことにはじまり，最近では，環境と生物の相互関係についての論議が世界的に高まり，エコロジー的発想は自然や環境の保護を考察するうえで不可欠のものとみなされるようになった。またソーシャルワークの理論と実践においても，最近，社会システム論と生態学理論について関心が高まってきている。

(4) 越智昇によると，地域生活のなかでボランティア活動が展開される事例として，たとえば障害児の自主訓練会等をとりあげ，これらの活動は，自発的に参加する個々人が，組織目的を達成するために，労力を，知識を，金銭を出しあい，その組織行動をとおして活動の意義を周囲へ訴えていくものであるという性格づけをしている。奥田道大他（1982）『コミュニティの社会設計』有斐閣選書，159-164頁。

(5) これらの事例については，阪神復興支援NGO編（1995）『真野まちづくりと震災からの復興』自治体研究社，に詳しく掲載されている。

(6) これらの概念は，概略的には，ある地域開発問題の分析対象として用いられる用語である。一例として新幹線問題を考えれば，「受益圏」とは新幹線の「速さ」「快適さ」を享受しようという欲求ないし機能要件を充足しうる人々の集合体であり，新幹線利用客としての国民のほぼ全体であるのに対し，「受苦圏」とは，新幹線の運行に伴って平穏な生活環境の保持という欲求ないし機能要件を充足しえなくなっている人々の集合体を意味し，地域的には新幹線の運行に伴って生活環境が破壊される沿線住宅密集地域である。また沖縄の基地問題や自治体内のゴミ処理場の汚染問題の場合は，受益圏と受苦圏とが「重なり」あっている例であり，今後の国と自治体間，自治体内の地域生活問題として同時的解決が求められる問題である。梶田孝道（1982）「受益圏・受苦圏とコミュニティ」奥田道大他『コミュニティの社会設計』有斐閣選書，226頁。

(7) この発想法は，コミュニティ心理学の立場から，地域臨床活動をしている心理学の専門家の態度に類似しており，山本和郎（1986）『コミュニティ心理学』東京大学出版会，46頁，の考え方に依拠している。

(8) 白澤政和（1993）「ケアマネジメント」京極高宣監修『現代福祉学レキシコン』雄山閣，184頁。その他，ケアマネジメント手法の解説には，白澤政和（1995）「地域福祉とケースマネジメント」高森敬久編著『地域福祉論』佛教大学通信学部，198-229頁，に詳しいので参照されたい。

引用・参考文献

小松源助（1993）「危機介入」京極高宣監修『現代福祉学レキシコン』雄山閣。
定藤丈弘（1993）「社会福祉援助技術」古川孝順・庄司洋子・定藤丈弘『社会福祉論』有斐閣。
高田真治（1993）「社会福祉計画」京極高宣監修『現代福祉学レキシコン』雄山閣。
高森敬久（1989）「コミュニティワークの概念」高森敬久・高田真治・加納恵子・定藤丈弘『コミュニティワーク地域福祉の理論と方法』海声社。
高森敬久（1993）「地域社会開発」京極高宣監修『現代福祉学レキシコン』雄山閣。
高森敬久（1995）「地域福祉実践における地域組織化活動」野口定久編『新時代の地域福祉』みらい。
濱野一郎（1996a）「コミュニティワークとは何か」濱野一郎・野口定久編『コミュニティワークの新展開』みらい。
濱野一郎（1996b）「社会福祉サービスの管理運営」濱野一郎・野口定久編『コミュニティワークの新展開』みらい。
濱野一郎（2004）「コミュニティワークの現代的傾向」濱野一郎・野口定久・柴田謙治編『コミュニティワークの理論と実践を学ぶ』みらい。
山本和郎（1986）『コミュニティ心理学』東京大学出版会。
吉村公夫（1993）「ソーシャル・アドミニストレーション」京極高宣監修『現代福祉学レキシコン』雄山閣。
Rothman, J., Erlich, J. L., Tropman, J. E. (eds.) (2001) *Strategies of Community Intervention* Sixth Edition, F. E. Peacock Publishers.

第14章

コミュニティワークからコミュニティソーシャルワークへ

1 新しい福祉対象とコミュニティソーシャルワーク

1990年代以降の福祉対象

　1990年以前のコミュニティに生起する福祉問題は，主として1960年代以降の急激な産業構造の変化に伴う勤労者世帯の増大，人口の都市への集中，過密・過疎問題，地域の生活環境の変化，さらには核家族化や家族崩壊などの家族変動，共働き世帯の増加等々のように，社会変動の帰結として地域社会における「生活の不安定化」や「家族・地域の社会関係における心身のストレス」として表出した。とくに1980年代の福祉問題の性格は，たとえば，中高年リストラによる生活問題，産業化による社会的ストレス問題，アルコール依存やカード破産等の問題，また高齢者の介護問題の発生，若年層の不安定問題（非行，少年犯罪，子育て不安，就労の不安定化等）などが，都市部を中心にそれぞれの問題が単独の形で表出するのが特徴的であった。また，故郷に残してきた老親を都市部に住む子ども世帯が引き取るという「呼び寄せ老人」の社会現象が生じたのも，この時期である。呼び寄せられた高齢者たちは，人間関係の途絶えたマンションや一戸建て住宅の中で，昼間孤老の孤独に耐えられず，再び安住の地である故郷に戻っていったのである。これを境に，高齢者の定住化（自分が住みたいと思うところに住み続ける）が定着する。

　1990年代のバブル崩壊から日本経済が長期不況のトンネルの中に入り込むと同時に，世界的なグローバリゼーションのなかで地域経済の衰退化に拍車がかかり，地域社会の不安定化と共同体の崩壊を引き起こす要因ともなっている。1990年代以降の新しい福祉対象の表出というテーマは，都市と地方の不均衡，経済成長と社会システムの齟齬，国際化と地方分権化の緊張，地域間格差の拡

第Ⅲ部　これからの地域福祉

大等の諸課題を解決するために，軋轢を回避し，経済と福祉と環境の調和を保って発展させるという地域福祉の政策と実践の象徴であるといえる。その意味でも，このテーマは，地域福祉の政策的にも研究的にも新しい領域であるといえる。それは，グローバル化のなかでの社会保障・社会福祉制度の行方，あるいはローカル化のなかでの地域福祉・介護システムの構築といった，より普遍的かつ個別的なテーマを考えていく上でも，極めて重要な課題を提示しているものと考えられる。

　1960年代以降，日本の津々浦々まで大量生産大量消費社会を実現させ，個々人の欲望の極限化社会をつくり出し，1990年代以降は，グローバル化のなかでデフレ不況が進行する。すなわち，デフレの連鎖（景気が悪くて物が売れない→企業は売値を下げる→売値を下げればコストを下げなければならない→企業は賃金をカットし，リストラを進める→賃金をカットされた人々，リストラの憂き目に遭った人々は物を買わない→企業はますます売値を下げねばならない→ますます売値を下げれば，ますます賃下げとリストラが必要となる）の悪循環のしくみである。この悪循環に終りはなく，グローバル化のなかで大企業は生き残りをかけて国際競争力を強化していく。その結果，中小下請け企業との従来の絆を断ち切っていかねばならない。このようにグローバル競争の中で生き残りをかける企業が有能な人材を抱え込み，足手まといになりそうな人々を打ち捨てていくリストラが猛威をふるい，その帰結として日本社会は貧困・格差社会化したのである（浜矩子「合成の誤謬」『日本経済新聞』2007年2月7日）。これが，地域間格差と不安定化（フリーターの固定化をもたらす→ワーキングプアを生み出す→格差社会につながっていく→社会不安をかき立てる→犯罪が増加する→地域社会の共同体が崩れていく）の連鎖である。

　このような連鎖が働いていると，家族や地域社会はいつまでたっても再生しえない。はたして家族やコミュニティは再生できるのであろうか。現代の家族やコミュニティが抱える福祉問題の性格をみてみよう。

　まずは，家族の大きな変化である。単身家族や高齢者世帯の増加，共働き世帯の一般化は，介護ニーズの深刻化，老人虐待や孤立，孤独死，子育て・保育ニーズの多様化やワークライフバランス（仕事も生活も）の生活様式をもたらした。第2に，虐待や暴力の問題である。児童虐待，社会的引きもり，DVなど，人権をめぐって既成観念にとらわれた従来の家族，学校，地域が立ちすく

んでいる状況がみられる。第3に，差別・排除や異文化の問題である。外国籍住民と地域住民の地域生活上のトラブル，障害者の地域生活のコンフリクト問題やホームレスの問題は，貧困や人権の問題と同時に，差別や排除（social exclusion）の問題として，また異質文化の交流（social inclusion）という排除論と統合論の交錯の課題を地域住民に問いかけている。第4に，現代の生活問題を国際的な環境問題と貧困問題としてとらえる必要性がある。自然環境問題としてのダイオキシン，CO_2の排出問題，そしてアジア，アフリカ，ラテン・アメリカ諸国の貧困・格差問題に対する問題などは，一国内の課題としては捉えられず，国や地域間で密接に関係しあっているのである。

地域福祉の表出ニーズ

このような個人や家族，地域社会をつらぬく新自由主義的市場原理主義的の偏重の過程で，われわれは，日本の伝統文化や価値観を否定しつつ，私的個人主義へと埋没し，かつ社会的個人としての非自律性など，現代コミュニティを担っていく主体を喪失していったといえよう。私たちは市場で交換することのできない生活重視の意識や社会的弱者への関心といった価値観を，生活やコミュニティの中でもう一度見つけ出していく努力がもとめられているのではなかろうか。

1990年代以降の特徴は，それ以前の「貧困や生活の不安定化」として表出した問題群に，「社会的排除・摩擦」と「社会的孤立・孤独」といった新たな福祉問題群が加わったことである（**図表14-1**）。それらの問題群は，一つひとつの問題と連鎖複合化し，都市部から都市部の近郊へ，そして地方都市へ，中山間地域へと拡大していっているのである。そうした状況のもとで，公共的諸問題（現代社会の福祉問題の多くが含まれる）の解決の場としての地域コミュニティが新たな意味を持つようになった。グローバル化による定住型の外国人家族の増加による地域人間関係の摩擦，地域の中に建てられる障害者施設と周辺住民とのコンフリクト（葛藤），近年の経済不況による失業やリストラと雇用問題等の新たな福祉問題に伝統的な地域社会や市民社会，そして行政はどのように向き合い，対応していくかという21世紀型の政策的戦略と実践的方法が求められている。

図表 14-1　地域福祉が対象とすべき今日的諸課題（ニーズ）

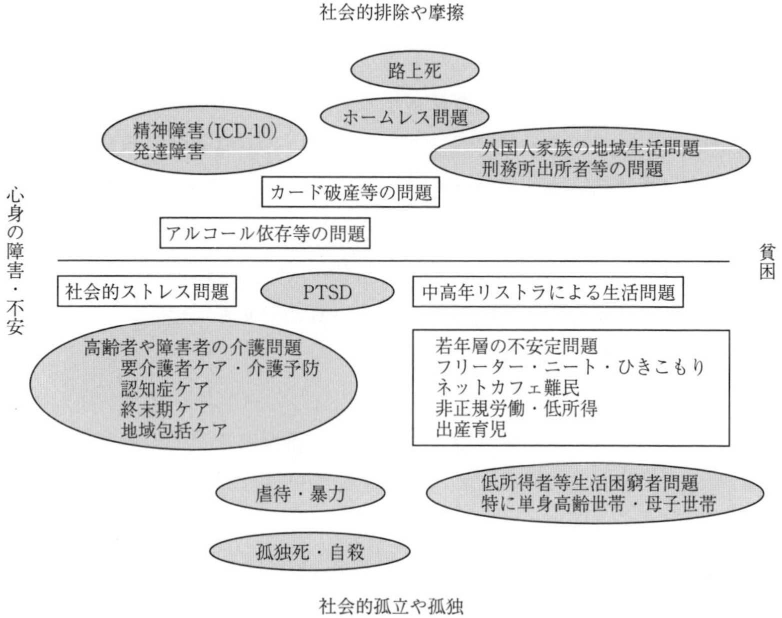

社会的排除や摩擦

- 路上死
- ホームレス問題
- 精神障害（ICD-10）発達障害
- 外国人家族の地域生活問題／刑務所出所者等の問題
- カード破産等の問題
- アルコール依存等の問題

心身の障害・不安　｜　貧困

- 社会的ストレス問題
- PTSD
- 中高年リストラによる生活問題
- 高齢者や障害者の介護問題／要介護者ケア・介護予防／認知症ケア／終末期ケア／地域包括ケア
- 若年層の不安定問題／フリーター・ニート・ひきこもり／ネットカフェ難民／非正規労働・低所得／出産育児
- 虐待・暴力
- 低所得者等生活困窮者問題　特に単身高齢世帯・母子世帯
- 孤独死・自殺

社会の孤立や孤独

出所：厚生労働省社会・援護局「社会的な援護を要する人々に対する社会福祉のあり方に関する検討会報告書」（2000年12月8日）を基に筆者が新たな問題を加筆作成。

見えないニーズ──排除と孤立

前項で述べたように現代社会における福祉ニーズの事象（リアリティ）は、これまでの、いや現実の社会保障や社会福祉制度およびソーシャルワーク援助や支援ネットワークから漏れ、困窮し、不平等を感じている生活困窮者といわれる人々の生活全般に表れている。このように、「制度の狭間」に陥った人々の存在は、いつの時代にもおこっているのであって、そのために、行政施策に対するやり場のない不満を抱えており、社会に対する不信感を持ち続けているのである。しばしば制度やサービスへの該当という見方をしてしまいがちになる、あるいはならざるをえない現状に対し、こうしたリアリティは、ソーシャルワーカーが生活困窮者にどのように向き合えばよいのか、その姿勢を問うているのである。「制度の狭間」に陥った人が、「ソーシャルワーク相談・支援の狭間」に陥らないように、ソーシャルワーカーがその所属する組織を超えた連携の役割やスーパービジョンが重要になってきている。生活困窮者自立支援事

業は、まさにソーシャルワークの"一丁目一番地"である。

近年、社会経済環境の変化に伴い、生活困窮に至るリスクの高い人々や稼働年齢層を含む生活保護受給者が増大しており、国民の生活を重層的に支えるセーフティネットの構築が必要となっている。こうした状況に対応するため、2015年4月より、生活困窮者支援体系の構築と生活保護制度の見直しが総合的に取り組まれるようになった。生活困窮者自立支援制度においては、全国の福祉事務所設置自治体が実施主体となって、官民協働による地域の支援体制を構築し、①自立相談支援事業、②住居確保給付金の支給、③就労準備支援事業、④一時生活支援事業、⑤家計相談支援事業、⑥学習支援事業その他生活困窮者の自立の促進に関し包括的な事業を実施することになっている。また、自立相談支援事業は、生活困窮者からの相談に早期かつ包括的に応ずる相談窓口となり、ここでは生活困窮者の抱えている生活課題全般を適切に評価・分析（アセスメント）し、その課題を踏まえた「自立支援プラン」を作成するなどの支援を行い、関係機関および多職種専門職間の連携に基づくスーパービジョンの体制づくりが急がれる。

2 対人援助サービスとソーシャルワークの結びつき

地域を基盤とした社会福祉援助の統合

今日的な地域福祉実践の主要な取り組みのひとつは、対人援助サービスについて地域を基盤としたソーシャルワークとの関係で支援や援助関係を位置づけ直そうとする試みが自治体レベルあるいは小地域レベルにわたって展開されている点である。こうした流れの原点は、1990（平成2）年の社会福祉関係8法の改正にさかのぼることができる。続いての転換点は、この考え方をベースに、旧社会福祉事業法の制定以来50年ぶりに抜本的改正がなされた2000（平成12）年6月に成立の社会福祉法である。

では、社会福祉法は、旧社会福祉事業法から、何がどう変化したのか。その特徴点を福祉サービス(1)に関連する事項について、以下に要点を整理してみよう。①目的：「福祉サービスの利用者の利益の保護及び地域における社会福祉（地域福祉）の推進を図ること」（第1条）が追加された。②福祉サービス提供の基本理念に関する事項：「社会福祉サービスは、個人の尊厳の保持を旨とし、そ

の内容は、福祉サービスの利用者が心身ともに健やかに育成され、又はその有する能力に応じ自立した日常生活を営むことができるように支援するものとして、良質かつ適切なものでなければならない」こと、③地域福祉の推進と住民参加：「地域住民、社会福祉を目的とする事業を経営する者及び社会福祉に関する活動を行う者は、相互に協力し、福祉サービスを必要とする地域住民が地域社会を構成する一員として日常生活を営み、社会、経済、文化その他あらゆる分野の活動に参加する機会が与えられるように、地域福祉の増進に努めなければならない」こと、④福祉サービス提供の原則：福祉サービスの提供に際して、利用者本位のサービス提供が求められ、保健医療サービス等との総合的な提供が示唆されていること、⑤福祉サービスの提供体制に関する中央政府と地方自治体の責務：福祉サービス提供の基盤整備の責務、行政と福祉サービス提供機関・組織とのパートナーシップ及びその計画的な実施を強調していること、その他、福祉サービスの適切な利用の推進に関する事項として情報提供、福祉サービスの質の向上、権利擁護、苦情解決などが付記されている。社会福祉法の理念を現実のものとして、われわれの日常性に実体化させるためにも、地域福祉の推進（政策や実践）を通じて、福祉サービス保障のしくみを早急に確立することが求められている。

　ソーシャルワーク（社会福祉援助活動あるいは技術という）は、社会生活において発生するさまざまな生活の諸困難やその当事者及び家族、地域住民みずからが個別的あるいは組織的に解決するように援助する社会福祉の専門技術であるという見解が一般的である。通常、社会福祉の方法・技術は、2つに分けることができる。ひとつは、個人に直接働きかけていく「直接援助技術」である。もうひとつは地域社会における住民たちの共通の生活困難の解決を第一義的な目的とする「間接援助技術」である。前者にはケースワーク（個別援助技術）、グループワーク（集団援助技術）、さらにケアマネジメントがこれにあたる。後者にはコミュニティ・オーガニゼーション（地域組織化）、コミュニティワーク（地域援助技術）、コミュニティ・デベロプメント（地域社会開発）、社会福祉調査、社会福祉運営管理、社会福祉計画、ソーシャルアクションなどが含まれる。ただし、近年、コミュニティソーシャルワーク（地域を基盤とした社会福祉援助の統合）という概念の登場によって直接・間接の援助技術の隔たりは相対化されてきている。

コミュニティソーシャルワークの展開過程

　次に提示するのは，個別事象の解決プロセスである。新しい福祉問題群の解決過程を通して，3つの段階に分けることができる。第1段階は，①個別事象の分析（アセスメント）し，②個別事象の解決の方向と目標を提示することである。そして①と②の過程で，福祉専門職（主として個別援助・支援）による制度やサービス等のフォーマル・サービスのケース・マネジメントが行われるとともに，主としてコミュニティソーシャルワークによるインフォーマルなサポートネットワークの形成が同時に行われることが望ましい。第2段階は，第1段階のプロセスを通して，それぞれの個別事象の解決課題から政策と実践への共通課題を析出するための「問題の共有化」が必要となる。そしてこの過程で政策と実践に切り分けられ，共有（一般）化された課題は行政・社会福祉協議会・社会福祉施設等に，あるいは市民社会（NPO・ボランティア団体等）や住民組織に，その対応の分担が振り向けられることになる。第3段階は，自治体レベルにおいて個別事象と政策や実践にむけて一般化された課題の解決システムを形成することが必要となる。それは，専門職連携の組織化の「場」を設定することが望まれる。第4段階において地域包括ケアシステムを実現させる，という「個別援助から地域支援へ」の展開過程を提示する。ソーシャルワーク援助・支援の流れは，①個別の事象→②個別問題の解決→③問題の共有化→④政策と実践→⑤専門職の連携→⑥地域包括ケアシステムの構築というように展開されることなる。ソーシャルワーク・スーパービジョン実践は，この各段階において実施されることが望ましい。

コミュニティソーシャルワークへの主要な論点

　最後に，地域包括支援センターや社会福祉協議会等地域での保健福祉ネットワーク人材のキーパーソンとしての期待が大きいコミュニティソーシャルワーカーを想定して，地域住民の個別ニーズと地域社会の環境的課題に対応しうる新しい地域福祉援助方法の考え方や機能，技法について検討する（野口，2007：149-152）。

　第1に，地域福祉の実践的課題を明らかにするとともに，地域福祉計画の策定プロセスや対人援助サービスを基軸とするソーシャルワークとの関係で位置づけ直そうとする今日的試みである。従来のコミュニティワーク手法からの発

展が期待されている。

　第2に，1990（平成2）年の社会福祉関係8法の改正を社会福祉制度，とくに地域福祉実践化への転換点とみなし，市町村における在宅福祉サービスを軸にした地域福祉推進期におけるサービスの開発・総合化とソーシャルワークの時代であり，ソーシャルワークにおける対人援助技術が地域福祉実践として重要になってこざるをえない。サービス利用者の"必要と求めに応じて"在宅福祉サービスのメニューを個別に提供するというサービスマネージメントの必要性が求められている。

　第3に，地域福祉の目標・価値としての地域自立支援と対人援助サービス――このような自立観，サービス観をもとにして，住民の地域自立生活支援をしていくためには，住宅政策，労働政策，生涯学習政策など従来社会福祉行政の枠のなかでとらえられなかった分野の政策・サービスと対人援助を軸にした在宅福祉サービスを結びつけて総合的にサービスが　展開されるようにすることが必要である。

　第4に，従来の縦割り行政システムの変革をめざして在宅福祉サービスを軸にした地域福祉が横断的なサービス提供システムを創出し，行政組織の再編成の提起を促す。具体的には，地域における医療，保健，福祉のトータルケアシステム，社会福祉施設の多機能化と地域資源としての位置，小地域ネットワーク活動によるインフォーマルケアの展開，その地域の特性を生かした新しい価値を付加していくシステムとサービスとして，福祉でまちづくりという発想が求められ，ますます地域の地域福祉従事者の豊かな企画力と実行力が問われる。

　第5に，在宅福祉サービスにおけるケアマネジメントとワーカービリティに関する課題である。ケアマネジメントは介護保険のための単なる技術ではなく，コミュニティソーシャルワークとしてこの技法を生活主体者のための自立援助技法につなげる観点が必要である。ケアマネジメントは単なる直接的対人援助技術ではなく，ネットワークや地域組織化，運営をも基盤としてダイナミックな方法として再構築する。

　第6に，地域保健医療福祉のトータルケアシステムの確立である。自治体レベルでの地域保健医療福祉のトータルケアシステムの発展過程モデルと中学校区レベル及び小地域レベルの地域ケアシステムの類型化とその地域戦略である。

　第7に，社会福祉施設の多機能化と地域資源としての位置づけである。従来

の措置型社会福祉施設を新しい居住福祉型社会福祉施設に機能転換していく道筋と利用型社会福祉施設の機能分化論である。

　第8に、地域福祉サービスにおけるアクセスの変革にかかわる論点である。積極的な住民参加を含むサービスシステムの必要性、適切な人材の養成、効果的なシステムの構築およびクオリテイの高いサービス内容、実践方法における科学的な専門性導入の必要性などがあげられる。

　第9に、ソーシャルワーク介入の必要と価値をめぐる論点である。利用者周辺の人間関係の理解と調整、社会資源の発掘と活用能力、過不足のないサービスへのケアマネジメント、対処療法でなく自立の援助をめざしたサービスの仕方、必要な隣接領域の理解と協力、個々のサービス内容の社会化、スーパービジョン、アドミニストレーション等の学習と実習にかかわる課題である。

　第10に、ジェネリック・ソーシャルワークアプローチの有効性にかかわる論点である。サービスが理論の裏づけをもって実践されるとき、クオリテイの向上、サービスの継続性、発展性を可能にするための条件整備として、ソーシャルリサーチ、ソーシャルサービス・アドミニストレーション、ソーシャルアクション等間接的ソーシャルワークの統合が求められる。

3 コミュニティソーシャルワークの設計と展開

なぜコミュニティソーシャルワークなのか

　従来のコミュニティワークは、コミュニティ・オーガニゼーション（地域協働組織化事業）を基礎にし、当事者が抱える生活問題を核心に据えて、その問題をめぐる地域住民の組織化をし、地域の共通問題としての解決を図れるように援助するという抽象的な間接的援助であり、個々人が抱えている生活問題への直接的具体的な援助をするという具体的な直接的援助ではない。

　対人援助サービスを考えると、個々人の生活様式や趣向などはばらばらであり、そのサービスを必要としている人の居住環境や地域環境、家庭環境などの生活環境はすべて個別のものである。その人自身の心身状態や家族との関係性、一人暮らしなのか、老夫婦世帯なのか、核家族世帯なのか大家族なのか、また、その人やその人の家族と地域のつながりはどうなのか、隣近所との付き合いや町内会・自治会との関係、さらに地域のボランティアやNPO団体などのイン

フォーマルまたはソーシャルサポートネットワークの存在の有無はどうか，行政サービスは充実しているかなどさまざまなことを考えながら援助をしていかなければならない。ひとくちに在宅サービスの援助といっても個々人にとって複雑で多様なものである。

　今，問われているのは，地域で生活する個々人への援助をどのように行うかと同時に地域をどのようにしていくかである。しかし従来のコミュニティワークは「ニーズ・調整」「インターグループワーク」「地域組織化」という伝統的なコミュニティ・オーガニゼーション理論を基礎とし，調整的視点から抜け出してはいない。しかし他方では，コミュニティワークの価値に依拠しつつ，従来の枠組みから抜け出そうとする新たな体系化の試みが進んでいることも見逃してはならない。平野隆之は，福祉資源開発（地域を基盤にした新たな資源の創出）の立場からコミュニティワークを地域福祉援助論へと発展させている（高森他，2003：39）。

　介護保険事業や障害者自立支援法に代表される社会福祉基礎構造改革の福祉サービス供給の方法は，その是非にかかわらず基本的には措置から契約への転換を図り，「福祉サービスを受ける」という概念から，「サービスを選択する」という概念に変化している。すなわち，介護保険制度下においては保険事故に相当する要介護認定のサービス利用の決定こそ行政的に判定されるものであるが，どのサービスがどれだけ必要かは介護支援専門員がケアマネジメントという手法で，要介護者や家族とともに選択・判断し決定（契約）していくのである。その際，制度化されていないインフォーマルなサービスやソーシャルサポートネットワークの存在や活用は当然考慮されるべきものであり，個人の生活問題から出発し，制度化されたサービスの利用，近隣社会の制度化されていないサービスの利用など総合的な対応が必要になってくる。個人個人では対応しきれない認知症ケアや障害者の自立支援等に対しては地域に住んでいる同じような問題を抱える人たちを集団的に援助（グループワーク）していくことも必要になる。個人の生活問題に対応する在宅サービスやインフォーマルサービスが存在しない場合は，サービスを開発（地域社会開発など）していくことも必要である。いま，地域福祉専門職の援助方法論に求められているのは，個々人の福祉ニーズや家族が抱える多様な課題を個別に解決する方法とその技術であり，また，それらの個別課題を地域社会や地域住民の課題として共有化し，そ

の問題解決に向けて地域福祉政策に展開していく方向と地域住民が協働して取り組む地域福祉実践に展開していく方向に切り分けつつ，それらを統合する手法である。ここでは，一応，コミュニティソーシャルワークと呼ぶことにする。
　また，コミュニティソーシャルワークの機能面に着目し，コミュニティワークとあえて峻別する立場をとる大橋謙策は，これを「地域自立生活上サービスを必要としている人に対し，ケアマネジメントによる具体的援助を提供しつつ，その人に必要なソーシャルサポートネットワークづくりを行い，かつその人が抱える生活問題が同じように起きないよう福祉コミュニティづくりとを統合的に展開する，地域を基盤としたソーシャルワーク実践である」と定義づけしている（大橋，2005：36）。
　次に，これを3つの性格に分節してみよう。第1には，在宅福祉サービスという方法を軸に地域自立生活支援への転換と，個々のサービス利用者の個別課題に即したサービス提供方法への転換が求められる。第2には，地域自立支援のソーシャルワークには，従来の3分類法（ケースワーク，グループワーク，コミュニティ・オーガニゼーション）から脱却し，多様な多角的援助方法が総合的に提供されることが求められる。第3には，在宅福祉サービスの提供やその考え方には，地域自立生活支援に必要なエコロジカルアプローチに基づくケアマネジメントや援助が必要となり，個人も近隣も含めた総合的対応が必要にならざるをえない。このように，一人の生活問題を解決するために，又は生活問題を持っている多くの人々の生活問題を解決するために，ケースワーク，グループワーク，コミュニティ・オーガニゼーションの理論を個別に用いても問題はなかなか解決しないのであって，問題解決のためには，これらの技術を総動員・駆使して援助にあたる必要がある。このことは，従来の社会福祉援助技術体系としての，ケースワーク，グループワーク，コミュニティ・オーガニゼーションの3分類から個人と地域の生活問題・福祉問題を解決していくコミュニティソーシャルワークという統合的な体系への転換が必要であることを現実的にも，理論的にも示唆しているように思われる。

事例研究：要介護高齢者の居宅介護[(2)]

　ここで紹介する事例研究は，要介護高齢者の地域生活支援事業の一環として，①介護保険事業における在宅ケアへのシフト，②訪問系サービスの利用拡大，③介護環境エコマップを用いたケアマネジメントのアセスメントとプラン作成の技術アップ，④地域ケアのためのフォーマルケアサービスとインフォーマルケアの融合を図ることにある。そのうえで，居宅介護エコマップを用いたケアマネジメントとソーシャルワークの方法的統合の開発を試みた。具体的には，地域の支援専門員協力を得て要介護高齢者に対して「居宅介護エコマップ」調査法を用いて，居宅の要介護高齢者に対して訪問調査を実施した。これらの結果をもとに，エコマップを作成し（図表14-2），介護支援専門員のアセスメント研修に結びつけ（図表14-3），フォーマルとインフォーマルの資源を融合させ，さらには地域資源の開発に向けたコミュニティソーシャルワーク機能の設計図を描くことがひとつの目的である。

　これまでの在宅ケアの問題状況を踏まえ，今回の調査研究では，要介護高齢者の介護環境の実態をありのままに図示してみる。

（1）調査項目
・要介護者の状況（性別，年齢，要介護度，痴呆症状，身体状況）
・介護者の状況（性別，年齢，続柄，仕事，健康）
・世帯構成（同居家族）
・家族介護状況
・介護保険サービスの利用状況
・地域保健・医療・福祉サービスの利用状況
・住環境（住居形態，要介護者の居室，住宅改造，転倒しやすい箇所）
・インフォーマルサポート（親族，近隣）

（2）家族状況
　図表14-4 を参照。Cさん夫婦は日中勤務している。Cさん夫婦，孫とは同居しているが，食事等の生活の場は異なる。

（3）介護環境
　①　要介護者について
　Aさん（男）73歳（1928年12月生）要介護5，認知症なし。身体障害者手帳所持。

第14章 コミュニティワークからコミュニティソーシャルワークへ

図表14-2 居宅介護エコマップの事例

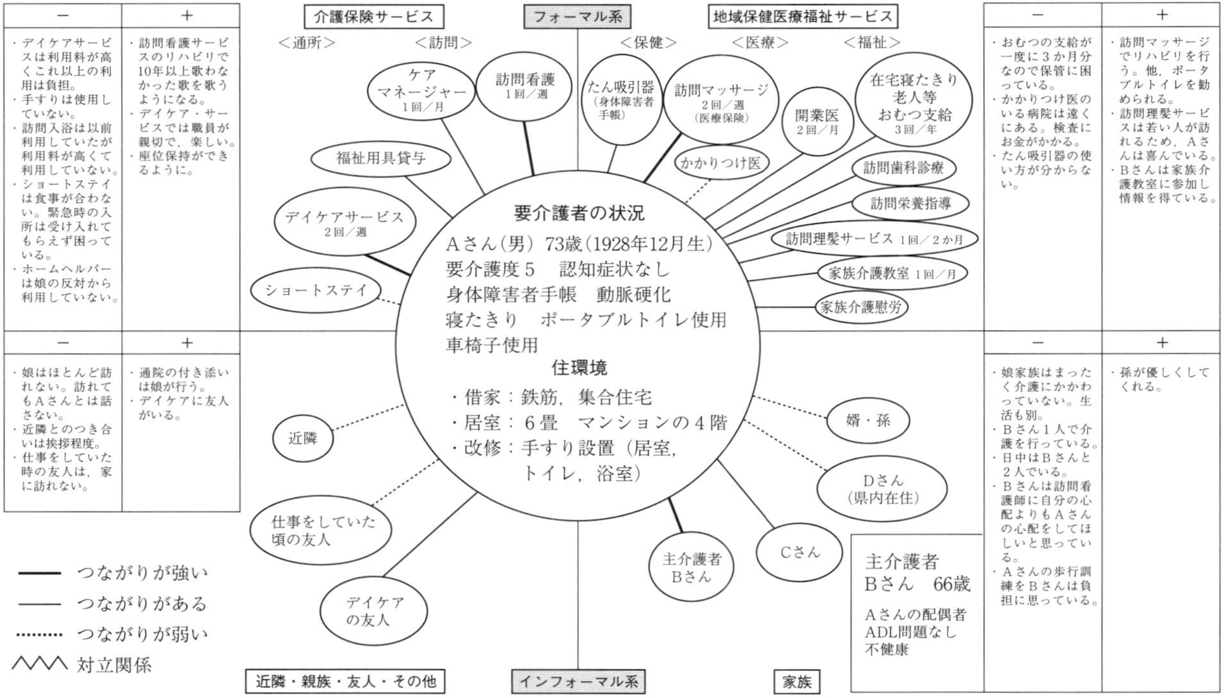

要介護者の状況
Aさん(男) 73歳(1928年12月生)
要介護度5 認知症状なし
身体障害者手帳 動脈硬化
寝たきり ポータブルトイレ使用
車椅子使用

住環境
・借家:鉄筋、集合住宅
・居室:6畳 マンションの4階
・改修:手すり設置(居室、トイレ、浴室)

介護保険サービス
〈訪問〉
・訪問看護 1回/週
・ケアマネジャー 1回/月
・福祉用具貸与

〈通所〉
・デイケアサービス 2回/週
・ショートステイ

フォーマル系
〈保健〉
・たん吸引器貸与(身体障害者手帳)
・訪問マッサージ 2回/週(医療保険)
・かかりつけ医

地域保健医療福祉サービス
〈医療〉
・開業医 2回/月
・訪問歯科診療
・訪問栄養指導
・家族介護教室

〈福祉〉
・在宅介護たきり老人等
・おむつ支給 3回/年

家族
・Bさん 主介護者
・Cさん 婿
・Dさん(県内在住) 孫

主介護者
Bさん 66歳
Aさんの配偶者
ADL問題なし
不健康

インフォーマル系

近隣・親族・友人・その他
・近隣
・仕事をしていた頃の友人
・デイケアの友人

── つながりが強い
─── つながりがある
‥‥ つながりが弱い
〰〰 対立関係

出所:筆者作成。

(左上−)
・おむつの支給が一度に3か月分なので保管に困る。
・かかりつけ医の病院が遠くにあり、検査にお金がかかる。
・たん吸引器の使い方が分からない。

(右上+)
・訪問マッサージでリハビリを行ってもらえる。ポータブルトイレを動かしてくれる人がいる。
・訪問理髪サービスが速やかに訪問してくれるため、Bさんは喜んでいる。
・家族介護教室に参加し情報を得ている。

(右中−)
・核家族は少なくなっている介護にはかかわらない。
・Cさんは別に生活を行い介護を行っていない。日中はBさんと二人になる。
・Bさんは訪問看護師の訪問に自分の心配をしてほしいと思っている。

(右下+)
・孫が優しくしてくれる。

(左下−)
・デイケアサービスは利用料が高くこれ以上の利用は負担。
・手すりは使用していない。
・訪問入浴以前利用料が高くて利用していない。
・ショートステイは食事会場のため所は受けてもらえず困っている。
・ホームヘルパーは娘の反対があって利用していない。

(中下+)
・訪問看護サービスのリハビリで10年以上変わらず歌を歌うようになる。
・デイケア・サービスの職員が親切で、楽しい。
・低所得者保険分となっている。

(下+)
・通院はほとんど娘は付き添いは娘が行う。
・近隣とのつながりは挨拶程度。
・近所の友人は、時々訪問に来る。
・デイケアで友人がいる。

第Ⅲ部　これからの地域福祉

図表14-3　コミュニティソーシャルワークのためのアセスメント表

要介護者の状況	主介護者の状況
Aさん（男）　73歳　要介護5　認知症状　身体障害者手帳所持	Bさん（女）　66歳　Aさんの配偶者

		本人の現状	主介護者の現状	ニーズ 本人	ニーズ 家族 同居	ニーズ 家族 別居
本人の状況	健康と日常生活	・動脈硬化と脳梗塞発症後寝たきり生活となるが，現在は座位，車椅子生活が可能。 ・居室のベッドで一日の大半を過ごす。 ・娘家族とは食事は別々にとっている。	・去年8月にポリープができ，2日間入院していた。不健康で現在通院中。 ・一日のほとんどをAさんと居室で過ごし，Aさんがデイケアに行っている時は，畑や買い物に出かける。 ・Aさんの介護，家事を全般的に行う。 ・夜間のおむつ交換のため，眠れないこともある。	・在宅生活の維持。 ・残存能力の維持，向上。 ・健康状態の回復。	・病院や施設よりも在宅介護を続けていきたい。 ・Bさんは自分の健康管理をしていきたい。	
本人の状況	ADL・IADL	・座位保持，車椅子への移乗が可能。 ・食事は経腸栄養剤，粥，野菜ジュースを主に摂取。食事の支度，おむつ交換，清拭，着脱，洗面，一切の家事，薬の管理，外出の付き添いは主介護者が行う。 ・ほとんど見守りと介護が必要な状態。夜間以外は介助してもらいながら，ポータブルトイレで排泄。	・自立	・歩行訓練，立ち上がり動作などをリハビリしており，歩けるようになりたい。 ・義歯があれば，食事内容も変えられる。	・主介護者のいない時に歩かれると転倒の恐れがあり，Bさんはいっしょに歩いてほしいと思っていない。 ・娘にも少しは介護を手伝ってほしいと思っている。	
本人の状況	趣味・生きがい	・趣味はとくにないが，訪問看護のリハビリの際に歌を歌うことが楽しみである。10年以上歌わなかったが歌うようになる。				
生活環境	介護保険サービス	・デイケア：2回／週 ・訪問看護：1回／週 ・福祉用具貸与，購入	・サービス内容には不満はないが，利用料の高さと，他の家族との配慮から十分に使えない。介護負担を軽減したいと思っているが，Aさんのためにサービスを十分に使って欲しいと思っている。	・デイケアの食事が口に合わない。サービスをもっと利用したい。	・主介護者の緊急時にはショートステイを使いたい。 ・デイケアの利用料を安くして欲しい。介護品を安くして欲しい。 ・ヘルパーは娘に反対され利用できない。訪問入浴は以前利用していたが，水道代，ガス代，利用料が高くなるため，利用を止めた。	
生活環境	地域保健・医療・福祉サービス	・訪問理髪サービス ・訪問栄養指導 ・在宅寝たきり老人等おむつ支給 ・家族介護慰労 ・訪問歯科診療 ・家族介護教室 ・受診，往診 ・訪問マッサージ	・家族介護教室は興味関心のある講座のみ受講。介護者のための慰労会もあり，今後も参加しようと思っている。 ・訪問栄養指導で助言を得ている。	・義歯が欲しい。 ・たん吸引器の使い方を教えてもらい，利用したい。	・病院の検査代が高い。 ・義歯は管理に負担がかかるため，必要ないと思っている。 ・おむつが一度に4か月分支給されるため，保管場所に困っている。	
生活環境	住環境	・借家：鉄筋，集合住宅の4階 ・居室：6畳でBさんと過ごす。日当たり悪い。畳に簡易マットを敷く。 ・住宅改修：居室の入り口，浴室，トイレの手すり	・娘家族とは生活空間が異なることは，Aさんの介護を孫に見せないための配慮でそうなっている。	・現在は風呂，トイレを使用しておらず，ADLが回復すれば使いたい。	・風呂場の通路に物が多く置いてあるため，車椅子は通らない。デイケアのみでの入浴を希望している。	
生活環境	地域環境	・田畑，荒地で囲まれ，工場が近くにある。比較的静か。 ・スーパーが徒歩10分ほどのところにある。マンションのエレベーター，スロープが狭い。 ・かかりつけ医は遠いため，車で移動する。 ・緊急時は訪問看護師が駆けつけてくれる。		・エレベーター，スロープの幅を広くして欲しい。 ・移動手段の確保		
生活環境	対人関係	・同居家族 ・別居家族 ・訪問看護師 ・訪問マッサージ師 ・医師 ・デイケア職員 ・友人	・家族介護教室で情報交換のできる人がいる。 ・サービス担当者との関係は良好。	・このままサービスを利用し，人と楽しく接していきたい。	・娘はヘルパーは信用できないと思っていて，利用を反対している。	

第14章 コミュニティワークからコミュニティソーシャルワークへ

アセスメントの要約・課題
本人はサービスに満足しているようだが，金銭的にも限度があり，またAさん中心のサービス内容であるため若干Bさんの介護疲れが見られる。Aさん夫婦は同居しながら，Cさん家族との関係が弱いようで，介護の手助けを得ていないことから，緊急時の対応やBさんの負担の軽減についても家族で話し合う必要がある。Aさんの生きがいを得られるサービスの継続と，Bさんの負担とならないようなサービスを同時に導入することで，Aさんの歩行のリハビリや義歯の購入を考えていきたい。また，介護負担軽減のために，Bさん自身が自由な時間をつくれる配慮も必要だ。

社会資源								
介護保険サービス	地域保健・医療・福祉サービス	家族		近隣	親族	友人(ボランティア，NPO等)	その他
		同居	別居				
・デイケア：健康管理。 ・訪問看護：健康管理，介護相談。	・近くの開業医：2回／月の検査のため往診，もしくは往診。 ・訪問栄養指導：現在経腸栄養剤中心の食生活だが，カロリー，調理面などを管理栄養士から助言を得ている。	・CさんはAさんの通院の付き添いをしてくれる。 ・将来はヘルパーの資格を取りたいと思っている。 ・ボランティアに行っているがAさんの介護は行わない。	・Dさんは通院の付き添いを行う。				
・デイケア：入浴。 ・訪問看護：清拭，発声のリハビリ。	・訪問マッサージ：立ち上がり，歩行訓練，ポータブルトイレを勧めた。	・主介護者が全面的に介護。便が出た日はチェックしている。 ・おむつ交換は，夕方，夜の9時，11時，午前2時頃行う。					
・訪問看護：歌をリハビリとして教えてもらっている。		・孫が歌の歌詞を見やすいように大きい文字で紙にかいてくれる。話し相手になってくれる。	・話し相手。ただ，最近は他の家族と話すことが多く，安否確認をしに来る程度。				
・デイケア：職員が親切にしてくれ楽しみにしている。 ・経腸栄養剤を持参している。 ・住宅改修：居室内，浴室に手すりを設置。		・介護用品が高いため，衣服やスロープなどBさんが作る。					
	・訪問マッサージ：ポータブルトイレを勧めることで，ポータブルトイレへの移乗，排便ができるようになり，介護負担が軽減した。						・車椅子：自費購入。 ・たん吸引器：身体障害者手帳で購入。
・住宅改修：居室の入り口，浴室，トイレの手すり。							
	・近くにかかりつけ医：往診。 ・訪問看護：緊急時対応。	・通院時の移動手段の提供。	・通院時の移動手段の提供。				
・サービス担当者は皆よくしてくれる。	・サービス担当者は皆よくしてくれる。				・挨拶程度の付き合い。	・デイケアで友人がいる。仕事仲間とは次第に付き合いはなくなっている。	

第Ⅲ部　これからの地域福祉

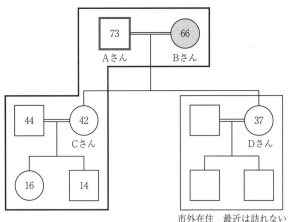

図表14-4　家族の状況

市外在住　最近は訪れない

　動脈硬化により両下肢のふらつきがあり，手術を受け一度は治るが，1年経過後再び悪化する。数回にわたる検査のうちに，脳梗塞も発症し寝たきりとなる。その後，病院に入院し多量の投薬治療により，胃が衰弱する。医師に胃ろうを勧められるが拒否。本人の意思により退院。現在は居宅でBさんが介護をしている。次第に座位やポータブルトイレ，車椅子への移動が可能になる。以前寝たきりだった時は野菜ジュースや液体食のみ摂取していたが，現在は粥等も食べられるようになった。歌を歌うことが好きである。

②　主介護者について

　Bさん（女）66歳。Aさんの配偶者である。去年8月にポリープができて，2日間入院した。健康状態は不健康である。現在も通院している。娘もいずれは介護する順番が回ってくるので，自分1人で介護することを仕方なく思っており，Aさんの介護を全面的に行っている。1日のほとんどをAさんと居室で過ごし，Aさんがデイケアに行っている間は，畑や買い物に行く。ヘルパー講習や家族介護教室に参加しており，病院や施設よりも在宅での介護を希望している。

　娘夫婦とは同居しているが，生活は別なので，Aさんの介護は全般的にBさん1人で行っている。具体的に食事の仕度，おむつ交換，ポータブルトイレへの誘導，清拭，着脱介助，洗面，洗濯，居室の掃除，薬の管理，外出の付き添い等である。Aさんがデイケアに行っている間，心配で落ち着かず，見送

りと出迎えは必ず行う。通院の付き添いは，娘（C，Dさん）が行う。食事は趣向と傾向が家族とは異なるため，Bさんと2人一緒に居室で食べている。排泄は夕方と21時もしくは22時，23時，2時か3時におむつ交換を行い，それ以外はポータブルトイレにて介助をする。また，排便の出た日をカレンダーに記している。Bさんは夜間のおむつ交換のため，夜眠れないこともある。ベッド上の移動の際，Aさんが床に落ちると起こす事が困難である。

③　インフォーマルサポート

近隣は，集合住宅なので近所付き合いはほとんどなく，挨拶程度である。親族はCさんDさんともに通院の付き添いをする。Cさんは身体障害者のボランティアに行っており，将来はホームヘルパーの取得をめざしているが，Aさんの介護は全く行わないためBさんは不満に思っている。DさんはI市に住んでおり，ほとんどAさんを訪れない。また，デイケアに友人がいる。外で働いていた頃の友人はAさんBさん共に次第に付き合いがなくなっている。

（4）　サービスの利用状況及び自己負担

①　介護保険サービス

・デイケアサービス：Fデイケアに週2回（木・日曜日）利用している。以前2か月はベッド上で半日過ごしていたが，現在は1日車椅子で過ごせるようになる。Aさんは職員が親切にしてくれるため楽しみにしている。食事は口に合わないため経腸栄養剤を持参している。

・訪問看護：週1回（火曜日の1時間半），初めは清拭等行っていたがすべてBさんが行うので，リハビリとして歌を歌うようになる。10年以上歌わなかった歌を歌うようになるほど，楽しみにしている。

・福祉用具貸与：ベッドを借りている。

・福祉用具購入：浴槽内の椅子，入浴用の椅子（現在は利用していない），ポータブルトイレ。

・ショートステイ：過去に1度利用した。

②　介護保険外サービス

・福祉サービス

訪問理髪サービス：2か月に1回。在宅寝たきり老人等紙おむつ支給：年3回。家族介護慰労：年2回。訪問歯科診療：Aさんは入れ歯を欲しがっているが，Bさんの手がかかるため入れ歯は作っていない。検査のため利用している。

訪問栄養指導：現在液体食中心の食生活であるが，カロリー，調理面などを管理栄養士より助言を受けている。たん吸引器：身体障害者手帳により1割負担で購入したが，使い方がよく分からない。

・保健・医療サービス

　家族介護教室：月に1回，興味関心のある講座のみ受講。他介護者との情報交換ができ，介護者のための慰労会がありBさんは今後も利用しようと思っている。通院，往診：月2回，15分ほどの開業医へ検査のため行く，もしくは訪問してもらっている。検査が多いためお金がかかる。訪問マッサージ：週2回（月・金曜日の午後），医療保険で行っている。マッサージと立ち上がり動作などのリハビリを行う。その際，ポータブルトイレを使用することを勧められ，購入した。そのことにより，ポータブルトイレへの移動，排便ができるようになり，介護の負担が軽減した。

・高齢者活動はとくになし。

　③　自己負担

・福祉用具購入：年金で車椅子を購入。

（5）在宅ケアに関する意見・要望

・デイケアは利用料が高いが本人が満足しているため仕方がないと思っている。

・介護用品はすべてが高額。そのため，Bさんが工夫をしてAさんの衣服やスロープを作ることもあった。

・訪問入浴は昼間の週1回利用していたが，住居がマンションの4階にあるため，利用料の他に水道代やガス代が多くかかったためデイケアに変える。

・過去にショートステイを1日利用したが，食事が口に合わず持参の液体食のみを摂取していた。Bさんが倒れた時に，緊急時の入所は受け入れてもらえず困る。

・訪問看護はBさんの介護の相談に乗ってもらうということで了承を取ったが，ホームヘルパーは娘の信頼がないため利用していない。訪問看護師はBさんの負担を心配してくれるが，BさんはAさんの事を第一に考えてほしいと思っている。リハビリ中心に行っており，立ち上がり歩行訓練はAさんが歩行できるようになった時，転倒する恐れがあり負担に思っている。

・市から年3回おむつを支給されることをありがたいと思っているが，4か月分が一度にくるため置き場所に困っている。

（6） 住環境

・借家，鉄筋，集合住宅（築13年）
・マンションの4階
・居室：6畳。部屋の方向が北向きなので日当たりが悪く昼間でも照明が必要。窓は北向きにひとつあるが障子とクーラーに阻まれてほとんど開かない。風通しは冬は良くて寒い。夏は暑い。床の材質は畳だが電動式ベッド周りに簡易マット（フローリング）が敷いてあり車椅子での移動がしやすい。南の日当たりの良い部屋は台所やリビング等があり，家族が集まり，わずらわしいので北側の日当たりが悪いが静かな部屋を選択。それにより，夜間の介護時の負担も軽減されている。
・浴室：Aさんは現在利用していない。居室の近くにある。入り口に200mmほどの段差があり，内側に開く開き戸。浴槽の深さは800mmほどで深いため以前に板を敷いて深さ調節しようとしたが狭いためできなかった。手すりが取り付けてある。風呂場までの通路は物が置いてあり車椅子での移動が困難。
・トイレ：Aさんは現在利用していない。洋式。入り口に20mmほどの段差がある。以前は手すりを付けていたが現在は外してある。
・食事をする場所：机を車椅子に取り付けて居室で取っている。以前は家族と一緒に食事をしていたがAさんの食事介助が必要になってから家族の配慮のため別々で食事をとるようにする。
・廊下：幅は車椅子が通る余裕がある。床はフローリングで各部屋への入り口に段差がある。
・玄関：入り口，廊下に段差あり。広く，車椅子が通れる。
・住宅改修：歩行時のつたい歩きで転倒の恐れから去年の3月に居室の出入り口と浴室に手すりを取り付ける。しかし現在は使用していない。介護保険での福祉用具導入でトイレに手すりを取り付けるが現在は返却し使用していない。改修方法は不明である。
・周りの環境：田畑と荒地で囲まれ，工場が近くにある。しかし比較的静かである。スーパーが徒歩5～10分の所にある。マンションのエレベーターが車椅子で入ると余裕がなく，また入り口のスロープの幅が狭い。車での移動が必要。

　コミュニティソーシャルワークの設計図は，**図表14-5**に示したように6つの箱（要素）で構成されることになる。第1の要素は，問題の背景（その問題

第Ⅲ部　これからの地域福祉

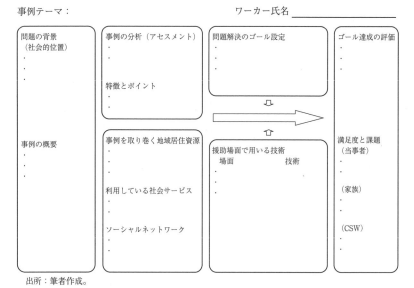

図表14-5　コミュニティソーシャルワークの設計——アセスメントと技法

出所：筆者作成。

の社会的位置）と事例の概要である。第2の要素は、事例の分析（アセスメント）で、第3は事例を取り巻く客観的条件（地域居住環境、利用している社会サービス、本人が有するソーシャル・ネットワーク）、第4は問題解決のゴール設定をどこに据えるか、第5は具体的な援助場面で用いる技術、第6はゴール達成の評価、当事者・家族・ソーシャルワーカーの満足度と今後の課題、という枠組みで構成されている。

コミュニティソーシャルワークの人材養成に向けて

最後に、コミュニティソーシャルワークの能力獲得へのマトリックスを図表14-6に表してみよう。従来の「地域組織化」と「個別援助」にもうひとつ「コミュニティソーシャルワーク」という視点を増やしてみることである。たとえば、従来のソーシャルワークでは、コミュニティワークの価値観をもつ地域組織化と個別援助技術の価値観をもつ個別援助を結ぶ線上にそれぞれの手法を得意とするソーシャルワーカーたちがそれぞれの機関や施設に配置されていた。しかし、これだと1次元だから広がりがなく、また連携も難しかった。ここに、「コミュニティソーシャルワーク」という要素を加えると、2次元の広

第14章 コミュニティワークからコミュニティソーシャルワークへ

図表14-6 コミュニティソーシャルワークの能力獲得へのマトリックス

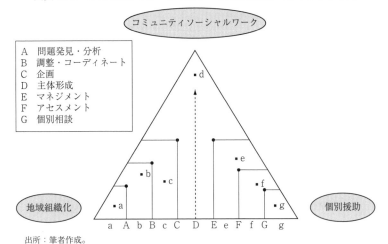

出所：筆者作成。

さをもつことになり，別々に展開されていた技術が結びつきやすくなる。たとえば，「高齢者虐待のおそれのある要介護高齢者と家族介護者の家族関係の問題を解決し，地域密着型サービスを利用し，また地域住民の見守り支援を受けながら，できる限り在宅で住み続けられる」という地域福祉援助の目標を設定した場合，コミュニティソーシャルワークは三角形の頂点に配置されることになる。すなわち，コミュニティソーシャルワークの視点や目標（ゴール設定）をもたないソーシャルワーカーは，いつまでも1次元の線上にとどまり続けることになる。他方，コミュニティソーシャルワークの視点をもったソーシャルワーカーは，図中のA―Gの機能のa―gがそれぞれ上のほうに移動し，かなり配置が変わって，それぞれのソーシャルワーカーの特徴がコミュニティソーシャルワークの価値を組み入れたものへと質的に変化することになる。この三角の図は，コミュニティソーシャルワークの技術を頂点とした地域援助技術と個別援助技術の統合を言い表している。

ただし，ここで強調しておきたいことは，すべてのソーシャルワーカーがコミュニティソーシャルワークをめざすのではないということである。たとえば，これまで地域組織化の手法を得意としてきた社会福祉協議会の地域福祉活動専門員は，地域包括支援センターで多用される個別援助技術（ケアマネジメント）も応用して対象者の介護予防事業や地域自立を支援する，あるいは病院の

中で主として個別援助技術を用いてソーシャルワークを実践してきた医療ソーシャルワーカーが患者の退院援助計画を立てる場合に、その患者の家族関係や地域の援助者の組織化なども視野に入れた退院援助計画を具体化するためにコミュニティソーシャルワークの考え方を取り入れることをめざしている。もちろん、コミュニティソーシャルワーカーそれ自体の養成プログラムの開発も現在進行中である。

　この概念図は、いまのところ理念型として提示したものであるが、すでに各地の地域包括支援センター等で、個別事例の問題解決を通して、その問題を地域共通の政策課題に、さらには実践課題へとつなげる試みが展開されはじめている。また、従来の地域福祉型実習をコミュニティソーシャルワーク型実習へと明示的にプログラム化する研究も進められている。社会福祉士の教育養成機関と地域福祉現場、そして実習生の共同による地域福祉専門職の価値及び能力獲得への共通プログラムの開発が期待されている。

注

(1)　介護保険事業や障害者自立支援法に代表される社会福祉基礎構造改革の福祉サービス供給の方法は、その是非にかかわらず基本的には措置から契約への転換を図り、「福祉サービスを受ける」という概念から、「サービスを選択する」という概念に変化している。

(2)　第8回日本在宅ケア学会学術集会（2004年1月24日）において報告した事例研究分析の手法である。その特徴は、①介護保険下の困難事例に対するケアマネジャーとソーシャルワーカー等の協働システムの構築、支援費制度施行における障害者の地域自立生活支援のケアマネジメントとその援助プログラムの開発（先駆性）、②居宅環境エコマップを用いたケアマネジメントとソーシャルワークの方法的統合の開発、コミュニティソーシャルワーカーの養成（独創性）、③具体的には、地域の支援専門員の協力を得て要介護高齢者に対して、「介護環境エコマップ」調査、地域の行政の協力を得て、要支援高齢者に対して同様の調査を行った。これらの結果を元に、介護支援専門員のアセスメント研修に結びつけ、フォーマルとインフォーマルの資源を融合させ、さらには地域資源の開発に向けた新しい方法を生み出すこと（開発性）がねらいである。

引用・参考文献

大橋謙策（2005）「コミュニティソーシャルワークの機能と必要性」『地域福祉研究 NO. 33』日本生命済生会福祉事業部。

高森敬久・加納恵子・平野隆之（2003）『地域福祉援助技術論』相川書房。
野口定久（2007）「地域福祉における社会福祉専門職としての価値」宮田和明・加藤幸雄・牧野忠康・柿本誠・小椋喜一郎編『社会福祉専門職論』中央法規出版。

終　章

地域福祉の見取り図

　厚生労働省は2015年9月17日，「新たな時代に対応した福祉の提供ビジョン」を発表した。その中では，「地域住民の参画と協働により，誰もが支え合う共生社会の実現」をめざして，4つの改革の方向を提示している。

　I.包括的な相談から見立て，支援調整の組み立て＋資源開発（ワンストップ型・連携強化型）による対応，地域をフィールドに保健福祉・雇用・農業・教育など異分野とも連携

　II.高齢，障害，児童等への総合的な支援の提供（多世代交流・多機能型の福祉拠点の整備推進，Iを通じた総合的な支援の提供）

　III.効果的・効率的なサービス提供のための生産性向上（先進的な技術等を用いたサービス提供手法の効率化，業務の流れの見直しなど効率的なサービスの促進，人材の機能分化など良質で効果的なサービスの促進）

　IV.総合的な人材の育成・確保（Iを可能にするコーディネート人材の育成，福祉分野横断的な研修の実施，人材の移動促進）が提示されている。

　この福祉サービス提供ビジョンを道標として，これまでとこれからの地域福祉の「思想と理論」，「政策と計画」，「実践と技術」の3要素について論述し，本書のまとめとしたい。

1　地域福祉を読み解く

地域福祉のマトリックス

　グローバリゼーションの進展は，地域コミュニティに共通の課題として現代的ストレスや社会病理的現象が複合的に現れる傾向を常態化させた。家族の形態が変化し，一世帯あたり人員の減少や女性の社会進出の傾向から，家庭での

介護や養育の機能が変化した。その結果，子育てへの支援，要介護高齢者や認知症高齢者，さらには介護予防等において保健・医療・福祉サービスを必要とする人々が急増している。

また，グローバル競争の中で拡大する所得格差や地域間格差の問題は，地域コミュニティにおいて，賃金労働者の貧困率，子どもの貧困率の上昇，低所得の女性世帯主世帯，共働き世帯，老人単身世帯，老老介護世帯などとして顕在化している。

本書を通じて共通のテーマは，グローバル化の進展の中で，ローカリズムを基点に「人口減少時代の地域福祉」のあり様を模索することである。筆者は，これまで地域福祉研究を通して都市部や中山間地域が取り組むべき共通の課題があることを提示した。

ひとつは人口の少子高齢化であり，もうひとつは格差の拡大である。そして，最後のひとつが人口減少社会の到来である。

ここでは，「人口減少時代の地域福祉」のあり様を読み解く枠組み（マトリックス）を提示してみよう。その枠組みとして縦軸には，社会保障・社会福祉（安全網：マクロ），豊かな公共（公共圏：メゾ），家族・地域（親密圏：ミクロ），横軸には領域，問題，手段，社会指標を設定した（**図表終-1**）。

① 社会保障・社会福祉（安全網：マクロ）

この領域では，貧困・所得格差などの社会問題に政策及び実践として対処しながら，強固な社会的安全網（セーフティネット）の整備を中央政府と地方政府が主として取り組む必要がある。その個別指標としては，社会保険（年金・医療・労働・雇用・介護），社会保障制度（公的扶助・住宅・教育・保健），社会福祉（社会福祉専門教育・国家資格）等をあげることができる。これからの作業としては，それぞれの項目ごとに量的計測を行い，質的にその実体を把握することである。これら中央政府による重層的なセーフティネットを地方自治体レベルでも機能させることが重要である。

② 豊かな公共（公共圏：メゾ）

この領域では，対象とする問題は，地域格差，地方財政危機，社会的排除や摩擦などの地域・生活問題をとりあげることができる。そして，それらの問題を解決する手段は，ローカル・ガバナンスの政策化と実践化に求めた。さらに，ローカル・ガバナンスを形成する各項目の指標化を試みた。社会サービス（保

終　章　地域福祉の見取り図

図表終-1　地域福祉のマトリックスと社会指標

領　域	問　題	手　段	社会指標
社会保障・社会福祉（安全網）マクロ	貧困・所得格差（社会問題）	社会的セーフティネットの張替え	・社会保険（年金・医療・労働・雇用・介護） ・社会保障制度（公的扶助・住宅・教育・保健） ・社会福祉（社会福祉専門教育・ソーシャルワーク支援）
豊かな公共（公共圏）メゾ	地域格差・地方財政危機・社会的排除や摩擦（地域・生活問題）	ローカルガバナンスの政策と実践	・社会サービス（医療・福祉・施設・教育・介護等） ・地方分権と財政（地方自治・財政力指数・経常収支比率） ・社会的企業・社会起業 ・市民団体・社会教育（当事者団体・NPO団体・外国籍住民等マイノリティ・ボランティア活動）
家族・地域（親密圏）ミクロ	家族機能の低下・地域共同性の衰退（個別福祉問題）	ソーシャルキャピタルの蓄積と新しい共同の創出	・家族関係 ・宗教・文化 ・地域住民関係 ・ソーシャルキャピタル ・地域居住資源 ・住民の福祉意識

出所：筆者作成。

健・医療・福祉・施設・教育・住宅等），地方分権と財政（地方自治・財政力指数・経常収支比率），企業福利，市民団体・社会教育（当事者団体・NPO団体・外国籍住民等マイノリティ・ボランティア活動）等の数量化が求められる。

③　家族・地域（親密圏：ミクロ）

この領域では，対象とする問題は，家族機能の低下・地域共同性の衰退などによって生じる個別福祉問題であり，これらの事象に対処する方法が求められる。その手段は，ソーシャル・キャピタルの蓄積と新しい共同の創出に求める。さらに親密圏を構成する社会指標としてソーシャル・キャピタルの蓄積と地域居住資源にかかわる項目を抽出し，家族・地域社会の弱体化の相互補強をめざす。

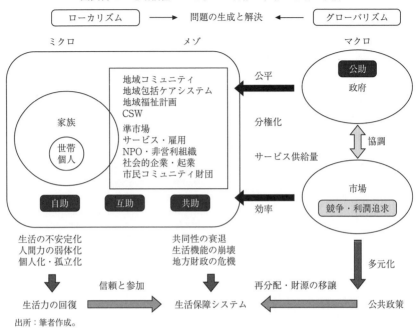

図表終-2 地域福祉のかたち——政府・市場・地域・家族

地域福祉のかたち

現代の地域コミュニティは，さまざまな課題や個別の事象が複雑に絡まって表出し，あるいは潜在化している。この諸問題を「地域福祉のかたち」としてあらわすことで読み解いてみよう。これからの地域福祉をコミュニティ空間と政策と実践の視点から展望してみよう（**図表終-2**）。

地域福祉の政策の方向として２つ視点をとりあげる。ひとつは，空間としての地域コミュニティの視点である。社会福祉の資源供給は，従来「国民国家」，「市民社会」，「家族」の３要素で提供されてきた。それが近年では，「家族」が個人化し，家族構成員個々の問題を「家族」として受け止めきれず，問題が社会化する傾向が強まってきた。こうした家庭内から外部化してくる諸問題は，これまで主として，問題の性格によって「国民国家（中央政府）」や「市民社会（市場）」がそれぞれ対応してきたが，今日では破綻が見え出している。

そこで，再登場してきたのがメゾ領域としての地域コミュニティである。現代の地域コミュニティは，共同性の衰退，社会的排除・差別と社会的孤立・孤

独の問題群の登場,住民間の摩擦(コンフリクト)等の福祉問題の生成と解決の場としてさまざまな不安とある種の期待の中に置かれている。

政策の方向としての2つ目の視点は,「国民国家」によるナショナル・ミニマム,セーフティネットの基盤形成と市民社会による役割と参加の場の創出である。この「国民国家」と「市民社会」は,地方分権化のなかで,相対的に緊張と契約の関係形成の状況にあり,両セクターによる福祉サービス等の供給資源の多元的協働的提供が求められている。その要点を整理すると,①グローバリズムとローカリズムの中の地域福祉を問題の生成と解決の文脈でとらえる,②マクロ・メゾ・ミクロレベルで関係性をとらえる,③政府・市場・地域・家族の要素を公助・共助・互助・自助の役割と相対化してみる,といえる。

その際に,地域福祉における社会福祉法人の立ち位置(サービス供給主体としての社会福祉施設や社会福祉協議会のイコールフッティング)[1]が新たな課題として浮上している。社会福祉施設や社会福祉協議会の経営や運営について新たな理論化と新しい運営方法の開発が求められているのである。

地域福祉の構成要件の変容

これからの地域福祉は,構成要件を大きく3つに分節することができる。A基礎的要素(理念,対象,供給),B政策的・実践的要素(政策,方法,参加,展開),C経営的・運営的要素(経営・運営・財源)である。

さらに,時期区分は,経済成長率,人口構成の変容,社会保障制度や社会福祉制度の法整備の状況,対象の変化などによって大きく区分される。バブル崩壊(1992年),リーマン・ショックまで(2008年),そしてリーマン・ショック以降と3つに区分できる。また,構成要素の変容の要点は,①時期区分はバブル崩壊とリーマン・ショックを分岐点に,②時期区分の構成要件のコードは主たるもので明確に移行するものではない,③リーマン・ショック以後に新しいリスクが登場していることを提示した。たとえば,これまでの社会福祉の理念は,ノーマライゼーションの思想で説明がなされていた。現在でも,社会福祉を主導する基本的原理としてノーマライゼーションが追求されているのであって,つまり,ノーマライゼーションの思想を含みつつ,これからはソーシャル・インクルージョンという考え方が主流となりつつある。すなわち,地域福祉の理論的構成に必要な機能の内容は,その時期によって主流の要件が変容し

ていると理解する必要がある。

2　地域福祉を構想する

地域福祉の歴史的経緯と当面の目標設定

　本節では，これからの地域福祉のあり方を政策や計画の側面から構想してみたい。まずは，本書第5章でも詳述したが，戦後，とくに1970年代からの地域福祉の系譜を概観しておく。

　戦後，地域福祉研究の本格化の第1期は，1970年代である。わが国の代表的な地域福祉研究者が理論化を試みた時期である。この時期は，またイギリスのコミュニティケアがわが国に影響を及ぼし始めたときでもある。とくにシーボーム報告（1968年）は，自治体や都道府県社会福祉協議会の報告書に，地域福祉やコミュニティケアという「目的概念」を明示する上で，大きな影響を与えた。第2期は，1980年代でその初頭には，地域福祉の代表的研究者の見解も出揃ったこともあり，それらの理論や考え方を構成要件（①在宅福祉サービス，②地域福祉計画，③地域組織化活動に分類）から析出する研究がはじまった。

　第3期の1990年代になると，1989年のゴールドプランから1990年の社会福祉関係8法の改正によって，全国の自治体を中心に在宅福祉サービスの整備，地方分権化の進展，福祉サービス供給主体の多元化など，在宅福祉を中心にすえた地域福祉の基盤整備が実質化してくる。地域福祉研究は，福祉改革の実質を問うことが求められ，福祉サービス供給のあり方を問う政策研究が主流となる。

　2000年の社会福祉法成立により，地域福祉は，ますます社会福祉の中核的な位置を占めるに至り，他領域からも学際的な研究領域として注視されるにいたっている。この時期から地域福祉は，第4期のステージへと展開していくことになる。この時期の地域福祉研究の特徴は，①少子高齢人口減少社会の進展が福祉国家の危機を孕みつつ，②グローバル化と福祉国家再編の動きを伴いながら，地方自治体による地域福祉政策研究が大きな潮流を形成し，③地域福祉推進研究，地域再生と東アジア地域福祉研究へと発展していく方向を視野に含んでいる。

　そして，2008年のリーマン・ショック以降，地域福祉は第5期目へと進行中である。つまり，今日の地域福祉はグローバル化と地方分権化のなかでの少子

高齢社会，地域格差の拡大，介護問題や子育て支援，ホームレス等の社会的排除や虐待・暴力，そして何よりも人口減少という新たなリスク（社会問題）との闘いであるといってもよいであろう。これからの地域福祉研究に求められているのは，コミュニティや家族，中間組織・施設と自治体の施策や公共サービスなど，「何人をも排除」しない地域社会におけるセーフティネットの構築，その解決・支援プログラムの開発，そしてそれらを担っていく地域福祉人材の養成と確かな技術の獲得そのものなのである。

　これからの地域福祉の目標は次の5つに設定されよう。①福祉コミュニティの実現（安全・安心居住の街と伝統文化が融合し，高齢者や障害のある人等が安全に安心して住み続けられる地域社会を構築する），②近隣での支え合いを含めた地域包括ケアシステムの展開（中学校区を基礎に日常生活圏において介護予防を含めた地域包括ケアシステムを構築する），③健康福祉の推進（すべての住民が健康で生きがいをもって自立・充実した生活と人生を過ごせる地域社会を形成する），④ソーシャル・キャピタルの蓄積（住民の社会参加を進め，人々の精神的な絆を強め，犯罪を減らし，毎日を快適に過ごすことのできるコミュニティ生活を実現する），⑤新たな公共による協働経営と運営システムの定着（地域資源を最大限に活用し，地域経済の発展を促す）などが当面の目標にかかげられることになる。

ローカルからの構想

　グローバル化の進展の中で地域コミュニティが抱えている問題は多岐にわたっている。たとえば集落の消滅による自然生態系の破壊，地域産業の海外流出，日本で働く外国籍住民の地域とのトラブル，地域経済の衰退による若者の流出，商店街の衰退，失業やリストラに伴うホームレス問題，少子高齢化に伴う子育てや介護問題，障害者の地域生活へのコンフリクト問題等々である。都市部や地方を問わず地域コミュニティは，グローバル化とローカル化の中で，地域再生のあり様を模索しているといえる（**図表終-3**）。

　日本では，1990年代からの「失われた10年」による若年層や高齢者世代内の所得格差のほかに，2006年までの小泉構造改革による「失われた5年」は日本の地域間格差を拡大した。地方経済や住民生活にとって，この「失われた15年」は，デフレがデフレを呼ぶ連鎖のしくみ（景気が悪くて物が売れない→企業は売値を下げる→売値を下げればコストを下げなければならない→企業は賃金をカ

図表終-3 グローバル化の中の地域福祉──ローカルからの構想

```
                      グローバル化
    新自由主義の浸透              地域財政の安定
                                                              ↑
                      地域福祉の構想         地域福祉人材の            包
    国際競争の激化                         養成              摂
                                                              型
                市場原理主義    新産業（環境）と        福祉サービスの  福
                （過酷な競争と労働） 条件の良い雇用機会の    充実        祉
                による経済成長   創出による経済成長                   社
    規制緩和                                                   会
                                                 生活機能の維持
              ━━━━━━━━━━━━━━━━━━━━━▶
                正規雇用の拡大，賃金の上昇          居住基盤の整備
    雇用の不安定化                                              ↑
                 ・セーフティネットの                           共
                  再構築              地域福祉の政策と実践      同
                 ・持続可能な生活保障                           性
    市場の合理的選択  システムの設計         地域共同体の崩壊      の
                 ・地域居住資源の発見                           回
                 ・ソーシャルキャピタル                         復
                  の蓄積               格差の拡大
    地域経済の衰退    自治体の財政危機                           ↓
```

出所：筆者作成。

ットし，リストラを進める→賃金をカットされた人々，リストラの憂き目に遭った人々は物を買わない→企業はますます売値を下げねばならない→ますます売値を下げれば，ますます賃下げとリストラが必要）を固定化させた。それを「市場の合理的選択」と呼ぶ。そして「骨太の方針2007」では，国際競争力，生産性向上，技術革新，イノベーションという，ひたすら経済成長力を底上げするようなキーワードが並んでいる。国際競争力の強化は，グローバル競争時代の市場にとって当然の死活的課題であり，そのために生産性向上が不可欠となる。しかし，この「市場の合理的選択」が地域社会の不安定化（フリーターの固定化をもたらす→ワーキングプアを生み出す→格差社会につながっていく→社会不安をかき立てる→犯罪が増加する→地域社会の共同体が崩れていく）を引き起こす要因ともなっている。グローバル化の進行で拡大する「新自由主義の相対的優位」や「市場の合理的選択」とは別の選択が政府の社会政策に求められている。とりわけ

地方自治体の果たすべき役割は,「市場の合理的選択」によって引き起こされた地域経済の衰退による自治体の財政危機の建て直しであり,崩壊寸前の地域社会の安定を回復することである。これを地域福祉の政策と実践の計画化で成し遂げようという社会構想の実現が求められる。

具体的には,まず第1に,徹底した地方分権と地方自治権を確立することである。住民参加型の地域社会開発による地域づくりや地域包括ケアのまちづくりを推進するためには,それにふさわしい力量をもったコミュニティとそれをサポートする生活基盤の充足,広域と狭域行政の調整による行財政改革が必要である。そして,行政サービス(福祉,精神衛生,教育,住宅,都市計画,産業など)が住民の主体的な参加と合意を得ながら地域の社会資本を整備し,住民とともに運営していくことが望まれる。

第2に,第1次産業や地場産業の衰退化に歯止めをかけ,人口規模を適正なレベルにまで回復させることである。経済優先のこれまでの地域開発が,森林や農地をつぶし,公共サービスを奪って過疎地域をますます住みにくくしてきた。若年層や壮年層の流出をくいとめるためには,衰退化する第1次産業や地場産業とサービス産業(情報・通信,流通・物流,ビジネス支援,環境,新製造技術など)との混合型産業への移行を推し進めることである。産業の活性化の併せて,住民の生活基盤である医療・福祉,交通・道路などの公共サービスの充実が重要である。

第3に,安全で安心できる暮らしを確保するために,地域社会開発と危機管理を住民の側から提起する必要がある。阪神淡路大震災や中越地震,東日本大震災での政府の反応がことごとく時宜を逸したものであったことは明々白々である。「危機管理の主体は地元の住民であり,とくにコミュニティの住民組織と,それを基盤とした市町村と府県である。中央政府はあくまで補助機関にすぎない」のであって,このような住民主体の地域社会開発と危機管理・危機介入の手法は,大震災後の復興計画,大都市部のインナーシティ地区や中山間地域の地域生活問題の解決手法として,あるいは町おこし・村おこし等の有効な手法として注目されている。

行政計画（縦糸）と地域福祉計画（横糸）を紡ぐ

現代の公共的諸問題の解決には，縦割り行政組織を超えて，省庁（部局）横断型プロジェクトチームが必要となる。地域福祉計画の策定プロジェクトは，部局横断型プロジェクトチームの典型例である。住民のニーズが縦割り行政の都合を越えて発生し，規則的な結節点の結びつき方の基本（責任管轄部署）を変えないで，ニーズに柔軟に対処するための結節点の一部をつなぎ直す方式である。

1979年のサッチャー政権以来，イギリスでは，英国病[2]からの脱却をめざして行政改革を断行した。その取り組みは，従来の規制国家から民意による自発的な活動を促し，民間活動の支援国家へと変貌した。行政改革は，伝統的な予算管理型の行政財務方式からアイデア管理型のプロジェクトチームへの変革を意味する。長期戦略プログラムに基づいて，多数の部局横断型プロジェクトチームを率いる多様な専門家からなるチームを立ち上げ，使命達成後は速やかに解散させる事業ごとの機動的な編成，解体のしくみが求められる。すなわち，システムを小世界（スモールワールド）化するのである。

英国では，このようなプロジェクトチームが数千動いており，問題解決に有効なシステムを編成している（西口，2005：173-177）（「『小世界』の新組織論」『日本経済新聞』2004年8月20日）。従来の縦割り組織では，規則的に情報伝達の結節点同士が結び付けられすぎており，多様な国民ニーズに対応しきれないという欠陥があった。その欠陥を克服するには，問題解決型のプロジェクトチームを部内の組織外につくり，情報伝達経路の一部分をつなぎ直すことでシステム全体を「小世界」化し，組織の活性化を促すシステムを構築することである。個人，グループ，企業組織，地域組織など特定の境界を持つシステムの内部にいくら情報が多いように見えても，外部環境の圧倒的な情報量の多さにはかなわない。スモールワールド・ネットワーク理論[3]は，こうした情報量の内外での非対称性を克服し，内外の組織を活性化するためのヒントとして応用できる。

たとえば，このスモールワールド・ネットワーク理論を応用してわが国の地方自治体で策定されている個別福祉計画（縦割り型）と地域福祉計画（横断型）の関係を見取り図にしたのが**図表終-4**である。この図の意図は，現行の介護保険事業計画，高齢者福祉計画，障害者福祉計画，次世代育成支援計画，健康プラン21，過疎地域自立促進計画などの個別計画と市町村総合計画や地域

終　章　地域福祉の見取り図

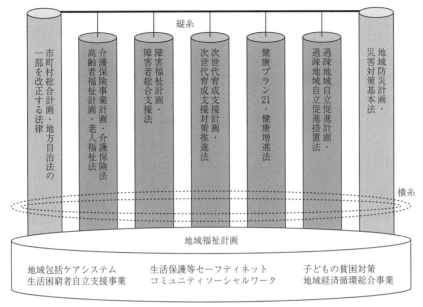

図表終-4　行政計画（縦糸）と地域福祉計画（横糸）のリンク

出所：筆者作成。

防災計画等を地域福祉の視点から総合的かつ包括的にとらえなおすことが目的である。具体的な作業としては，作業委員会の過程で，これらの個別計画の施策や事業のなかから地域福祉計画と連動したほうが実効性の上がる事項をとりだし，改めて行政の果たすべき役割として提示し，それらを事業化して，住民も交えた地域福祉計画推進委員会で進行管理と評価を行うしくみである。

これまで個別福祉関連計画（老人保健福祉計画，介護保険事業計画，障害者福祉計画，次世代育成計画，健康プラン21）および地域福祉計画などは，主として行政が主導しながら住民や当事者の参加を得て策定がなされてきた。そして，それ以外の地域福祉活動や実践の組織化は，主として社会福祉協議会が担うといった役割分担が行われてきた。しかし，昨今の自治体の財政難が強調され，とくに少子高齢化や人口減少化への対応，増大する福祉需要への対応，保健医療福祉サービスの地域包括ケアシステムの確立，在宅福祉と施設福祉の統合化，介護保険制度の事業計画の策定作業等への実践的・政策的課題への取り組みが行政の重点課題としてとりあげられている中で地域福祉計画は，総合性・包括

性，社会政策の計画化と実現化，多様な主体の参画と協働，グローバル化とローカル化の調和などの目標や理念が求められている。したがって，これらに対応する地域福祉計画と社会福祉協議会が主体となって作成する地域福祉活動計画は別個に作成するのではなく，共通の政策・施策・事業を協働分担し，統一的に策定する関係が重要となってきている。

その上で，これからの地域福祉計画の重点課題には，①地域包括ケアシステム，②生活困窮者自立支援事業，③生活保護等セーフティネット，④コミュニティソーシャルワーク，⑤子供の貧困対策，⑥地域経済循環総合事業などの政策化と実践化が求められているのである。

3 地域福祉を実践する

本節では，地域福祉の最近の実践例として，「地域包括ケアシステム」と「生活困窮者自立支援事業」をとりあげる。前者では，筆者のかかわった事例の紹介，後者では急増する生活困窮者に対しての筆者の案を示す。

個別事象から地域包括ケアシステムへのプロセス

地域包括ケアシステムは，「ニーズに応じた住宅が提供されることを基本とした上で，生活上の安全・安心・健康を確保するために，医療や介護のみならず，福祉サービスを含めたさまざまな生活支援サービスが日常生活の場（日常生活圏域）で適切に提供できるような地域での体制」づくりをめざしている。また，地域包括ケア圏域については，「おおむね30分以内に駆けつけられる圏域」を理想的な圏域として定義し，具体的には中学校区を基本とするとされている（詳細は本書第12章を参照）。

本来，地域包括ケアがめざしていく理念とは，住民一人ひとりの生命・生活・人生を包括したケア体制の構築である。高齢者や介護を必要とする人のみに限らず，子どもの成長や障害のある人々，そしてすべての住民を対象として，健康・介護予防・要介護・さらに終末期までを包括した，包括的かつ継続的なケアの提供を目標としている。

具体的には，小地域のケアサポートネットワークを形成し，家族や近隣・友人によるインフォーマルな助け合いのネットワークを作っていく必要がある。

終　章　地域福祉の見取り図

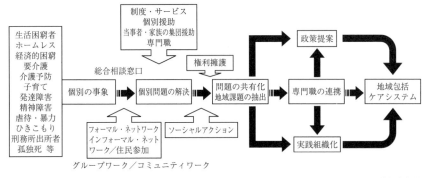

図表終-5　個別事象から地域包括ケアシステムへ──専門職連携の展開過程

第1段階：個別事例検討会議　　第2段階：地域ケア会議　　第3, 4段階：地域包括ケアシステム政策推進会議
出所：筆者作成。

　また，事業所間の専門職によるネットワークを形成し，高齢者や障害をもつ人，また子どもへの支援を包括的に提供する体制を整えていく。また保健・医療・福祉サービス事業体によるネットワークを形成し，包括ケアの提供をめざす。これらのさまざまなレベルのネットワークが相互に関連して，地域包括ケアの体系化をめざしていくことになる。

　個別事象の問題解決から地域包括ケアシステム形成への展開過程は，おおよそ3つの段階に分けることができる（**図表終-5**）。第1段階（個別事例検討会議）は，①生活困窮者等の個別事象を分析（アセスメント）し，②個別事象の解決の方向と目標を提示することである。そして①と②の過程で，福祉専門職（主として個別相談援助）による制度やサービス等のフォーマル・サービスのケース・マネジメントが行われるとともに，主としてコミュニティソーシャルワークによるインフォーマルなサポートネットワークの形成が同時に行われることが望ましい。この段階では，それぞれの専門職による個別事例検討会で行うことになる。第2段階（地域ケア会議）は，第1段階のプロセスを通して，それぞれの個別事象の解決課題から政策と実践への共通課題を析出するための「問題の共有化」が必要となる。そして，この過程で政策と実践に切り分けられ，共有（一般）化された課題は行政・社会福祉協議会・社会福祉施設等に，あるいは市民社会（NPO・ボランティア団体等）や住民組織に，その対応の分

図表終-6　地域福祉協力者と専門職のネットワーキング：情報の流通と規制

ネットワーク
専門職

　　　　　　　　　　　　　　　　　弁護士　　　　　社会福祉士
　　　　　　　地域包括支援センター　　　　　　　　介護福祉士
　　　　　　　福祉施設・介護事業所等　　　　　　　ケアマネジャー
　　　　　　　　　　　　専門職ネットワーク
　　　　　　　　流通と規制　　　　　　　　　　　　医師
　　　　　　　　　　　　　人・組織・情報　　　　　看護師
　　　　　　　　　　　　　　　　　　　コミュニケーション
　　　　　　　　　　　地域福祉協力者ネットワーク　　民生委員・児童委員
　　　　　　　流通と規制　　　　　　　　　　　　　NPO等サポート活動
　　　　　　　　　　　　人・組織・情報
　　　　　　　　　　　　　　　　　コミュニケーション
　　　　　　　　　地縁ネットワーク　　　自治会・近隣ネットワーク
住民　　　　　　　　人・組織・情報

　　　　　低　　　　　　　　　　　　高　　リスク

出所：筆者作成。

担が振り向けられることになる。この段階では，地域ケア会議が対応することになる。第3段階は，自治体レベルにおいて個別事象と政策や実践にむけて一般化された課題の解決システムを形成することが必要となる。それは，専門職連携の組織化の「場」を設定することが望まれる。第4段階において地域包括ケアシステムを実現させる，という「個別援助から地域支援へ」の展開過程を提示する。この第3と第4段階では，地域包括ケアシステム政策推進委員会（仮称）を組織する必要がある。

地域福祉協力者と専門職の連携

ここでは，筆者が策定にアドバイザーとしてかかわった「岩倉市地域福祉計画（2013-2017年）」の「いわくら安心創出ケアネット（岩倉式地域包括ケアシステム）」の構築を題材に説明していくことにする（**図表終-6**）。

地域包括ケアシステムでは，自治会や近隣住民との地縁のネットワーク，民生委員・児童委員やボランティア団体，NPO法人等，地域福祉の向上に協力している関係者のネットワーク，そして医師や看護師，弁護士，地域包括支援センターや介護・福祉事業所等の専門職によるネットワークという3層のネットワークが機能する必要がある。この3層のネットワークは，専門性が高くなるに従って，より専門的な支援を提供していくことになる。したがって，専門

職が取り扱う情報や支援の内容はより高度化し，高いリスクを併せ持つといえる。このことから，専門職間では，それぞれの専門性や業務の特徴，さらに提供し得る支援に関する情報を共有し，専門性の向上と，住民に対する包括的ケアを提供するためのしくみづくりが必要とされる。こうしたしくみの一例としては，定例的に集まり，地域ケアについて検討するためのネットワーク会議を開催することがあげられる。

また，この3層のネットワークは，それぞれが独立して支援を提供するにとどまらず，他のネットワークと協働して地域の中に網の目のような支援のネットワークを張り巡らし，複雑化，多様化する住民のニーズを早期に発見し，対応していく体制を整えていくことが求められる。その際には，個人情報の取り扱いについて充分に配慮を行いながら，日常的にコミュニケーションをはかり，柔軟なネットワークを形成していく必要がある。

この「いわくら安心創出ケアネット」システムの課題は，個人情報の機密性が遵守される「専門職ネットワーク」での事例データを「地域福祉協力者ネットワーク」や「地縁ネットワーク」に情報伝達する方法（アセスメント共有化シート）[4]の開発である。さらに，専門職ネットワーク会議で抽出された地域で取り組む課題に対応する実践活動の組織化の課題である。実践活動の組織化は，まさに従来の社会福祉協議会が担ってきたコミュニティワークの機能である。

生活困窮者自立支援事業のしくみと機能

2015年4月からスタートした生活困窮者自立支援制度においては，全国の福祉事務所設置自治体が実施主体となって，官民協働による地域の支援体制を構築し，自立相談支援事業，住居確保給付金の支給，就労準備支援事業，一時生活支援事業，家計相談支援事業，学習支援事業その他生活困窮者の自立の促進に関し包括的な事業を実施することになっている。

リーマン・ショック以降，大量に正規雇用から非正規雇用への転換が加速した。この現象は，企業側からみれば，企業の賃金コストと社会保障負担を減らし，企業収益の回復に大きく貢献する手段でもあった。この結果，雇用者側に生じた事実は，いつ解雇されるかわからないため将来の生活設計も立てられない不安，低い賃金，努力を重ねても正規に転換できない絶望感など，精神面も含め極端に不安定な状況に置かれた。また，辛うじて正規雇用に残った人々に

は猛烈な残業，名ばかり管理職など荒廃した環境の中で孤立感を深めている。一家の柱が非正規雇用に追い込まれる事態や雇用不安は，家計の不安定，給食費・授業料の不払い，多重債務者の増加，母親への過剰負担，子どもたちの不安定性，など国家の最重要の構成員である家計の崩壊を助長した。家計の崩壊は，結果としてコミュニティの荒廃や犯罪の増加にも関係しているといえる。

　非正規雇用者の急増による労働コストの削減は，厳しいグローバル競争に生き残るために不可欠であるとの説は本当だろうか。筆者は日本企業が厳しい競争に勝ち抜く方策は，労働コストの削減によって低付加価値商品の世界シェアを確保することではなく，高度な技術に基づく高付加価値商品で世界市場を開拓することであると考える。日本企業は元来，会社および従業員を含めたステークホルダー全体のもの，との哲学に基づきながら，景気循環には実質賃金の柔軟性で対応し，安易な雇用削減を回避してきた伝統を有してきた。グローバル時代の企業経営論が多々論じられているが，従業員を切り捨て，社会保障負担を国に押し付け，技術開発を怠り，株式時価総額の最大化こそが企業の目的という経営論には賛成しかねる。ここで2つの雇用システムの構築を提案する。グローバル時代に応じた新たな雇用システムの構築には，3つの要素が必要である。第1の要素は雇用の柔軟性で，①多様な就労形態，②フレキシブルな賃金決定などである。第2は公平性で，①正規・不正規の公平処遇，②キャリア開発の公平確保である。第3は保障性で，①失業保険制度，②職業訓練制度である（『日本経済新聞』2009年6月19日）。

　次の提案は，図終-7に示すように，生活困窮者のニーズに対応する総合相談体制とアウトリーチ型コミュニティソーシャルワーク実践の支援体制のしくみづくりである。この生活困窮者自立支援相談体制は，おおむね3つの構造と機能で成立する。第1の構造と機能は，生活困窮者のニーズを受け止める「生活困窮者総合相談窓口」の設置である。この総合相談窓口では，相談への対応と家庭訪問などのアウトリーチ型のコミュニティソーシャルワークの実践が必要である。第2の機能は，そこで収集されたニーズは，①個別事例・データとして集積され，②総合的アセスメント→個別事例プラン→再アセスメント・評価・再プランの事例検討サイクルを経緯する。第3の機能は，各分野の支援事業・支援機関との連携である。地域ケア会議や事例検討委員会の開催→多職種連携→スーパービジョンをコーディネートする役割である。第4の機能は，行

終　章　地域福祉の見取り図

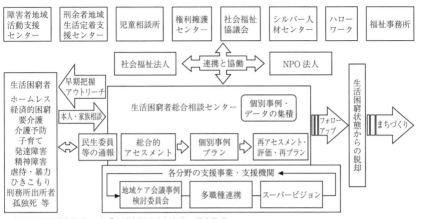

図表終-7　生活困窮者自立支援事業の連携と協働のしくみづくり（イメージ）

出所：厚生労働省（2012）「生活支援戦略」を基に筆者作成。

政の生活関連部署や各分野の相談支援機関との日常的な相談支援体制，情報の流通である。問題は，個別相談やグループワーク・コミュニティソーシャルワーク，そして多機関との連絡調整や地域ケア会議を円滑に行い，集積された事例データの分析等多岐にわたる専門職の配置である。その中核的人材養成が急務である。

注
(1) イコールフッティング：商品やサービスを販売している双方が対等の立場で競争が行えるよう，基盤や条件を同じにすることを言う。介護や保育分野においてサービス供給主体間のイコールフッティングの課題が審議の俎上にのっている。たとえば，介護保険サービス供給主体には，第一種社会福祉事業の特別養護老人ホームと第二種社会福祉事業の社会福祉協議会，特別非営利（NPO）法人，営利企業な多様な団体・組織が参入している。介護報酬単価が同じ法定価格のもとで定められている場合に，「利用者の利便を高めることができるよう参入条件を対等にすべき」との意見書（内閣府規制改革会議）が提出されている。
(2) 英国病：1943年のベバリッジ・リポートや1944年の連合国通貨金融会議「ブレトンウッズ会議」（ドルを基軸とする第2次大戦後の国際通貨体制の確立）を基盤に英国では，世界に先駆けて福祉国家を成立させた。1960年代以降，英国では，これまでの充実した社会保障制度や基幹産業の国有化政策によって社会保障費負担の増加，国民の勤労意欲低下，既得権域の発生等の経済・社会的な問題が発生

した。日本においては，1973年オイルショック以後，この英国（イギリス）病という表現が多用された。
(3) スモールワールド・ネットワーク理論：1970年代に，ハーバード大学博士課程院生グラノベッター（Granovetter, M.）の転職に関する研究が有名である。つまり，従来のネットワーク理論で通説とされていた「親しい友人」ではなく，多くの比較的コンタクトの少なかった「遠い知人」が，決定的に重要な情報を提供していたという理論である。小地域組織論の視点からは，地域の自然生態系の資源や地域の介護・子育て等のニーズが外部の情報やノウハウと結節することによって，人・財・資金が外部市場と地域の間を往来，市場を開拓し，互いをリンクさせて地域の繁栄をもたらすという点で有用である。この事象をグラフセオリー（万物の関係を点と線で表す数学理論）で概念化したのが，コロンビア大のワッツ（Watts, D. J.）である。
(4) アセスメント共有化シート：一般的には事前評価や査定と訳されるが，環境や住宅分野では診断という用語が多用される。ソーシャルワークにおけるアセスメントは，個別ケースの援助過程の初期段階において対象者の生活全般を把握し，問題解決につなげるための必須の技法（本人の状況，居住環境，問題状況の本質，要因，問題解決の目標設定）として位置づけられている。地域支援活動の場合においても地域診断法として活用されている。地域包括ケアシステムの運営では，地域ケア会議において多職種連携や地域住民，民生委員等の参加を得て，個別事例のアセスメントに基づいた地域課題の抽出とその実践活動の組織化が求められている。その際に用いるツールとして「地域ケア会議における多職種連携のためのアセスメント共有化シート」を開発した（日本福祉大学大学院第2次ソーシャルワーク事例研究会）。

引用・参考文献
西口敏宏（2005）「中小企業ネットワークの日中英比較——「小世界」組織の視点から」橘川武郎，連合総合生活開発研究所編『地域からの経済再生——産業集積・イノベーション・雇用創出』有斐閣．
野口定久代表編集（2014）『ソーシャルワーク事例研究の理論と実際——個別援助から地域包括ケアシステムの構築へ』中央法規出版．

図表一覧

第1章
1-1 先進諸国の少子化対応モデル 5
1-2 経済成長率の推移と人口構造の変化 8
1-3 経済成長社会から福祉環境社会への移行 12
1-4 地域福祉の構成要件 15

第2章
2-1 新しい福祉問題群の事象と課題 26
2-2 福祉ニーズ出現の社会的要因 30
2-3 生産と家庭生活の関係 32
2-4 人口の社会移動と地域社会の生活福祉問題 35

第3章
3-1 自然と人間の共生領域の再生 45
3-2 中山間地再生のシナリオとその手順 47
3-3 福祉国家の位相とゆくえ 54

第4章
4-1 農村界・都市界の複合定義 66
4-2 コミュニティ・モデルの構成 71
4-3 住みつき態度類型 88

第5章
5-1 地域福祉の理論化過程と関連ファクター 97
5-2 構造的アプローチと機能的アプローチ 101
5-3 地域福祉研究の特性 103
5-4 地域福祉論の4つの志向軸 107

第6章
6-1 社会福祉計画と地域福祉計画の位相 125
6-2 地域政策から地域福祉政策へ 130
6-3 市町村福祉個別計画から地域福祉計画までの展開 136

第7章
7-1 地域に住み続けるための構図 141
7-2 地域福祉政策長期ビジョン 145
7-3 地域福祉のガバナンス 149
7-4 地域福祉計画の地域戦略——コミュニティとネットワーク 151
7-5 ローカル・ガバナンスの実践——コミュニティバス運行事業のしくみ 154
7-6 地域福祉の協働統治と住民自治の循環 155

第8章
- 8-1　地域福祉（活動）計画の概念図　158
- 8-2　自治体の各種計画と地域福祉計画の相関図　161
- 8-3　コミュニティの生活環境指標　164
- 8-4　ワークショップ「地域福祉の課題をみんなで共有し，解決しよう」　166
- 8-5　地域福祉計画の政策・施策・事業の構図　168
- 8-6　地域福祉計画の評価と進行管理に関する組織構想図　170

第9章
- 9-1　社会福祉施設の一覧　174
- 9-2　デンマークの施設と在宅ケアの統合化　184

第10章
- 10-1　市民コミュニティ財団の活動支援と資金のしくみ　195
- 10-2　地域を基盤とした福祉サービス供給主体の関係構造　199
- 10-3　豊かな公共（第3セクター）の創出イメージ　209

第11章
- 11-1　主要国の社会起業活動率　221
- 11-2　措置時代：権威型　224
- 11-3　契約時代：参加・エンパワメント型　224

第12章
- 12-1　地域包括ケアシステムの構図──点と線，そして面へ　245

第13章
- 13-1　コミュニティ・インターベンションの3つのモデル　255
- 13-2　CWモデルと伝統的COモデル　259
- 13-3　コミュニティワークの援助過程とその技法　261
- 13-4　コミュニティソーシャルワーク形成への流れ　267

第14章
- 14-1　地域福祉が対象とすべき今日的諸課題（ニーズ）　274
- 14-2　居宅介護エコマップの事例　283
- 14-3　コミュニティソーシャルワークのためのアセスメント表　284-285
- 14-4　家族の状況　286
- 14-5　コミュニティソーシャルワークの設計──アセスメントと技法　290
- 14-6　コミュニティソーシャルワークの能力獲得へのマトリックス　291

終　章
- 終-1　地域福祉のマトリックスと社会指標　297
- 終-2　地域福祉のかたち──政府・市場・地域・家族　298
- 終-3　グローバル化の中の地域福祉──ローカルからの構想　302
- 終-4　行政計画（縦糸）と地域福祉計画（横糸）のリンク　305
- 終-5　個別事象から地域包括ケアシステムへ──専門職連携の展開過程　307
- 終-6　地域福祉協力者と専門職のネットワーキング：情報の流通と規制　308
- 終-7　生活困窮者自立支援事業の連携と協働のしくみづくり（イメージ）　311

さくいん

あ 行
アウトリーチ型援助　253
新たな公共　194
「新たな時代に対応した福祉の提供ビジョン」
　295
イコールフッティング　189, 299
インナーシティ問題　35
インフォーマル・サポート　18
ウェッブ（Webb, S.）　216
ウェッブ夫妻（Webb, S. and Webb, B.）　120
失われた10年　50
右田紀久惠　100
エスピン-アンデルセン（Esping-Andersen, G.）
　53
エツィオーニ（Etziono, A.）　223
NPOバンク　19
エンパワメント　214
大橋謙策　99, 281
岡村重夫　84
岡本栄一　95, 106
奥田道大　70

か 行
介護保険事業計画　134, 135
介護保険制度
　──導入のねらい　233
　──の基本目標　185
　──の問題点　234
篭山京　67, 216
過疎　43
家族　29
家族主義モデル　4
過疎地・地方都市の広域居住圏　48
神島二郎　65
過密　43
機関委任事務　58, 134

危機介入法　264
機能的アプローチ　101
居住福祉　17
居住福祉資源　244
国の直接処理に戻す事務　59
クライン（Klein, D. C.）　78
繰り出し梯子理論　216
グローバリゼーション　→グローバル化
グローバル化（グローバリゼーション）　7
ケアマネジメント　203, 236
ケアマネジャー　236
ケインズ的福祉国家　50, 51
ゲゼルシャフト　66
ゲマインシャフト　65
限界集落　46
公共経営　196
公共圏　7, 296
合計特殊出生率　3
構造的アプローチ　101
公的財源　18
高度経済成長期　93, 131
高齢化　3
高齢者の定住化　39, 271
高齢者保健福祉10カ年戦略の見直しについて
　（新ゴールドプラン）　127
高齢者保健福祉計画　134, 135
高齢者保健福祉推進10カ年戦略（ゴールドプラン）　127
ゴールドプラン→高齢者保健福祉推進10カ年戦略
ゴールドプラン21→今後5年間の高齢者保健福祉施策の方向
個我モデル　73, 78
国庫支出金　58
コミュニティ　23, 69, 78, 80
コミュニティ・アクション　217

315

コミュニティ・オーガニゼーション　217, 250
コミュニティ・ガバナンス論　152
コミュニティ・ソーシャルワーク　19, 69
　　――の展開過程　277
コミュニティ・ディベロプメント　263
コミュニティ・ネットワーク論　150
コミュニティ・ビジネス　49
コミュニティ・モデル　70, 78
コミュニティケア　77
コミュニティソーシャルワーク　281
コミュニティの解体（化）　28, 89
コミュニティ・ベンチマーキング　165
コミュニティ崩壊論　77
コミュニティモデル　74
コミュニティワーカー　226
　　――としての条件　260
コミュニティワーク　19, 69, 250, 254, 256, 257
　　――の過程（プロセス）　260
今後5年間の高齢者保健福祉施策の方向（ゴールドプラン21）　128
コンシューマリズム　200
コンドラチェフの波　125

さ　行

在宅ケア　239
　　――（インフォーマルサービス）　239
　　――（フォーマルサービス）　239
在宅福祉サービス　134
『在宅福祉サービスの戦略』　50
定籐丈弘　256
三位一体改革　57
シーボーム報告　94
施設ケアと在宅ケアの統合化（デンマーク）　183
施設コンフリクト　181
施設の社会化　181
自治型地域福祉論　100
自治事務　59
自治体のエンゲル係数　58
市町村障害者福祉計画　135
市町村地域福祉計画　99, 134
市民活動　214
社会計画　121, 123
社会的企業　10
社会的共通資本（インフラストラクチャー）　44
社会的共同消費施設　33

社会的標準的生活様式　28
社会福祉運営・管理論→ソーシャル・アドミニストレーション
社会福祉関係8法の一部改正　51
社会福祉協議会　203
　　――の法的位置　205
社会福祉計画→ソーシャル・プランニング
社会福祉資源基盤整備型の計画　139
社会福祉施設　173
社会福祉施設サービスの特徴　175
社会福祉調査　262
社会福祉法人の経営改革　187
主任ケアマネジャー　237
障害者基本計画　135
障害者自立支援法　55
小地域福祉活動のネットワーク　210
省庁（部局）横断型プロジェクトチーム　394
シルバー・ハウジング（高齢者世話付住宅）　178
人口移動　34
人口オーナス　6
人口減少社会　5
人口ボーナス　6
新ゴールドプラン→高齢者保健福祉10カ年戦略の見直しについて
親密圏　7, 297
鈴木栄太郎　65
鈴木五郎　98
スモールワールド・ネットワーク理論　304
生活困窮者自立支援事業　274, 309
専門職　223
ソーシャル・アクション　213
　　――のアプローチ法　213
ソーシャル・アドミニストレーション（社会福祉運営・管理論）　193, 265
ソーシャル・インクルージョン　17, 95
ソーシャル・エクスクルージョン　95
ソーシャル・ガバナンス　144, 148
ソーシャル・キャピタル　48, 144, 146
ソーシャル・ケアサービス　209
ソーシャル・セーフティネット　111
ソーシャル・プランニング（社会福祉計画）　125, 126, 265
ソーシャルワーカー　223
ソーシャルワーク　256, 257, 276
措置制度の対象となる施設　180

さくいん

た 行

第一種社会福祉事業　174
第3のセクター　207
第二種社会福祉事業　174
高森敬久　256
武川正吾　199
タスク・ゴール　266
脱家族主義モデル　4
田端光実　98
団体事務　134
地域共同体モデル　71
地域コミュニティ　84, 89
地域社会　23
地域社会開発法　263
地域循環型経済　48
地域診断　262
地域組織化　19, 264
地域福祉
　——における協働　194
　——の4つの指向軸論　106
　——の構成要件　15
　——の理論化過程　97
地域福祉援助　250
地域福祉(の)援助技術　19, 250
地域福祉活動計画の手順　157
地域福祉活動専門員　225
地域福祉計画　125, 135, 140
　——における協働　166
　——の構成要件　159
地域福祉研究　103
地域福祉サービス供給の多元化　202
地域包括ケア　237
地域包括ケア圏域　306
地域包括ケアシステム　241, 243, 306
地域包括支援センター　237
地球環境問題　10
地方交付税　58
地方小都市が抱える問題　37
地方分権　57
地方分権推進法　52
中山間地域　47
　——が抱える問題　37, 38
町内会　79, 80
デフレの連鎖　272
デリバリーシステム　184, 220
伝統型アノミーモデル　72, 78

テンニース(Tönnies, F.)　67
特定非営利活動促進法　208
都市　65
都市社会が抱える問題　35
都道府県地域福祉支援計画　99, 134

な 行

内発的発展　19
日本型福祉社会論　13, 51, 123
日本創成会議　52
認知症高齢者グループホーム(認知症対応型共
　　同生活介護)　178
ネットワーク会議　244
農村　65
ノーマライゼーション　16

は 行

パートナーシップ　194
ハバーマス(Habermas, J.)　194
パラダイム　249
バリアフリー社会の構築　61
バンク-ミケルセン(Bank-Mikkelsen, N. E.)
　16
反グローバリゼーション運動　9
ピケティ(Piketty, T)　6
平岡公一　200
広井良典　12
貧困化　32
福祉NPO組織　207
福祉元年　50, 94
福祉行政の転換点　141
福祉国家の再編　54
福祉コミュニティ　82, 84-86
　——の実現　89
　——の成立要件　87
　——を支える組織　86
福祉サービス供給の多元化　218
福祉サービスの責任説明(アカウンタビリテ
　　ィ)　187
福祉社会　55, 95
福祉の組織化　265
プラザ合意　51
フランスの少子化回復　4
フリードソン(Freidson, E.)　223
ブレトン・ウッズ体制　51
プロセス・ゴール　266

分権化　53, 218
平均寿命　3
ベンチマーキング　159
法定外計画　162
法定計画　162
法定受託事務　59
補助金・税制度　58
ボランタリー・アクション　214
ボランタリー・アソシエーション　250

ま 行

牧里毎治　100
マクロ・ソーシャルワーク　256
マッキーヴァー（MacIver, R. M.）　70, 86
ミクロ・ソーシャルワーク　256
見田宗介　67
民間財源　18

メゾ（中間的）領域　112
モニタリング　159

や・ら・わ行

有料老人ホーム　177
リレーションシップ・ゴール　266
連合自治会　82
連合町内会　82
老人ホーム　176, 177
老人保健施設　178
ローカリゼーション→ローカル化
ローカリティ　27
ローカル・ガバナンス（論）　151, 153
ローカル化（ローカリゼーション）　7
ロスマン（Rothman, J.）　254
ワークフェア　60

［著者紹介］

野口　定久（のぐち　さだひさ）
1951年　生まれ。
1977年　上智大学大学院文学研究科社会学専攻修了。
現　在　日本福祉大学社会福祉学部教授，博士（社会福祉学）。
主　著　『福祉行財政と福祉計画』（共編著）ミネルヴァ書房，2015年。
　　　　『ソーシャルワーク事例研究の理論と実際』（編集代表）中央法規出版，2014年。
　　　　『対論　社会福祉運営』（共編著）中央法規出版，2012年。
　　　　『居住福祉学』（共編著）有斐閣，2011年。
　　　　『家族／コミュニティの変貌と福祉社会の開発』（共編著）中央法規出版，2011年。
　　　　『地域福祉論』（単著）ミネルヴァ書房，2008年。
　　　　『協働と参加の地域福祉計画』（共編著）ミネルヴァ書房，2007年。
　　　　『自治体の地域福祉戦略』（共編著）学陽書房，2007年。
　　　　『地域福祉論』（共著）放送大学教育振興会，2006年。
　　　　『居住福祉学と人間』（共編著）三五館，2002年。

MINERVA福祉ブックス②
人口減少時代の地域福祉
――グローバリズムとローカリズム――

2016年2月25日　初版第1刷発行　　　〈検印省略〉
2021年3月10日　初版第3刷発行
　　　　　　　　　　　　　　　　　定価はカバーに
　　　　　　　　　　　　　　　　　表示しています

　　　　　著　者　　野　口　定　久
　　　　　発行者　　杉　田　啓　三
　　　　　印刷者　　田　中　雅　博

　　　発行所　株式会社　ミネルヴァ書房
　　　　607-8494　京都市山科区日ノ岡堤谷町1
　　　　　　　　　電話代表　(075)581-5191番
　　　　　　　　　振替口座　01020-0-8076番

©野口定久, 2016　　　　　　　創栄図書印刷・藤沢製本

ISBN978-4-623-07556-0
Printed in Japan

牧里毎治・野口定久編著
協働と参加の地域福祉計画
本体3400円

上野谷加代子・杉崎千洋・松端克文編著
松江市の地域福祉計画
本体2400円

右田紀久惠著
自治型地域福祉の理論
本体4500円

髙田眞治著
社会福祉内発的発展論
本体3800円

右田紀久惠編著
地域福祉総合化への途
本体3500円

――― ミネルヴァ書房 ―――
http://www.minervashobo.co.jp/